愛知大学東亜同文書院大学記念センターシリーズ

真宗大谷派淨圓寺所蔵
藤井靜宣関連資料
【目録と解説】

三好 章
【監修】

愛知大学東亜同文書院大学記念センター
東アジア仏教運動史研究会
【編】

あるむ

目 次

はじめに……………………………………………………三好　章　2

第二次大戦中のアジアにいた宗教家たち
　——豊橋、淨圓寺資料について……………………………槻木瑞生　4

第1部　藤井靜宣と淨圓寺資料

真宗大谷派「開教使」藤井靜宣………………………………大東　仁　8

水野梅曉ならびに藤井靜宣（草宣）と東亜同文書院
　——非正規学生から見る東亜同文書院の一側面……………石田卓生　15

淨圓寺資料について……………………………………………新野和暢　41

藤井靜宣（草宣）の活動と
彼の収集した中国仏教雑誌・新聞について…………………坂井田夕起子　45

藤井靜宣関係史料の調査状況…………………………広中一成・長谷川怜　56

第2部　淨圓寺所蔵資料

藤井草宣年譜と雑誌一覧………………………………………坂井田夕起子　66

書籍・雑誌目録……………………………………………大東　仁・新野和暢　69

書簡・メモ目録……………………………………………広中一成・長谷川怜　125

はじめに

　本書は、愛知大学東亜同文書院大学記念センターシリーズの第3冊目である。本センターは、これまでに『鳥居観音所蔵　水野梅曉写真集——仏教を通じた日中提携の模索』（広中一成・長谷川怜・松下佐知子編著、2016年）、『方鏡山淨圓寺所蔵　藤井靜宣写真集——近代日中仏教提携の実像』（三好章監修・広中一成・長谷川怜編著、2017年）を刊行してきた。いずれも、日中仏教交流史において欠かすことのできない人物である。そして、二人とも愛知大学の大きな前身の一つである東亜同文書院に学んだ経歴を持っている。戦後1946年、愛知大学が豊橋に設立されたのであるが、藤井靜宣（じょうせん）が住持した真宗大谷派淨圓寺は、そもそも元禄期に吉田藩の城下町であった豊橋の花園町に建立された寺院であり、太平洋戦争で被災するまでは豊橋市中心部にあった。戦後、淨圓寺は豊橋市郊外に移転し、やがて現在の伽藍を建立した。また、靜宣の子息の宣丸は、創立まもない愛知大学において副手を務め、後進を育てた時期があった。現在、淨圓寺は宣丸とともに、その子息すなわち靜宣の孫にあたる宣行が守っている。

　愛知大学東亜同文書院大学記念センターは、「東亜同文書院を軸とした近代日中関係史の新たな構築」が文科省「私立大学戦略的研究基盤形成事業」に採択され、2012〜2016年度の5年間にわたりプロジェクト研究を進めてきた。プロジェクトは5グループに分かれており、本書はそのうちの「東亜同文書院の研究と教育」グループの成果の一部である。

　当初、「東亜同文書院の研究と教育」グループのプロジェクトは、東亜同文書院の中国研究と同文書院生の教育の実態の解明に的を絞っていた。研究機関がそのまま高等教育機関である場合、研究の実態や業績の解明は当然最重要課題の一つとなる。その上で、同時代の学生たちが受けた教育と研究活動との関わりについて明らかにすることもまた、当然必要不可欠なものとなる。そして、近代中国という場において東亜同文書院の教育を受けた人々の、すなわち卒業生、あるいはさまざまな形で東亜同文書院に関った人々を含めて、彼らの書院後の活動や、より幅広く中国との関わり方を検討することが課題となって現れる。こうした時に、上記の東亜同文書院に学んだ二人の仏僧の存在に逢着し、その事跡を検討してきた。そのなかで、上記の淨圓寺が結節点のように浮かび上がってきたのである。藤井靜宣が師と仰いだ水野梅曉（ばいぎょう）がしばしば足を運び、これは戦後も変わることがなかった。両者が関わった近代中国とともにあったのが東亜同文書院であった。

　淨圓寺の庫裏に収められていた膨大な資料の前に、われわれは息を呑んだ。写真については、上記のようにすでに近年出版にこぎつけることができた。しかし、文字資料に関しては、書簡をはじめとした直筆類、出版物も単行本、雑誌はもとより新聞などのスクラップなど、多くが手つかずの

状態であった。この宝の山の資料群については、2005年に庫裏に入られた大谷大学の木場明志教授（当時）など、すでに幾つものグループや個人がアクセスしたことがあったが、全体的な整理は行われたことがなかった。本格的な資料調査は2012年に始まった。資料調査の状況については、本書所収の新野和暢「淨圓寺資料について」、広中一成・長谷川怜「藤井靜宣関係史料の調査状況」に詳しい。調査を進めるにあたって、同時期に淨圓寺の資料調査を行っていた東アジア仏教運動史研究会の方々と協力することができた。調査と資料の整理については多くの理由から時に意思の疎通を欠いたこともあった。しかし、淨圓寺住職宣丸師の強い要望を受けて、共同で資料の整理と公開に向けて作業を進めることとなった。

すでに2011年12月11日、愛知大学豊橋校舎において大学院中国研究科主催愛知大学歴史講演会「語り継ぐ戦争 日中戦争と豊橋」において、従軍経験についての梶野渡氏とともに藤井宣丸師をお招きし、父靜宣の治安維持法違反容疑での逮捕の顛末等を語っていただいた。愛知大学にとって淨圓寺と藤井宣丸師との本格的な研究は、この時に始まったと言ってよい。そして2013年2月21日には、愛知大学国際問題研究所とともにワークショップ「淨圓寺・鳥居観音史料から見る近代日中関係」を催し、さらに2016年11月12日には「近代日中仏教交流史からみる東亜同文書院・愛知大学：書院で学んだ藤井靜宣（草宣）と、愛知大学に関わった藤井宣丸」を主催して、水野梅曉、藤井靜宣の事跡と関わった資料について報告を重ねてきた。愛知大学の各部門が、淨圓寺と藤井靜宣に関わってきたわけである。これは、上記の鳥居観音との連関でもあった。

とりわけ、槻木瑞生会長をはじめとする東アジア仏教運動史研究会の方々との協力が不可欠であった。本書をご覧戴けば一目瞭然であろうが、先に淨圓寺の資料にアクセスしていた東アジア仏教運動史研究会との共同作業があってこそ、一定の研究成果を出すことができたのである。これは、愛知大学東亜同文書院大学記念センターだけではなしえない作業であり、企画であった。とはいえ、本書に収められた論考は執筆者各個人の主張であることをおことわりしておきたい。

淨圓寺所蔵資料については、戦前期のものの目録はこれで一通りの完成となるが、将来的には資料のデジタル化、データベース化を行い、一般公開できるようにしていきたい。

2018年2月

愛知大学東亜同文書院大学記念センター長　現代中国学部　教授

三好　章

第二次大戦中のアジアにいた宗教家たち
——豊橋、淨圓寺資料について

槻木瑞生

1．一つにまとまる日本列島住民

　数万年前から、アジアの各地に住んでいた多様な民族が日本列島にやって来ていた。それが日本列島住民になる。住む人はみんな民族が違っていた。秋田女（おんな）も、京都娘（むすめ）も、鹿児島オコジョもすべて顔つき、体つきが違う。

　日本列島に住む人には日本人という人種はいない。ただ住民は一人で暮らすのではなく、その土地で仲間を作って生活する。それが「村」であり、「郷」などと言われるものであった。江戸期の幕藩体制でも、藩が支配する地域とその地に生活する住民には違う感覚がある。たとえば藩の境界を自由に越えて「お伊勢参り」をする多くの住民がいた。また藩の境界を越えて北海道や沖縄を歩き回る住民がいた。そして時にはアジア大陸や、オーストラリア大陸まででかける人もいた。

　ただ幕末や明治期には列島をめぐる状況が変わる。特に列島の住民に圧力となったのが、ロシアのアジア進出であった。そこで生まれたのが列島を一つの国家にまとめて、列島の外の勢力と対抗しようという意識である。それが日本という近代国家の始まりとなる。国家として海外勢力に対抗するには、「軍」も必要である。ただ各地の住民が一つの「日本軍」としてまとまることは難しい。そこで生まれたのが、例えば各地の出身者で構成される「郷土部隊」であった。また軍や軍の周辺にいる人たちをまとめるために、一つの「日本国民」を作ろうとした。そこで始まったのが「近代学校」の教育である。「近代学校」では、まずすべての住民に通用することばとして「標準語」が教えられる。また共通のシンボルとして「天照大神」や「天皇」、「富士山」などが語られる。さらに「近代的知識」が伝えられることで、住民に共通の知恵が広がる。その結果、日本という「国民国家」が生まれる。

2．日本列島の住民のアジア意識

　日本の伝統には、住民が死んで「あの世」に向かうときは、頭を西に向けるという「西方浄土」という話がある。そこには列島住民に、先祖が大陸から来たという意識がある。列島住民の故郷は

大陸だ、そして列島文化の根本は大陸から来たという意識がある。そのために大陸から文化を伝えてくる人を尊敬する。ただ欧米の文化を学んだ明治期、また日清、日露戦争前後には、大陸について少しずつ意識が変わって行く。それでも大正、昭和期の住民には、大陸文化を尊敬する意識が強く生きている。

　その一つが開拓団として大陸に渡った人たちの想いである。敗戦後の引揚の「思い出」の記録には、満洲を故郷と書いているものが多い。また帰国者には、モンゴルや東南アジア、ブラジル、時には中東やロシアを自分の故郷だと主張する人もいる。今でも列島住民の大陸意識には多様なものがある。

3．宗教と軍と近代の学校教育の意味

　近代国家が作られる前に、列島の「村」をまとめていたのは誰か。もちろんそれは権力を持つ人である。では権力者とは何か。権力者とは多様な知識を持つ人である。時には歌を歌い、踊りを踊ってみせ、仲間と食事をして、話を楽しみ、仲間との繋がりを作ることのできる文化を持つ人である。そこには生きる望みを語る宗教者もいるし、生活を豊かにできる知恵を教えてくれる知識人もいた。時には村の住民を総動員して河を作り、遠くから水を引いて田んぼを作ることもある。権力者は村を統制しながらも村の生活を豊かにする企画を立ててくれる人、村のリーダーでもあった。

　宗教や軍や教育のリーダーとは、「正しい」知識を教える人だけではない。仲間を作って、生活を豊かにし、そのための知識や技術を伝えてくれる人のことでもある。明治期の日本列島は近代国家を作ろうとしていた。近代国家のリーダーたちもそうした役割を期待されていた。

　近代国家ができる前から、開拓者として多くの人が大陸に渡って行く。しかし大陸に渡って行くが、そこには近代国家という集団がなかなかできない。強力な日本軍の支配があっても、そこで作られたのは国家ではなく、「日本人としての仲間」であった。また多様なアジアの住民とともに住むが、そこにできたのは「村」であった。その意味で、東アジアに渡った列島の宗教者も軍人も教育者も、生活を支える「村」のリーダーということができる。

4．淨圓寺の戦前の大陸関係資料

　愛知県豊橋市に淨圓寺がある。この淨圓寺の藤井靜宣「和尚」は、戦前に大陸に出かける。大陸で多くの人と生活し、多くの人に宗教を伝えた。そしてその布教のために、大陸の生活を知ろうとする。そうした活動の中で数多くの大陸関係資料を集める。

　戦前の大陸布教関係者には、仏教、神道、キリスト教など多様な宗派の人たちがいた。その宗教関係者には、日本の敗戦により、大陸に残った人もいる。また日本に帰国しても大陸のことを全く語らなかった人もいた。そのために戦前の大陸での日本の宗教活動について、記憶も、また記録も十分に残っているわけではない。

　満洲という地域はいまだに満洲国の領土だと言う人がいる。しかし大陸に渡った列島住民には、中央アジア、東南アジアなどとの繋がりもある。そうした中で、宗教者たちは大陸の日本人の生活をどのようにリードしたのか。またどのように日本人以外の現地の人と付きあったのか。その現地

の村の人たちの生活は、どのようなものだったのか。

　もしそれが見えてくれば、その後の大陸の人たちの姿も、また今の大陸と列島の姿も改めて見えてくるだろう。さらに大陸に渡った日本人の、その後の姿も見えてくるだろう。淨圓寺の資料はそうした姿に迫るものである。

5．資料から見える宗教者の布教活動

　例えば当時の活動として次のようなものがある。こうした資料から戦後の近代史を見直す必要がある。

　学校…礼拝所、祈祷所、洗礼、神学院、婚礼、葬式、伝道学校、大学、法学院、中学、女学校、小学校、初等級、上級小学、下級小学、補習学校、日語補習班、識字班、病院…医院、精神病院、診療所、病人訪問、貧民診療所、救済事業…図書館、博物館、残廃安老園、慈善会、普育堂、愛育堂、託児所、育英所、孤児院、乞丐収容所、青年会、女子裁縫所、家政伝習所、仕事場、授産所、その他。

東アジア仏教運動史研究会
2009年4月に槻木瑞生（同朋大学名誉教授）を代表に発足。例会、研究会を行う。
訳書に『韓国仏教100年』（金光植編、皓星社、2014年7月）がある。

【第1部】

藤井靜宣と淨圓寺資料

真宗大谷派「開教使」藤井靜宣

大東　仁

はじめに

　真宗大谷派（以下「大谷派」）僧侶藤井靜宣は、淨圓寺住職であると同時に、大谷派「開教使」に任命され、占領地である北京・南京・上海に駐在した。留学や調査活動のための中国滞在ではなく、大谷派の職員として滞在したのである。本稿では、藤井の「開教使」としての業務と価値観の変遷を記述する。

1．真宗大谷派「開教使」前史

　1928（昭和3）年8月、藤井は東亜同文書院聴講・外務省対支文化事業部第三種補給生となり中国上海に留学した。この前年には、自費で中国を一カ月ほど旅行している[1]。

　留学にあたり、所属する大谷派からは「北京駐留」が命じられている。1928（昭和3）年8月1日付である[2]。留学費用は外務省が支給しており、大谷派が僧侶としての身分保証をしたということであろう。大谷派の具体的な業務に従事することはなかったと考えられる。

　1931（昭和6）年3月、藤井は東亜同文書院聴講・外務省対支文化事業部第三種補給生を修了する。しかし帰国することなく、同月21日から上海の世界仏教居士林に居住した。研究継続のためであろう[3]。

　しかし1931（昭和6）年9月18日「満洲事変」勃発。上海でも戦闘があり、世界仏教居士林を

---

1 『各国に於ける宗教及布教関係雑件／第五巻／2 中国／分割1』1941（昭和16）年11月12日　JACAR（アジア歴史資料センター）Ref. B04Q12547400
2 『真宗』323号　大谷派本願寺宣伝課　1928（昭和3）年9月5日
3 『朋人』40号　発行元不明　1936年7月

追われ[4]、10月に帰国した[5]。1932（昭和7）年6月30日、大谷派は藤井の「支那北平駐留」を解いている[6]。

藤井の中国留学は、「満洲事変」による社会状況の変化で途絶したものであり、自らの意思による途絶ではなかったのである。そのため、帰国後も日中仏教交流に関する事業に関係し続けていた。

1933（昭和8）年7月、藤井靜宣は第二回汎太平洋仏教青年会大会準備委員中華班長となり、翌年5月には、鈴木大拙らの中国仏蹟巡拝団の案内も兼ね、第二回汎太平洋仏教青年会大会の準備のため上海・杭州・漢口・北京各地を二カ月間巡回する。そして7月、第二回汎太平洋仏教青年会大会に参加の中国僧7名とともに帰国した[7]。また中国仏教に関しての研究業績も発表している[8]。つまり中国仏教研究と日中仏教交流への関心は、持続したままであった。

2．「北平」赴任

1937（昭和12）年6月18日、藤井は大谷派から「北支宗教事情視察」のため「北平」出張を命じられた[9]。ただしこれも前回の上海留学時と同様、大谷派が僧侶としての身分保証をしたと考えられる。今回の費用は、鐘紡社長津田信吾が出していた[10]。出張という名目であるが、留学を計画していたのである。「満洲事変」の戦闘が一段落したことによる計画だったのだろう。しかし7月7日、日中戦争勃発により、この計画は実行不可能となった。

日中戦争勃発と同時に、大谷派は戦争協力活動を開始する。7月13日、たまたま帰国していた大谷派「満洲開教監督・満洲別院輪番」であった藤岡了淳に「支那駐屯軍慰問」が命じられた[11]。同日、藤岡は神戸を出港する。

また藤岡同様に藤井にも「北支事変に付慰問」が命じられた[12]。藤井は訪中準備を終えており、大谷派宗務総長に「献議」した[13]。そして「満洲事変」の経験から、戦場慰問には中国語能力を持つ僧侶が有効であると大谷派が判断したことにより採用されたものと考えられる。

藤井は、仏教研究・仏教交流という個人の目的をはずし、戦争協力という組織の目的を担うことになった。藤井にとっては、訪中することが最大の目的になっていたのであろう。

藤井は豊橋の自坊から列車で出発し、14日に門司で藤岡に追いつき乗船した。突然の辞令であ

---

4 『真宗』366号　大谷派宗務所社会課　1932（昭和7）年4月5日
5 『本邦寺院関係雑件　第一巻　4．本願寺　分割3』1939（昭和14）年4月15日　JACAR（アジア歴史資料センター）Ref. B04Q12575100
6 『真宗』371号　大谷派宗務所社会課　1932（昭和7）年9月5日
7 前掲『本邦寺院関係雑件　第一巻　4．本願寺　分割3』
8 『全日本仏教青年会連盟理事、日華仏教学会理事藤井静宣』1935（昭和10）年10月12日　JACAR（アジア歴史資料センター）Ref. B05015681000には、1935（昭和10）年『仏教的日支提携』、『現下の支那仏教界の情勢』の二著と、1935（昭和10）年10月「僧侶より見たる清代仏教」『現代仏教』、「清廷と仏教　殊に臨済宗」『大谷学報』の二論文が報告されている。
9 『真宗』431号　大谷派宗務所社会課　1937（昭和12）年7月5日
10 『名古屋新聞』1940（昭和15）年7月28日
11 『真宗』432号　大谷派宗務所社会課　1937（昭和12）年8月15日
12 同上
13 前掲『名古屋新聞』

ったことがわかる。両者は16日に大連に上陸した。

　その後藤井の行動は、7月17日に藤岡とともに、大連陸軍・特務機関慰問。19日、海路大連から塘沽へ。20日、鉄路で天津着。そして21日、藤岡了淳、天津別院輪番首藤戒定・大谷婦人会代表平林須賀・天津別院在勤2名と「北平」周辺の陸軍部隊を訪問した。この時、一行は当日に天津に帰着しているが、藤井のみ単身「北平」に留まった[14]。

　この藤井の行動は、大谷派の業務としての「慰問」を逸脱したものである。藤井は大谷派の業務ではなく、自らの意思による行動も計画し始めたようである。

　22日、藤井、天津に帰還。24日、再び藤岡・平林と共に、「北平」へ慰問行。25日、藤岡・平林は、「北平」より天津に帰還するが、藤井は単身残留している。これ以後、藤井は「北平」に駐留し続けたようである[15]。

　8月7日、布教使藤井静宣は、「北支事変」に付従軍布教を命じられた[16]。「北平」に駐屯する部隊付きの従軍僧侶となった。つまり、藤井の「北平」駐留は大谷派の業務となったのである。

　同月10日、「北平」に「北平東本願寺籌備所」が開設される[17]。これは大谷派が派遣した従軍僧侶の事務所として開設されたものである。藤井の単身「北平」駐留の理由は、この拠点開設にあったのだろう。この施設は、他の日本仏教に先駆けたものであった。

　この施設の開設は、大谷派業務としての成果である。しかし藤井の単身駐留は、藤井個人の持つ目的もあった。それは、8月22日中日仏教会結成[18]。10月5日、中日仏教学会復活、復興記念大会開催[19]。12月19日、中日仏教婦人会の発会式[20]。これらの事実からわかるように、藤井は日中仏教交流事業にも成果を挙げていた。他にも社会事業として、「人事相談所」、「職業紹介所」、「簡易宿泊所」、「施薬所」、「日曜学校（日華少年団・支那人幼稚園）」、「女子技芸学院（並女子日語学校）」設立の希望を持っていた[21]。

　もちろんこれらは占領政策の一端であり、宗教工作・宣撫工作の成果を挙げたという大きな問題を抱えていることを無視できない。藤井は日中戦争を否定するのではなく、利用しようとしていたようである。そして「開教」の目的を、「現状の正しき認識を識者に与へる事」、「日本の態度に信頼せしむること」、「人心安定工作を実施する事」[22]としていた。

　同年11月2日、「北平東本願寺籌備所」が昇格し北京別院となった[23]。同月23日、藤井は大谷派「開教使」に任命され、北京別院輪番となる[24]。12月9日には、華北の大谷派行政を監督する「北支開

14　藤岡了淳「1 皇軍慰問報告記　第一次慰問報告」『無尽燈』第32号　1938（昭和13）年6月、『教化研究』124/125号　真宗大谷派教学研究所編　真宗大谷派宗務所　2001（平成13）年6月30日　所収
15　前掲　藤岡了淳「1 皇軍慰問報告記　第一次慰問報告」
16　『真宗』433号　大谷派宗務所社会課　1937（昭和12）年9月15日
17　前掲　藤岡了淳「1 皇軍慰問報告記　第一次慰問報告」
18　前掲　藤岡了淳「1 皇軍慰問報告記　第一次慰問報告」
19　前掲『真宗』432号
20　『近代日中関係史年表』岩波書店　2006（平成18）年1月25日
21　藤井静宣「社会事業のによつて立たむとする北平本願寺の開教」1937（昭和12）年9月立案　淨圓寺　蔵
22　藤井静宣「北平より申しあげ升」1937（昭和12）年8月21日　淨圓寺　蔵
23　『真宗』437号　大谷派宗務所社会課　1938（昭和13）年1月5日
24　同上

教監督部」主事に任命された[25]。占領地北京での大谷派勢力拡大が評価されてのことである。

ところが1938（昭和13）年9月1日、藤井は北京別院輪番を免職になり、同時に「北支開教監督部」主事から「出仕」へと降格された[26]。「出仕」とは、その部署に正式に配属されていないという身分である。この降格理由を示す史料は存在しないが、上司である「北支開教監督」宮谷法含との確執が伝えられている[27]。宮谷法含は、1932（昭和7）年3月1日「満洲国建国」と同時に「満洲開教監督」となり[28]、本山要職を歴任し、1938（昭和13）年5月24日に「北支開教監督」に任命された大谷派のエリート官僚である[29]。

この頃、北京では中国人篤志家の寄付により大谷派経営の女学校「覚生女学校」が開設されていた。開校式は1938（昭和13）年9月17日である[30]。この寄付金の扱いをめぐる確執があったようである。大谷派の利益を第一とする宮谷と、占領地行政の一端ではあるが、中国人の利益も考える藤井との違いが表面化したものであろう。

藤井は北京を離れ帰国。後、中国各地を訪問して過ごすことになる。ここに、大谷派組織と藤井の価値観の違いが見て取れる。

3．南京赴任

1938（昭和13）年3月28日、南京に中華民国維新政府が中支那派遣軍の指導で成立（行政院長梁鴻志）すると、日本宗教による南京「開教」が本格化する。大谷派は南京「開教」のため、再び藤井に活動の場を与えた。

1939（昭和14）年5月13日、藤井は大谷派から「中南支開教監督部出仕」、南京駐留との辞令を受ける[31]。同年10月9日には、南京の日本領事館から大谷派南京布教所の設立が許可された[32]。

この頃は日本仏教の南京進出も本格化し、4月には南京所在の日本仏教により「南京仏教会」、南京所在の中国仏教による「南京仏教往生蓮社」設立。そして南京所在の日中仏教宗派により組織される「日華仏教連盟南京総会」が設立されている[33]。上海でも華中進出の日本宗教を包括する「中支宗教大同連盟」が、興亜院華中連絡部の統括下2月20日に発会式をあげている[34]。藤井の南京赴任は、官民両者による南京・華中の宗教工作が本格的に開始した時期と重なる。大谷派の藤井に寄せる期待がうかがわれる。

藤井は1940（昭和15）年2月20日、「中南支開教監督部出仕」を解かれ、南京布教所主任に任命

25　同上
26　『真宗』447号　大谷派宗務所社会課　1938（昭和13）年11月10日
27　田原由紀雄「戦火のもとで――ある陸軍刑法違反事件」『三河の真宗』真宗大谷派三河別院　1988（昭和63）年4月10日
28　『真宗』366号　大谷派宗務所社会課　1932（昭和7）年4月5日
29　『真宗』442号　大谷派宗務所社会課　1938（昭和13）年6月5日
30　『真宗』447号　大谷派宗務所社会課　1938（昭和13）年11月10日
31　『真宗』454号　大谷派宗務所社会課　1939（昭和14）年6月15日
32　前掲『各国に於ける宗教及布教関係雑件／第五巻／2中国／分割1』
33　『南京』南京日本商工会議所　1941（昭和16）年9月1日
34　前掲『近代日中関係史年表』

された[35]。そして5月1日には、大谷派経営の「金陵女子技芸学院」を開設している[36]。北京時代と同様、社会事業に熱意を注いでいた。そして宗派を超えた組織である「日華仏教連盟南京総会」・「中支宗教大同連盟」にも積極的に関わっていた。

そしてこの頃、藤井は占領地行政を担当する「興亜院」の嘱託にも任命されていた[37]。北京と同様、占領地行政と大谷派行政が藤井の業務となっていた。しかし藤井は北京時代以上に、業務を逸脱する主張を始めている。

まず大谷派職員を「東本願寺は、大谷光暢法主並に大谷智子裏方の聡明と勇邁なる活動によって、反つて宗務役員の姑息気分を打破されゝあるのは痛快である」[38]と批判している。大谷派本山の指示に無条件で従わないという藤井の姿勢が表れている。

また、占領地行政である宗教工作についても、「大陸の宗教工作は、思ふに、日本宗教進出の為めには、専ら純粋に、日本的計画を以つて之に当り、対支那宗教に関しては、専ら支那側のみの団体組織を以つてせしむるのがよいのである。「日華」「聯盟」の名はたゞ連絡機関として止めるのがよいのである」[39]。「日本仏教と支那仏教の厳隔の相当甚だしい点から考へ日本式な信仰を支那の僧侶なり、民衆なりにそのまゝ無理におしつけようとするのは間違ひだと思ふ。それより支那人の生活の中に入りこんで、あらゆる社会事業、文化事業を通じて、進んでいくのが正道でもあり、効果的だとも思ふ」[40]と、中国仏教を完全に支配するのではなく、独自の活動や自主的な活動を認めることを主張している。

藤井の主張は、占領地行政・大谷派行政との矛盾を持つものであることが、次第に明確になりつつあったのである。

4．上海赴任

1941（昭和16）年5月20日、藤井は南京布教所主任を解かれ、「中支開教監督」兼上海別院輪番となる[41]。当時「首都」は南京であったが、大谷派の華中行政の本部は上海別院にあった。つまり藤井は、大谷派華中行政の責任者であり、華中最大の大谷派寺院の実質的住職になったのである。いわゆる栄転である。

また華中進出の日本宗教団体の連合体である「中支宗教大同連盟」の本部も上海にあった。藤井の宗教工作は、この「中支宗教大同連盟」を中心に行われていった。藤井は「理事」となる[42]。そして1942（昭和17）年5月18日に開かれた「上海日華仏教会」第一回常任理事会では常任理事に

---

35 『真宗』464号　大谷派宗務所社会課　1940（昭和15）年4月15日
36 『真宗』465号　大谷派宗務所社会課　1940（昭和15）年5月15日
37 『戦時生活と真宗信仰』大日本宣伝教会　1940年10月22日
38 　同上
39 　同上
40 　前掲『名古屋新聞』
41 『真宗』479号　真宗大谷派宗務所　1941（昭和16）年7月15日
42 『中支宗教大同連盟月報』第3年11月　中支宗教大同連盟　1941（昭和16）年11月

就任している[43]。大谷派の業務としては、1942（昭和17）年に仏教同朋日語学校を開設している[44]。引き続き精力的な活動をしていた。

ところが1943（昭和18）年1月9日、藤井は「中支開教監督」兼上海別院輪番から、本山内にある興亜局出仕に異動した。そして同日「支那開教参与」も命じられている[45]。

これは前回のような降格処分ではなく、藤井の意思により辞職したことによるものと考えられる。それは「出仕」だけではなく「参与」を任命されていることからわかる。「参与」は現役を退いたものが任命される、いわば名誉職であった。

また藤井の後任人事にも注目される。後任は「南支南方開教参与」木下萬渓であった[46]。一旦「参与」となったものが、再び任命されており、これは通常の人事とは異なるものである。これらの事実を考えれば、藤井の辞職は突然のものであると判断できる。

藤井の突然の辞職理由を記した史料は存在しない。しかし藤井が占領者・大谷派の側に立ちながらも無条件には従わず、中国側にある程度の親近感や敬意を持っていたことは、これまでの藤井の言動で明らかである。ここから分析するに、突然の辞職は、同日に南京国民政府が米英に宣戦布告をしたことが原因ではないだろうか。日本政府が完全に国民政府を支配下に置き、日本の戦争に参加させたことへの反発であったのではないだろうか。

5．帰国

藤井は遅くとも、1943（昭和18）年7月初旬までには帰国した。1943（昭和18）年7月4日には東京で開催された大東亜仏教青年大会開催（～5日）に、中華代表係長として参加している[47]。しかしこの後、目立った日中仏教交流はしていない。

1943（昭和18）年11月18日、「愛知県下東三地方の文化的水準を高揚する為」東三文化協会が設立され、藤井は評議員に就任した[48]。

同月21日、東三文化協会の役員会が開催された。その席上藤井は、ノモンハン事件での早期停戦協定成立は皇族が捕虜になったことが理由ではないか、と発言した。そして「其れの宮様は北白川の宮様とか、閑院の若宮様とも言ふが」と発言したというのである。即日、藤井は陸軍刑法第九十九条違反（造言飛語罪）で検挙された[49]。

12月20日、藤井は不敬罪、陸軍刑法第九十九条違反で検察局に送致され、翌年1月12日に起訴[50]。5月31日に豊橋区裁判所で不敬罪並びに陸軍刑法違反で懲役6月・執行猶予2年の判決を受け、確定した[51]。

---

43 『中支宗教大同連盟月報』第4年5月　中支宗教大同連盟　1942（昭和17）年5月
44 『中支宗教大同連盟年鑑』中支宗教大同連盟　1942（昭和17）年12月1日
45 『真宗』499号　真宗大谷派宗務所　1943（昭和18）年3月15日
46 前掲『真宗』499号
47 『日本美術略史』帝室博物館　便利堂
48 『特高月報12月分』内務省警保局保安課　1944（昭和19）年1月20日
49 前掲『特高月報12月分』
50 『特高月報1月分』内務省警保局保安課　1944（昭和19）年2月20日
51 『特高月報6月分』内務省警保局保安課　1944（昭和19）年7月20日

この事件に関しては、警察史料しか存在していない。また藤井の証言等も存在していない。しかし、逮捕理由には疑問も感じられる。今後の調査が待たれる。

おわりに

　藤井が大谷派「開教使」となったのは、職を求めたものではなく、訪中・滞在を求めたためと考えられる。そこでは大谷派「開教使」の業務を逸脱するほどの活動を繰り返していた。侵略戦争に飲み込まれたのではなく、これを利用することを意識していたようである。
　しかし、藤井の行動は侵略事業であったことは決して否定できない事実である。当然国家の対中政策は藤井個人の意識・願望・行動を超えるものであり、それを自覚したことで辞職の道を選んだと考えられる。
　藤井は国家・大谷派教団の影響下に完全に置かれていた人物ではない。また中国人からの直接の情報も得ている。これが逮捕・有罪という事件に通じていったとも考えられる。

水野梅曉ならびに藤井靜宣（草宣）と東亜同文書院
―― 非正規学生から見る東亜同文書院の一側面

石田卓生

はじめに

　本稿は、東亜同文書院の教育と、それが就学者に及ぼした影響を、この学校の聴講生であった水野梅曉（1877〜1949）と藤井靜宣（号草宣）（1896〜1971）を事例として明らかにしようとするものである。

　東亜同文書院は、中国を中心とする国際貿易に従事する人材を養成するための高等教育機関として1901年上海に開校した[1]。日中貿易を前提としている以上、この学校の存立は日中関係の安定が前提であり、設立趣意書に相当する「興学要旨」には「固日清輯協之根」（日清輯協の根を固む：日本と清国の提携の基盤を固める）（松岡1908）というように日中提携が謳われていた。

　東亜同文書院については「支那調査旅行」いわゆる「大旅行」が、よく知られている。これは中国を中心とするアジア地域で実施されたフィールドワークのことである。学生だけで各地の地理や政治経済、文化習慣など地誌的な調査を行った。その結果は卒業論文に相当する『支那調査旅行報告書』（愛知大学所蔵1916-1935）にまとめられ[2]、さらに中国に関する百科事典『支那省別全誌』（東亜同文会1917-1920）、『新修支那省別全誌』（東亜同文会1941-1946）の編纂に利用され、現在、当時の中国の実情を知りうる貴重な資料として評価されている（藤田2000）。

1　開校当初の東亜同文書院には政治科と商務科があり、後に農工科も設置された。商務科はビジネス・コースであり、開校から閉鎖まで一貫して設置されていただけでなく、学生のほとんどは商務科で学んでいた。政治科は開校当時の清国で需要があった日本人教習養成コース、農工科は近代的な農業専門家や醸造技術などを教授するコースであるが、学生は少なく、設置期間も短かった。

2　「支那調査旅行」は1907-1943年にかけて実施された。『支那調査報告書』は、写しが複数作成されており、東亜同文書院本校、東亜同文会所蔵分とは別に、時期によって外務省、参謀本部、農商務省、台湾総督府にも送られている。このうち東亜同文会所蔵分が愛知大学に伝わり（1916-1919、1921-1935）、マイクロフィルム『東亜同文書院中国調査旅行報告書』（雄松堂書店1996-1997）となっている。1927-1943年分の『支那調査報告書』を収録した『東亜同文書院中国調査旅行報告手稿叢刊』（中華人民共和国：国家図書館出版社2016）は、もともと東亜同文書院本校（上海海格路校舎）に置かれていたもので、敗戦時に中華民国に接収され、その後北京国家図書館に伝わったものだと思われる。

1945年日本の敗戦によって閉校を余儀なくされるまでに東亜同文書院は5,000人近くの卒業生を出し、学校側が目標としたビジネスマンだけではなく（藤田2017）、石射猪太郎（第5期生；駐ブラジル大使、東亜局長、上海総領事）、米内山庸夫（第8期生；駐杭州領事）、清水董三（第12期生；中華民国公使、外務審議官）、小崎昌業（第42期生、旧制愛知大学第1期生；駐ルーマニア大使）などの外交官、南カリフォルニア大学やコロンビア大学で経済学を学んだ坂本義孝（第1期生；上海聖約翰大学教授、東亜同文書院大学教授）や東洋史の小竹文夫博士（第19期生；金沢大学教授、東京教育大学教授）、中国語学の熊野正平博士（第17期生；一橋大学教授）、魚返善雄博士（第27期）をはじめとする多数の教育者や研究者、書家の宮田武義（第12期生）や「満洲国」で中国語文学作品の翻訳家として活躍した大内隆雄こと山口慎一（第25期生）といった文化人など多彩な人材を輩出した。

　学生は各道府県から2〜3人ずつ選抜された府県派遣生を主としていたが、志望者がきわめて多かったことから入学試験を課して私費生も受け入れていた（藤田2001; 佐々木2002; 2003）。

　これまで東亜同文書院を考える際に取り上げられてきた学生とは、こうした正規の学生である。しかし、実際には入学試験を経ずに入学した者もいた。このことから、正規の学生にのみ基づく考察だけでは、東亜同文書院の一側面しか捉えられない可能性があり、焦点があてられてこなかった非正規学生の学生生活や、この学校の教育を経た卒業後の活動を把握する必要がある。

　本稿は非正規学生の中で、特に水野梅曉と藤井靜宣の学生生活や卒業後の活動を取り上げる。

　東亜同文書院の中心は商務科であった。非正規学生であっても入学理由が貿易ビジネスなどに関わるものであるならば、教育という点では正規学生と大きな違いはない。しかし、彼ら2人は仏教の僧侶であり、ビジネスマンとはおよそかけ離れた宗教者であった。そうした本来東亜同文書院がターゲットとしていなかったタイプである彼らの東亜同文書院での学びが、どのようなものだったのかを把握することによって、東亜同文書院の新たな姿を明らかにすることができるのではないだろうか。

1．東亜同文書院の学生の種別

　東亜同文書院の学生の種別については、佐々木（2002; 2003）、松谷（2003）の研究があるが、それらが学生を規定する資料として依拠しているのは、1910年以降のものである（東亜同文書院1911）。

　本稿では、これまで紹介されてこなかった1910年より前の規定も参考にし、水野と藤井が在学した時期の東亜同文書院の学生の種別を見る。

　さて、開校当初の東亜同文書院は正式な学位を取得できる学校ではなく、現代でいうところの無認可校であり、いわば私塾であった。

　1908年当時の「東亜同文書院章程」は、学生を次のように規定している。

　　第十八条　諸生入学除院長臨時特允外例以毎学年之始為定期
　　第十九条　諸生願入学須照下項甲号憑式填寫願結並具学業履歴禀明於東亜同文会本部而招考登
　　　　　　第者当准入学但取具衙門咨文及領有準中学畢業文憑者或準不用考試而入学

第二十条　招考分為気品体質及学業之三科学業準拠中学校畢業生（松岡1908: 下編48）

〔大意〕（引用に際しては新字体を用いた。文中の〔　〕は筆者記。以下同様）

第18条　入学は院長が臨時に特に認める以外は学暦の初めと定める。

第19条　入学を希望する者は、後掲の甲号書式〔入学願書〕ならびに学業履歴書を作成し、東亜同文会本部での入学試験に合格して後、入学を認める。ただし、官公庁の公文書ならびに中学校卒業証明書がある者は入学試験を免じることがある。

第20条　選考は気品、体質、学業の3項目で行い、その学業は中学校卒業程度とする。

ここでは特に学生の種別について記されていないが、学生の大半は各府県が学費を負担する学生であった。

〔1901年の〕全国学生募集遊説ノ結果ハ意外ノ好成績ヲ収メ得タルヲ以テ自費生ノ撰択試験ハ本部ニ於テ直接之ヲ執行シ公費生ノ撰択ハ全ク府県知事ニ一任セシガ公費生ニシテ合格セシモノ五拾一人自費生ニシテ合格セシモノ十八人ナリキ（松岡1908: 下編28）

「公費生」とは派遣元の各府県が学費を負担する学生のことである。

実績があるわけでもない私塾の東亜同文書院に公金が投じられることになったのは、これを運営する東亜同文会の会長が近衛篤麿であったことが大きく影響している。彼は摂関家筆頭の家柄で公爵に叙爵された近衛家の当主であり、当時帝国議会貴族院議長の任にある有力政治家でもあった。その彼が東亜同文書院の前身である南京同文書院開校時に各府県会議議長に対して次のように要請をしたのである。

経費御多端の折柄御困難の事とは御察し申上候得共<u>県（府）費を以て年々二三名以上の留学生を御派遣相成</u>卒業の後内国に在りては支那に対する公私事業の調査者となし紹介者となし又一面には直接彼国に在りて便宜の事業に従事せしめられ候はゞ県（府）下の為めに一大御利益を得る事と存申候。学費は一人に付一箇年二百四拾円の予算にして中学卒業者若しくは之と同等以上の学力を有する学生を派遣相成度候。〔1899年12月27日付：下線は引用者、以下同様〕（松岡1908: 下編20）

これを受けて南京同文書院、その後身である東亜同文書院に府県が学費を負担する学生が派遣されることになったのである。こうしたことは東亜同文書院に準公立的なイメージやステイタスをもたらすと同時に安定的な収入源を確保することとなった。1903年からは「学生ノ種類ハ先ツ公費生ヲ採リ定員[3]ニ照シテ余地アル時ハ自費生ヲ採用スルノ方針」（東亜同文書院1911: 3-4）として、公費生を主として運営することが確認されている。

その後、東亜同文書院は毎年100名程の卒業生を輩出するなど教育実績を挙げ続け、1905年からは卒業生に学士号を自称させるようになり（東亜同文会1905: 44）、また外国に居住する者にも徴

---

[3] 東亜同文書院の定員に明確な規定はないが、「毎年七十名乃至九十名ノ卒業生ヲ出シ八十名乃至百名ノ新入学生ヲ見」（東亜同文書院1911: 3）とあり、またその後も1学年は100名程度（大学昇格後は200名前後に増）であった。

兵が適用されるようになった1907年には5カ年の徴兵猶予（大学史編纂委員会1982: 755）が認められるなど、日本の高等教育機関としての体裁、内容を整えていった。

1911年の『東亜同文書院一覧』を見ると、表紙には「文部省認定」と印字され、「専門学校令」と「実業学校令」を収録しており、実業専門学校を目指していたことがわかる。「東亜同文書院章程」にも手が加えられており、学生についての規定は1908年時よりも詳細なものとなった。

> 第十八条　本院学生ハ府県費生、公費生、私費生ノ三種トシ其採用ノ順序ハ第一府県費生ヲ採リ次ニ定員ニ照シ余地アレハ公費生ヲ採リ尚余地アレハ私費生ヲ加フ但府県費生ハ毎府県三名ヲ超ルコトヲ得ズ
>
> 第十九条　入学期ハ毎学年ノ始ヲ以テ例規トス但院長ノ見込ニ由リ臨時之ヲ許スコトアル可シ
>
> 第二十条　入学志願者ハ中学校ヲ卒業シタル者又ハ専門学校入学者検定規程ニ依リ試験検定ニ合格シタル者若シクハ同規程第八条第一号ニ依リ指定ヲ受ケタル者ニシテ品行方正志操堅確身体健全ノ者タルコトヲ要ス
>
> 但甲種商業学校卒業生ハ特ニ商務科ニ限リ中学卒業生ニ準シ入学スルコトヲ得
>
> 第廿一条　府県費生ノ入学ニ付テハ当該府県費知事ヨリ本人ノ学業履歴書ヲ添ヘ其旨東亜同文会本部ニ申込ムベシ公費生亦之ニ準ス私費入学志願者ハ甲号書式ニ依リ学業履歴書ヲ添ヘ東亜同文会本部ニ願出ヅベシ
>
> 第廿二条　凡テ入学志願者ハ東亜同文会本部ニ於テ所定ノ入学試験ヲ受クベシ但府県費生ニ在リテハ当該府県ニ於テ前条規定ノ資格ヲ具備スル者ニ就キ施行セル選抜試験ニ合格シタル者ハ本部ニ於ケル入学試験ヲ省略シテ入学セシムル事ヲ得公費生亦之ニ準ス
>
> 入学試験ハ人物、体格、学術ノ三科トシ其学術ハ中学校卒業以上ノ程度トス
>
> 第廿三条　私費入学ノ許可ヲ得タルモノハ乙号書式ニ依リ保証二名ヨリ在学保証書ヲ差出ス可シ（東亜同文書院1911: 31-32）

これまで「公費生」と称してきた学生を「府県費生」とし、各地の育英会、教育会からの派遣生のことを「公費生」としている（佐々木2003: 13）。1910年代後半以降の外務省や満鉄からの派遣生もこの規定され直した「公費生」に分類される。

その後、1918年までに「東亜同文書院章程」の学生規定は次のように改められている。

> 第二十条　本院学生ハ府県費生公費生準公費生私費生ノ四種トシ其採用ノ順序ハ第一府県費生ヲ採リ次ニ定員ニ照シ余地アレハ公費生ヲ採リ尚余地アレハ準公費生、私費生ヲ加フ但府県費生ハ毎府県三名ヲ超ヘザルヲ例トス（東亜同文書院1918?: 31）

ここでは「準公費生」という学生種が加わっている。これについて佐々木は「性格は曖昧で、私費生と別に区別されている理由が筆者には理解できなかった」（佐々木2003: 13-14）と述べているが、府県費生と公費生は派遣元が選考を行うのに対し、準公費生と私費生は東亜同文会による入学試験を受験することになっており（佐々木2003: 7）、選考方法の違いによる区別である。

なお、大学昇格後の「東亜同文書院大学学則」での学生種は「第六十六条　大学予科生徒ハ府県費生公費生及私費生トシ」（東亜同文書院1942: 41）と3種だけとなり、準公費生は消えている。

以上の府県費生、公費生、準公費生、私費生は正規の学生である。東亜同文書院の『学籍簿』[4]には、それらとは別に聴講生、科外生、実習生という学生が記されている。これらは章程や学則には記述がない非正規の学生である。どのような性格であったのかを知りうる資料を見いだしえていないが、正規学生でない以上は学位を取得することができないものであったと考える。
　こうした東亜同文書院の学生の種別をまとめると図1のようになる。

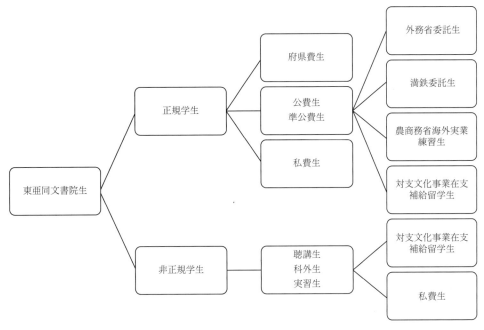

図1　東亜同文書院学生の種別

　外務省委託生は外務省派遣[5]、満鉄委託生は満鉄派遣[6]の学生である。
　農商務省海外実業練習生は、農商務省（1925年に農林省と商工省に分割）が派遣した留学生である。東亜同文書院の前身南京同文書院には安永東之助、柴田麟次郎（大学史編纂委員会1982: 80）、東亜同文書院では坂田長平[7]（第1期生）（大学史編纂委員会1982: 402; 野口2004: 47）がいたと伝えられるが、派遣生の報告をまとめた『農商務省商工局臨時報告』（松村、田島2002）に彼らのレポートはない。
　対支文化事業在支補給留学生は、義和団事件賠償金と山東半島利権返還補償金を基金として、1923年から日中共同で始められた文化事業での派遣生である。

4　東亜同文書院の『学籍簿』は、敗戦時に最後の学長本間喜一の尽力によって上海から日本に運ばれ、現在は愛知大学に所蔵されている。東亜同文書院卒業生や在学生の卒業証明、在学証明を発行するための事務文書として同大教務課によって管理されている。
5　外務省は1907年、1919-1923年に東亜同文書院に学生を派遣している。松谷（2003）に詳しい。
6　満鉄は1920年より東亜同文書院へ学生を派遣している（佐々木2003; 石田2009b）。
7　坂田については東亜同文書院生としては農商務省海外実業練習生（大学史編纂委員会1982: 402; 野口2004: 47）と伝えられているが、それ以前に彼は前身の南京同文書院には熊本県費生として入学している（大学史編纂委員会1982: 80）。

2．水野梅曉と東亜同文書院

さて、藤井靜宣と水野梅曉は、東亜同文書院でどのような立場で学んでいたのだろうか。

最初に確認しておかなければならないのは、彼らの名前が東亜同文書院『学籍簿』には記載されていないということである。彼らは非正規の学生としても公式には記録されていない。

まず、水野について見ていくが、彼の経歴は不明な点が多い。東亜同文書院に来たことについても院長根津一に随伴してきたと伝えられているだけである（大学史編纂委員会1982: 370）。一説には、前身校である南京同文書院に在学していたともいう（滬友会1955: 127; 大学史編纂委員会1982: 402）。

松田（1978）や柴田（2013）、広中、長谷川、松下（2016）による水野の紹介をまとめると、おおよそ次のようなものとなる。

図2　水野梅曉
1921年頃。東亜同文書院第1期生『東亜同文書院第一期生渡支満二十年記念写真帖』(1921) より。

1877年あるいは1878年旧福山藩士金谷俊三の四男として現在の広島県福山市に生まれ、曹洞宗の僧水野桂巌の養子となり[8]、13歳で出家。京都の臨済宗大徳寺高桐院で国学者高見祖厚に学び、また哲学館（現東洋大学）でも学んだことがあるという。その後、上海に渡り東亜同文書院に入る。1905年曹洞宗開教師として湖南省長沙に僧学堂を開設。1909年までに浄土真宗本願寺派法主大谷光瑞の知遇をえて浄土真宗本願寺派に転じた（柴田2013: 60）。1914年東方通信社調査部長として『支那時事』刊行に従事する。1924年支那時報社設立。この間、ジャーナリストや僧侶として日中間で活動しただけではなく、「満洲国」では満日文化協会理事を務めた。1949年に病死している。また、後掲する1931年の陸軍文書に「水野梅曉ハ元僧籍」(JACAR: C15120135000（第1画像））とあることから、1931年までに彼は還俗していたようである。

東亜同文書院時代のことについて、水野は東亜同文書院同窓会誌『会報』に次の文を寄せている。

> 明治三十五年〔1902〕の夏でありあす私が支那に参りまして一年を経た時丁度この書院の文庫の係員をしてをりました暇を得て甯波に游び僧界の研究をなさんと天台山に登りました〔略〕〔中国人僧と湖南で仏教事業を起こすことについて話し合ったが〕<u>勿論語は通ぜず筆頭でやりました</u>時に三十六年〔1903〕七月でありました帰りまして根津院長及井手氏〔井手三郎・東亜同文会幹部〕にこの事を談じましたが大に賛成を得後少々蹉跌も出来ましたが兎に角彼地に行く事に決し翌年〔1904〕三月長沙に至り笠雲僧を訪ひました（東亜同文書院学友会1908: 27-28）

8　松田（1974）、広中、長谷川、松下（2016: 12, 16）は養子先を法雲寺（広島県神石郡神石高原町父木野）とするが、柴田（2013: 58）は長善寺（広島県神石郡神石高原町高蓋）としている。

水野は文庫の係員、すなわち図書室の事務員であり、学生ではなかったのである。
　注目するのは、中国人とやりとりするに際して「勿論語は通ぜず筆頭でやりました」（もちろん言葉が通じないので筆談しました）と述べていることである。この言葉は4通りに理解することができる。

①中国語ができなかった。
②中国語がまったくできないわけではないが、内容が仏教の活動に関わる難解なものであったことから筆談となった。
③北京語（北京官話）だけを学んでいたため[9]、相手の中国語が南京語（南京官話）あるいはその他の方言だった場合は会話が成り立たずに筆談となった。
④文庫係員である自分を知っている正規の学生の前で、中国語ができると言うのをはばかった。

　東亜同文書院在学中は上海に暮らし、休暇中には天台山を旅し、また次のようにも述べていることから中国語がまったくできなかったとは考えられない。

　　予が蹶然笈を負ふて渡清し、故恩師根津先生の門に入りて、先づ語学の習得と同時に欧米の清国に対する伝道政策の内容を研究したる結果が、即ち「道は近きにあり、遠く之を他に求むるを要せず」との確信を得たのである。（藤井1931: 表紙見返し）

　ここでは、東亜同文書院院長根津に入門する、すなわち東亜同文書院に入った主な目的を語学習得と欧米諸国の清国での布教活動研究であったと述べている。このことから、中国語を東亜同文書院で学んでいたことは明らかであり、①以外はいずれも可能性があるということになる。また、二つ目の入学目的について、実際に『支那に於ける欧米の伝道政策』（仏教徒有志大会1915）（JACAR: B12081602600（第26-84画像））を出しており、このことは『会報』の一文の正確性を補強する。
　ただ、「勿論語は通ぜず筆頭でやりました」という文が、東亜同文書院の同窓会誌に掲載されたということを考えると④である蓋然性が高い。東亜同文書院が教えていた中国語は北京語（北京官話）であったし、水野は2年程しか学んでいないのだから、実際には②や③という状態であったのだろう。それでも、わざわざ言葉が通じなかったと記すのは、正規の学生に対する遠慮あるいは引け目があったのかもしれない。
　実際、正規の学生と水野の間は一線が画されていた。内藤熊喜（第1期生）は次のように述べている。

　　水野梅曉は実習生のような形で在学、高昌廟[10]の学校門衛をつとめ、学生の出入りを点検するのが役目であった。卒業前年三十六に湖南の長沙にゆき、景色のよいところにあった寺に納まってしまった。やがて帰国し、実力かどうか知らないが、金襴の袈裟を許されて長崎に帰った（滬友会1955: 170）

9　東亜同文書院は上海にあったが、開校以来教授された中国語は北京語であった。
10　東亜同文書院は1901年から1913年までは上海南郊の高昌廟桂墅里（現上海交通大学医学院付属第九人民医院）にあった。

内藤は水野を門衛だと述べている。学校の雑務係だったということなのだろう。この内藤の言葉には、水野は自分と同列の学生ではなかったということを強調しようという意識や、彼に対して良い感情を抱いていないことがあらわれている。正規の学生から見ると、水野は明らかに自分たちとは違う立場だったのである。

以上のことから、水野の東亜同文書院での生活は、正規の学生とは全く異なっており、学校の雑務をこなしつつ中国語の授業を受けるという状態であったことがわかる。そもそも東亜同文書院はビジネス・スクールであり、語学以外で僧侶である水野が学ぶような教育内容はなかった。

さて、東亜同文書院第1期生が中国に渡ってから20年後、『東亜同文書院第一期生渡支満二十年記念写真帖』（東亜同文書院第1期生1921）が刊行されている。そこには正規の第1期生たちと共に水野の写真も収録されている（図2）。彼は学生ではなかったが、長沙で仏教事業を起こしたり、外務省系の東方通信社の調査部長となったりするなど、日中間での目覚ましい活動によって[11]、卒業生に準じる扱いがなされるようになったのである。

3．藤井靜宣と東亜同文書院

藤井靜宣については、辻村（2002）や坂井田（2016）、広中、長谷川、松下（2016）などの研究や紹介がある。それらを参考にしつつ、藤井の著書（藤井1920; 1953; 1964）の記述も踏まえ、その経歴を見てみよう。

1896年3月4日真宗大谷派真浄寺（愛知県碧海郡若園村、現同県豊田市中根町）[12]の住職で、かつて大浜騒動[13]にも加わった岐阜県高山別院輪番藤井至静の長男として生まれた。後に父が淨圓寺（愛知県豊橋市花園町、後に同市大村町に移転）の住持となり豊橋に移る。短歌を能くし、大谷大学在学中には若山牧水の弟子[14]となり、歌集『燃ゆる愛欲』（藤井1920）を草宣名義[15]で出している。1922年大谷大学を卒業すると、宗派中立の宗教専門新聞『中外日報』に入社、東京特派員となる。1924年『中外日報』を退社し、『教友新聞』設立（1925年まで）。1925年東亜仏教大会に参加し、水野梅曉と知り合う。1926年『現代仏教』事務部。1927年中国を旅行する。1928年から東亜同文書院留学、1932年帰国。その後は、真宗大谷派僧侶として1935年中支開教監督、1937年北京別院輪番、1939年中支南京東本願寺主任兼中南支開教監督部、1941年上海別院輪番を歴任。同時に、

11　外務省文書（1921年6月13日付情報部第1部発各局課宛：JACAR: B03040706300（第25画像））には「東方通信社調査部長水野梅曉」とある。外務省文書「東方通信社拡張ニ関スル件」によれば、もとは宗方小太郎によって上海で運営されていたが、「表面民間経営タルコトヲ標榜スルモノ事実上外務省ノ事業タルコト」（JACAR: B03040706300（第8画像））とし、東京に本社を置き、中国調査と同時に中国での日本の宣伝活動をすすめるものに改組した。

12　辻村（2002）は高岡村とするが、この村は1906年に発足しており、1896年時点では若園村である。

13　1871年三河国碧海郡で起きた廃仏毀釈に反対する運動。暴動化し、主導したとされる石川台嶺が斬罪された。鷲塚騒動、菊間事件とも。このことについて藤井は「亡き父が三十余名と血判し立ちし護法の記念日今日は（明治四年・大浜騒動）」（藤井1964: 252）と詠んでいる。

14　若山牧水の弟子長谷川銀作は「藤井君と私とは、牧水の同門で、一つ年下の藤井君の方が先輩にあたる」（藤井1964: 序）と述べている。

15　奥付の著者は靜宣名義。

1933年第2回汎太平洋仏教青年会大会準備会中華班長、1935年日華仏教学会常務理事、1940年東方仏教協会海外通信部欧米印度支那朝鮮方面担当、日華仏教連盟南京総会理事、1941年中支宗教大同連盟理事として日中間の仏教交流に尽力した。1943年帰国するが特別高等警察に軍事機密に触れる発言をしたとして陸軍刑法違反容疑で逮捕され、禁固3年6カ月、執行猶予3年の判決を受けた（田原1988: 130）。戦後は豊橋淨圓寺住職を務めつつ、短歌の創作や指導に精力的に取り組むなど豊橋地域の文化振興に努め、1971年に亡くなった。

　藤井の東亜同文書院留学については、前述したように『学籍簿』に記載はないものの、本人が1935年外務省に提出した履歴書によって概要を把握することができる。

図3　藤井靜宣
藤井草宣『墨袈裟』（豊橋文化協会、1964）より。

　　履歴書
　藤井　靜宣
　明治二十九年三月四日生
一、大正十一年　在京都大谷大学卒業、爾来東京に於て支那仏教の研究に従事す。
一、大正十四年十一月　東亜仏教大会に際し水野梅曉氏の秘書となりて準備に従事し大会に来朝せる支那仏教代表の周旋及び紀要編纂に当る
一、昭和二年五月　自費を以て満洲、支那の視察旅行を為し一ケ月余にて皈朝す。
一、昭和三年八月　水野梅曉氏と同行して上海に留学し東亜同文書院の聴講生となり同院内に居住す昭和六年春より上海王一亭居士の推薦によって閘北の世界仏教居士林に入て讀学等の実修を努むると共に日華仏教の聯絡提携に専心す。此間、昭和五年十月より外務省文化事業部第三種補給生となり、月額金五拾円を給与さる。
一、昭和六年年末に到り排日運動熾烈となり居士林を逐はれ次で上海事変突発によりて帰朝、休学願を提出す
一、昭和七八年四月文学博士高楠順次郎氏編纂の「支那仏教人名辞典」中の近世現代の部を担当し、年末完了す。
一、昭和八年九月　第二回汎太平洋仏教青年会大会準備会中華班長となる
一、昭和九年五月　文化事業部長の依嘱により文学博士鈴木貞太郎氏一行の支那仏蹟巡拝団の案内を為し、又兼ねて第二回汎太平洋仏教者大会に関する支那側との連絡に当り、同大会には中華班長として尽力す。
一、昭和十年六月　日華仏教学大会の結成を果し常務理事に就任す。
　附記
　　従来右記の如き研究調査報告を発す
　　　1、最近支那の宗教迫害事情（菊版百頁余）刊行（昭和六年）

2、最近日支仏教の交渉（菊版五十頁）刊行（昭和八年）

3、現代支那の仏教（四六版二十頁）（「国民仏教聖典」中）刊行（昭和九年）

4、現下の支那仏教界の情勢（菊版十六頁）刊行（昭和十年）

5、仏教的日支提携（謄写版刷二十頁）刊行（同上）

6、僧侶より見たる清代仏教（「現代仏教」誌発表（今年十月号）

7、清廷と仏教・殊に臨済宗（版二十頁）「大谷学報」（今年十月号）

此外、「中外日報」「教学新聞」及び「禅の生活」等に小論篇を随時発表して日支提携及び現代支那事情の報道すに努む　以上

右の通り相違無く候也

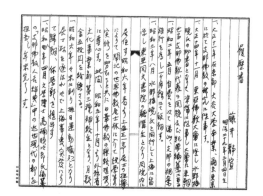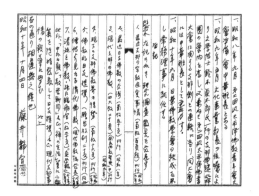

図4　藤井靜宣履歴書

昭和十年十月四日　藤井靜宣印（JACAR: B05015681000（第4–5画像））

履歴書を参考に藤井の上海留学をまとめたものが「表1　藤井靜宣上海留学年表」である。

藤井は、1928年8月水野梅曉の斡旋で東亜同文書院に聴講生として入った。辻村（2002）、広中、長谷川、松下（2016: 55）は東本願寺派遣と伝えている。

1930年10月からは外務省対支文化事業在支第3種補給生（月額50円付与）となった。

この補給生とは1930年に外務省対支文化事業として始められたもので、阿部（2004: 728）によれば、次の3種がある。

第1種　日本の小学校を卒業し、中国の中等学校等に修学する日本人に月額35円以内を支給する。

第2種　日本の中学校を卒業し、中国の高等教育程度の学校に修学する日本人に月額70円以内を支給する。

第3種　日本の大学や専門学校を卒業し、中国の大学や大学院に修学する日本人に月額120円以内を支給する。

東亜同文書院は日本の教育機関であるが、中国に校舎をおいていたことから第3種補給の対象として認められたのであろう。

表1　藤井靜宣上海留学年表

	藤井靜宣	東亜同文書院	世の中の動き	
1928年 昭和3 民国17	8　水野梅曉の口添えで東亜同文書院聴講生となる（徐家匯虹橋路）（32歳）	1　学校バス虹口運行 3　青木喬退職 7　『華語月刊』創刊 11　日中学生同居許可 12　殷汝耕（43歳）講演	2　日本第1回普通選挙、郭沫若日本亡命 5　済南事件 6　張作霖爆殺、国民党北京入城 8　不戦条約、国際連盟が国民党政府承認 10　蔣介石国民政府主席（-1931）、ソ連第1次五カ年計画（-1932） 12　東北易幟、イタリアファシスト独裁	
1929年 昭和4 民国18		清水董三（36歳）退職し外務省入省 4　陳彬龢（32歳）特別講義 6　犬養毅（74歳）、頭山満（74歳）講演	1　梁啓超死（1873-） 2　ソ連トロツキー追放、スターリン独裁 8　ツェッペリン飛行船世界一周 10　世界恐慌始まる（-1932） 11　中共陳独秀除名	
1930年 昭和5 民国19	10　外務省対支文化事業在支第三種補給留学生（34歳）	4　『華語萃編』初集第3版刊行 5　『山洲根津先生伝』刊行 9　中華学生部学生募集停止 11　第1次学生ストライキ 12　左翼学生検挙（反戦ビラ配布）	1-4　ロンドン軍縮会議 3　中国左翼作家連盟成立 5　日華関税協定 　　中国、中原大戦 9　ドイツ総選挙ナチ党躍進 11　九鬼周造『「いき」の構造』刊行	
1931年 昭和6 民国20	春　王一亭の推薦で世界仏教居士林（上海仏教居士林）（35歳） 9　『支那最近之宗教迫害事情』（浄円寺）刊行	1　近衛文麿（40歳）院長退任、大内暢三（57歳）院長代理就任 3　中華学生部部長坂本義孝（47歳）退職 4　魯迅（50歳）特別講義 12　大内暢三院長就任	4　スペイン革命、上海自然科学研究所開所 5　アメリカモラトリアム宣言、広東国民政府 7　万宝山事件 9　満洲事変、イギリス金本位制停止 11　毛沢東瑞金中華ソビエト共和国臨時政府	昭和恐慌
1932年 昭和7 民国21 大同元	1-2　帰国「休学願」提出（36歳）	2　長崎疎開 4　上海復帰	1　第1次上海事変、ソ連第2次五カ年計画 2　リットン調査団 3　「満洲国」建国宣言	

*藤井靜宣の東亜同文書院留学は両矢印の期間

　1931年春からは、上海の実業家で熱心な仏教活動家でもあった王一亭の推薦を受けて中国の仏教修行、研究施設である世界仏教居士林に入った。居士林とは、居士すなわち在家信者の施設である。出家した僧の施設が寺院であるのに対し、在家のそれが居士林である。

　現在知られている上海の仏教居士林は静安寺地区の常徳路にあるが、これと彼が学んだ施設は異

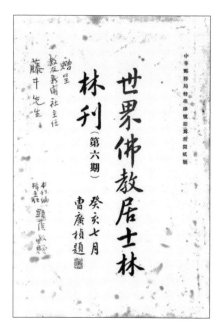

図5　藤井靜宣（草宣）所蔵『世界仏教居士林林刊』第6期表紙

なる場所にあり、藤井自身が「中華民国、上海、閘北新民路国慶路口世界仏教居士林」（1931: 106）と住所を記しているように、蘇州河の北域にあった。

藤井は「世界仏教居士林の二層楼で、起床時間の黎明四時過より六時の食事までに……」（藤井1931: 106）と述べており、留学途中で滞在先を東亜同文書院から世界仏教居士林に移していたことがわかる。東亜同文書院は上海西郊の徐家匯虹橋路にあり、世界仏教居士林があった閘北に通うのは距離的に難しい。

世界仏教居士林と藤井との関係は、彼が日本にいた時期から始まっている。それがわかるのは、藤井靜宣（草宣）資料[16]に含まれる『世界仏教居士林林刊』第6期（世界仏教居士林1923）の表紙に「贈呈　教友新聞社主任　藤井先生　本刊編輯主任　顕薩　函贈」と記されているからである（図5）。彼が『教友新聞』に関わっていたのは1924年から1925年にかけてのことで、1925年に東亜仏教大会に参加しており、この時に世界仏教居士林とつながりができたのであろう。

以上から、藤井の上海留学は1928年8月から1932年初頭の期間であり、そのうち東亜同文書院では1928年8月から1931年春まで、それ以降は世界仏教居士林で学んでいた。第一次上海事変の影響をうけて1932年初めに帰国しているが、上掲履歴書にはその際に「休学願」を出したとある。それが東亜同文書院宛てなのか、それとも世界仏教居士林宛てなのかは明記されていないが、外務省の第3種補給生は中国で大学程度の教育機関に在学する必要があり、宗教施設である居士林がそれに該当することができたのか不明である。あるいは、学籍は東亜同文書院に置いたままだったとも考えられる。

さて、藤井は東亜同文書院でどのような教育を受けていたのだろうか。藤井靜宣（草宣）資料には謄写版の『詩学』（山田1928）という線装本の漢詩のテキストがあり、中表紙には「山田先生講（昭和3年度課外）詩学　近体詩格」とある。この時期の東亜同文書院で古典を扱っていた教員山田謙吉（岳陽）によるものであろう。該書には藤井のものと見られる書き込みがあり、山田から「課外」すなわち授業外で漢詩を学んでいたことがわかる。藤井は、東亜同文書院在学時に詠んだ歌を挙げつつ、次のように述べている。

　　……「新万葉集」[17]には〔藤井の歌が〕二首採録されてある。
　　　　日もすがら黄土や降れる広き野も木立もけむりほととぎす啼く

16　藤井靜宣（草宣）資料は、愛知県豊橋市にある真宗大谷派宗教法人淨圓寺が所蔵している。2017年2月現在、愛知大学東亜同文書院大学記念センターと東アジア仏教運動史研究会が協力して資料の整理をすすめている。また、坂井田（2016）はこの資料を紹介している。
17　改造社編（1937–1938）『新万葉集』全11巻、改造社。

おのづから軒の風鐸鳴り出でて天童山に更くる月の夜

一は上海東亜同文書院に華語の聴講生であつた当時の詠であり、他の一は鈴木大拙翁のお伴をして浙江の天童山に投宿した夜半の作である。(藤井1953: 後記)

　このように藤井の東亜同文書院留学の目的は華語すなわち中国語であった。
　藤井は「黄土や降れる広き野」と詠っているが、彼が学んだ東亜同文書院の徐家匯虹橋路校舎は上海にあるといっても郊外であり、そこは大都市あるいは魔都といった当時の一般的な上海のイメージとはよほど異なった場所であった。1921年にここを訪れた芥川龍之介は、麦畑に囲まれた東亜同文書院の様子を記している（芥川2001）。そのような落ち着いた環境の中で、彼は中国語学習に励み、語学力をつけた後に中国の仏教組織である世界仏教居士林に入り、中国人と共に活動したのである。
　以上、藤井の東亜同文書院時代を見てきたが、東亜同文書院に入る以前から世界仏教居士林とつながりがあることを考えれば、彼の主たる目的は東亜同文書院ではなく、世界仏教居士林であったと考えるのが妥当である。

4．水野梅曉の対中国姿勢について

　水野梅曉は東亜同文書院第1期生扱いとされるようになったものの、正規の卒業生にとっては特殊な存在であった。
　先に見た内藤熊喜のいささか含みの感じられる水野評にも、それを読み取ることができる。
　そうした水野に対する違和感は、第二次上海事変で東亜同文書院が焼失した際の北京移転構想にも見ることができる[18]。これは戦禍で校舎を失い、再建の目途が立たなかった東亜同文書院を、北京の清華大学を接収し、そこへ移そうというものである。この構想を外務省東亜局長として処理した東亜同文書院第5期卒業生石射猪太郎は、1937年12月6日の日記で次のように述べている。

　　岡部子、水野和尚〔外務省〕来訪。同文書院を北京に移すべしとの趣旨を大学制案にて巧みに説きたてる。手は見えすえて居る。所説納得出来ずと主張す。岡部子は和尚に乗ぜられたのだ。
　　（石射1993: 227）

「岡部子」とは子爵岡部長景のことである。彼は当時東亜同文書院を運営する東亜同文会の理事長であった。東亜同文会会長近衛文麿が政治家として多忙であることから、会の実務を岡部が執っていたのである。また「水野」は梅曉のことである。
　石射は移転構想の首謀者を水野だとしている。その書きぶりは明らかに水野に対して批判的である。石射は移転に反対しているのだが、それは彼ひとりではなく、多くの東亜同文書院卒業生の意見でもあった[19]。彼らの反対の理由が水野にあるとすることはできないが、それでも彼の存在が影

18　東亜同文書院の北京移転構想については石田（2009a）参照のこと。
19　1937年11月26日津田静枝東亜同文会理事司会で東亜同文書院卒業生有志の会合が開かれ、東亜同文書院北京移転について決を採り、多数決で否決されている（JACAR: 05015340900（第41画像））。

響していた可能性が高い。なぜならば、この構想は内閣総理大臣や陸軍の同意を取り付けていたにもかかわらず、外務省や東亜同文書院卒業生の運動によって頓挫しているからである。東亜同文会理事長岡部と東亜同文書院に学んだ水野という関係者が提唱したものであるにもかかわらず、東亜同文書院の外部ではなく、内部の反対の方が強いということには、その提唱者への抵抗感があらわれていると推測される。

　そうした水野の人間性について、藤井靜宣は次のように述べている。

> 長い間私は仏界には水野老師以外に、一人も支那通はいないと思っていた。しかし必ずしも彼一人というわけではなかった。
> 　諸官庁にも顔が通り、また所謂支那通や支那浪人の方面にも顔があり、何事も敢然として一手で引き受けて、計画も立て奔走したのは水野老師一人であった。
> 　或はその性格が他との調和によっては仕事が出来なかったためかも知れない。他にいくらかの人はあっても、差し控えていた形跡もあった。この一人芝居の点が水野老師の一代男たる所以でもあったと思う。（松田1974: 50）

たんなる称賛でもなく、批判でもないこの言葉こそ、水野を正確にあらわしているのではないだろうか。藤井が述べる他者との「調和」のなさは、前述の東亜同文書院移転構想の時にも見ることができ、例えば次に引く1938年の陸軍文書にもあらわれている。

```
東亜同文会に貸与しある家屋引上の件
陸軍省受領　陸支密受け第一八五二号
昭和一三、二、二五
㊙電報　　　　　　　　　　　　　　　二、二四後　九、〇五発　一一、二六着
方特務電報四八五号
次官宛　　　　　　　甲集団特務部長
次長
東亜同文会ノ為軍ノ保護管理中ノ家屋ヲ貸与シアルモ其後同文会ハ何等ノ活動ヲ為サス留守番ノミヲ置キアルモ斯クテハ目下北京市ナカの住宅払底ノ現況上看過シ難キニ付之ヲ軍ニ引上クルニ付同文会ノ（水野梅曉）ニ右の旨通告セラレ度（終）（JACAR：C04120251400（第3-4画像））
```

この「甲集団」すなわち北支那方面軍の要請に対して陸軍省は次のように返した。

```
次官ヨリ甲集団特務部長宛電報　　　　（暗号）
方特務電第四八五号返
東亜同文会ニ貸与セラレアル家屋引上ノ件水野梅曉ニ伝達セリ
陸軍省送達　陸支密電一三五　昭和拾参年参月四日（JACAR: C04120251400（第1-2画像））
```

上掲のやりとりは、陸軍が北京で東亜同文会に貸与していた家屋をめぐるものであるが、東亜同文会側の責任者が水野であったということに注目したい。問題となっている家屋貸与が何時からのことなのかは不明であるが、1937年に東亜同文書院北京移転が取り沙汰され、さらに1938年に入

っても東亜同文会が北京での「東亜同文大学」新設を外務省に提案していることから[20]、1937年末から1938年初にかけて東亜同文会が陸軍に働きかけて北京現地での活動のために確保していたのであろう。このことについて動いていたのが水野なのである。彼は東亜同文書院の北京移転が東亜同文書院卒業生によって却下されたにもかかわらず、その後も移転に類する運動を継続していたのである。こうしたやり方は、粘り強いといえるだろうが、一方では調和を乱すものともいえる。

しかし、前掲の藤井の水野評にも記されているが、水野はただ利己的に動いていたわけではなく、彼なりに良好な日中関係の実現を目指していた。それは、彼が親中国的として陸軍から警戒されていたことにあらわれている。

憲高秘第460号水野支那時報社長の行動に関する件報告（通牒）
　　　昭和六年九月十一日憲兵司令官　外山豊造
　参謀次長二宮治重殿
　首題ノ件左記報告（通牒）ス
　要旨　水野支那時報社長ハ満蒙問題ニ対スル政府側硬化説ハ陸軍ノ宣伝ナリト吹聴シツ、アリ
一、支那時報社長水野梅曉ハ元僧籍ニアリテ大谷光瑞氏ヲ擁シテ対支問題ノ研究ヲナシ更ニ支那通評論家ナリト自称シテ常ニ南京政府ヲ支持セルカ如キ言動ヲナシ来レルカ最近外務省ヨリ一ヶ月三百円ノ運動資金ヲ受授シ政界財界宗教界其ノ他各方面名士ヲ歴訪シテ対支問題ニ関スル意見ヲ開陳シ更ニ万宝山事件、中村大尉虐殺事件其ノ他満蒙問題等ニ関シ政府当局カ硬化シツ、アルカノ如ク報道サレアルハ軍部当局ノ宣伝ニシテ外務当局ハ決シテ硬化シアルカ如キ事実ナシ而シテ軍部ハ軍制改革問題及明年二月寿府〔ジュネーブ〕ニ於テ開催セラル、国際聯盟軍縮会議等ノ重大問題解決ニ当リ殊更事ヲ構ヘテ満蒙特殊権益浸犯ノ危機ヲ訴ヘ或ハ国防思想普及ニ名ヲ籍リテ国防意識ノ転換ヲ期セシメント画策シ軍制改革問題軍縮会議等ヲ有利ニ解決セント企画シアルモノニシテ軍部ノ如斯態度ハ唾棄ス可キモノニシテ此ノ際満蒙問題等ニ関スル軍部ノ宣伝ニ乗セラル、コトナク軍部ノ態度ヲ大ニ警戒監視スルノ要アラント論断吹聴シ居レル趣ナリ
二、水野梅曉ハ大谷光瑞トハ意見ヲ異ニシ幣原外交ヲ支持スルニ至リ且ツ今回外務省ト諒解ノ下ニ各方面ニ亘リ陸軍側ノ悪宣伝ヲナシツ、アルモノナリト称セラレアリ
　　　　　発送先
　　　　　陸軍大臣　参謀次長
　　　　　陸軍次官　教育総監督部本部長
　　　　　軍務局長
　　　　　軍事課長
　　　　　兵務課長
　　　　　調査班長　（JACAR: C15120135000）

水野は、日本が十五年戦争へと突入していく満洲事変の直前において、国際協調、中国への内政不干渉を旨とする幣原外交の賛同者だったのである。そのために彼は大谷光瑞と袂を分かつことま

---

[20]　「北支ノ新情勢ニ応ジ東亜同文会ガ支那ニ於テ経営セントスル諸学校案」（JACAR: B05015249200）を参照のこと。

でしていた。この頃までに水野は還俗していたようだが、それには光瑞との路線の違いが影響したのであろう。浄土真宗本願寺派内で絶対的な権力者であった光瑞と意見を異にしては、曹洞宗から浄土真宗本願寺派に宗旨替えしてきた彼のいる場所など宗派内にはないからである。もしそうであるならば、水野は僧籍を捨ててまで日中関係のために活動したことになる。

そうした中国を尊重する姿勢によって、水野は中国人の信頼をえていた。それは「満洲国」で1933年に発足した日満文化協会（「満洲国」側では満日文化協会）にかかわる出来事に垣間見ることができる。

外務省文書「日満文化協会本邦側評議員推薦協議会議事概況」（JACAR: B05016057100）によれば、1933年12月16日外務省で日満文化協会の評議員選定について会合が催され、次期評議員のメンバーに入っていた水野が外されたのだが（JACAR: B05016057100（第3画像））、それに対して彼は否を唱えず、

> 日系評議員ハ純学術的ノ立場ヨリ所謂一世ノ碩学ヲ推挙スルモノトシテ林総裁〔林博太郎満鉄総裁〕以下ヲ削除シ之ニ代ユルニ市村〔瓚次郎〕、矢野〔仁一〕、織田〔万〕博士等ヲ以テスヘキ（JACAR: B05016057100（第5画像））

と述べている。彼は、日満文化協会が日本による文化統制に陥るような政治的なものではなく、純粋な文化事業であるべきだと考えたのである。そのために学術とは直接関係のない満鉄総裁を外そうとし、また学者ではない自らの退場を受け入れたのである。

しかし、1934年2月「満洲国」側から評議員に水野を加えるようにとの強い要望が出され、日本側は当初難色を示したものの最終的には同意した（JACAR: B05015988400（第2画像））。同年5月に水野は理事に昇格している（JACAR: B05015988900）。

この協会の日本側幹部は常任理事内藤湖南をはじめ、理事には服部宇之吉、狩野直喜、白鳥庫吉、羽田亨、池内宏といった日本を代表する東洋学者が名を連ねていた。東亜同文書院の正規の学生でもなく、学術的業績があるわけでもない水野がその席に列するというのは異例のことである。それが「満洲国」側の要請によってなされたということは、水野がいかに中国人に信頼されていたのかということの証左である。

東亜同文書院の正規の学生ではなく、同窓の間では、反感すらもたれることもあった水野であるが、中国に対する姿勢は、東亜同文書院の日中提携実現を目指すものと同じであったのである。

5．歌集に見る藤井靜宣と中国

上海留学後の藤井靜宣は真宗大谷派の中国での活動を担当する職務に就いている。これについては辻村（2002）が触れているものの概略的であり、詳細については藤井靜宣（草宣）資料の分析によって解明されることが待たれる。

本稿では、戦後、藤井が刊行した歌集に注目して、彼の中国での活動や中国に対する姿勢を見ていきたい。

戦後、藤井は1945年春から1947年冬までと1950年春から1953年冬にかけて詠んだ短歌を収録した歌集『群生』（1953）と、1954年から1964年にかけての短歌を収録した歌集『墨袈裟』（1964）を、

草宣名義で出している。

　大谷大学在学時代からの若山牧水との親交を示すように、牧水の弟子長谷川銀作が両書に序文を寄せており、さらに牧水が主宰した創作社の叢書として刊行された『墨袈裟』では、牧水夫人喜志子から「岩に填めし仏法僧の歌の碑に君手向けます誦経〔ずきょう〕のひびき」（藤井1964)[21]という歌が贈られている（図6）。

　また、両書とも彼が「竹馬の友」（藤井1953: 後記）と呼ぶ画家高須光治が装幀をし、『群生』では表紙と口絵も描いている（図7、8）。

　ちなみに高須は岸田劉生と親交があったが、劉生は中国で活動し、東亜同文書院を運営した東亜同文会にも関わった岸田吟香の子息である。たんなる偶然ではあるものの、藤井と中国をめぐる不思議な縁を感じさせる。

図6　鳳来寺山若山牧水歌碑

写真中央、岩壁にはめ込まれている方形のものが歌碑（2017年2月27日筆者撮影）。牧水夫人の歌によれば、藤井はこの碑の前で誦経している。

　さて、両歌集の書名は仏教用語である。「群生（ぐんじょう）」は親鸞が教えの大綱をまとめた「正信念仏偈（しょうしんねんぶつげ）」に見える言葉で、命あるあらゆるもの、という意味である。「墨袈裟」は浄土宗真宗の僧侶が黒衣を着用することからとったもので、藤井自身のことをあらわしている。短歌は文学表現ではあるが、彼は宗教者としての強い意識をもって詠んでいるのである。

　宗教という観念的な世界に身をおく藤井だが、その歌は隠喩や換喩を多用するような抽象性は微塵もない、きわめて具体的な描写をするものであった。その歌風について、牧水門下の兄弟弟子長谷川銀作は「月並みの花鳥風月派ではなく、自分の生活に密着した歌をやや強引に作る」（藤井1953: 1–2）と述べているのだが、たしかに彼の歌は写実性がすこぶる強く、その生々しさはルポルタージュ的ですらある。例えば次の歌によくあらわれている。

　　　仏像を負ふ
　　　六月十九日夜半
　　西南に火焔あがると見入る間に焼夷弾つぎつぎ東へ落つる

　　今宵こそわが市は焼けむ妻子らを防空壕より呼びて出でしむ

　　呆として紅き火の手を仰ぎをる妻子を叱り家出でんとす

21　1923年牧水は鳳来寺を訪れ「仏法僧仏法僧と鳴く鳥の声をまねつゝ飲める酒かも」と詠み、1959年にはその歌碑が設けられた。喜志子夫人の歌は、この歌碑の除幕式で藤井が誦経した様を詠んだものである。「岩に填めし」とあるのは、歌碑が参道脇の巨石にはめ込まれているからである（図6参照）。

教科書のカバン忘れなと告おきて本尊出さむ時機を考ふ

　　綿を入れし七条袈裟の用意あり本尊容るる木箱も置けり

　　本尊を袈裟に包みて井戸に投げむ予ての決意いま鈍りつつ（藤井1953: 4–5）

　これらは1945年６月19日豊橋空襲についての歌である。藤井は豊橋の淨圓寺で被災した。
　第１首では、街の西南から爆撃による火災が始まり、その後は東へと爆撃が続いたとしているが、「６月19日午後11時43分ごろ、最初の焼夷弾が投下され柳生川運河北方面が燃えはじめた。さらに１分後には、中心部の松山町付近に被弾した」（総務省 n.d.）という実際の状況と合致する。当時淨圓寺は市街の中心地にあり、そこから見て柳生川は南西の方向、その東が松山町である。また第３首の呆然とする妻子や第４首以降の避難を思案する様子なども、時々の瞬間をそのまま切り取ったかのような精緻な描写である。
　空襲の最中にあって、このような客観的な眼差しで事実を見つめることができるというのは驚異的である。それだけならば、ジャーナリスト的な感覚と評すべきものとなるが、次に引く歌では一転して彼の情感豊かな姿があらわれる。

図７　高須光治「藤井草宣肖像」
藤井草宣『群生』（豊橋文化協会、1953）口絵。

　　　暁を待つ
　　堤防に落ち散る火弾草に燃えわが背負ふ仏ぞ生命なりける

　　　長男十二才
　　堤草(どてくさ)に座せる宣丸(のぶまる)直ぐ答ふ "仏様と一緒だから怖くない"

　　土手に座り腕に時計を附けてやるはぐれし時の形見にもとて（藤井1953: 11）

　これは空襲で焼け出され、燃えさかる豊橋の街を眺めながら露天で夜を過ごす場景を詠ったものである。「背負ふ仏」を命にたとえ、それはそのまま息子宣丸につながり、その息子に時計を付けようと腕を握る様子には溢れる愛情があらわれている。
　藤井の歌集には、こうした目の当たりにした場景を、

図８　高須光治「『群生』表紙」

ある時は精密に、ある時は感情豊に詠った歌が収録されているが、そこに時折、中国の思い出が紛れ込んでいる。

　空襲についても、上掲の歌を詠いつつ、時に中国の風景が彼の脳裏をかすめている。

　　　草堤
　　わが家郷夜空を焦し燃えに燃ゆ支那にわが見し戦火の如く（藤井1953: 10）

他にも敗戦直後の食糧事情がよくなく、芋ばかりを食べる日々には、北京で食した芋粥が浮かび上がっている。

　　　藷粥
　　北京にておごりとしたる藷粥に心足らへる朝朝にして（藤井1953: 22）

　豊橋の店頭や寺のお供え物の桃も、藤井にはとっては「ハクトウ」ではなく、「パイタオ」すなわち東亜同文書院で学んだ中国語の音「pai2t'ao2」[22]として認識されるのである。

　　　白桃（パイタオ）
　　白き桃店に出はじめ酷熱の北支を思ひ寄ればにほへる（藤井1964: 92）

　　　初蝉
　　供へたる白桃（パイタオ）見つつ盧溝橋駅にて食ひり暑き日を憶ふ（藤井1964: 197）

中国での桃の印象はよほど強いらしく、今度は実ではなく花のことだが、次のような歌も詠んでいる。

　　　春詠
　　二階より隣寺の桃の真盛りを見下してゐて北京を思ふ（藤井1964: 138）

　このように、日常のふとした瞬間に中国での場景が浮かび上がるほど、藤井にとって中国は大きな存在だったのである。そして、それはけっして過去のことではなかった。

　　　亡命の客
　　　　　　清度法師台湾より
　　老師たちみな香港に避けたりと亡命の僧ひそかに語る

　　艦隊の守る海峡は中共も攻む能はじと嘯（たかぶ）り言へり

　　台北へ避けし大醒に文寄（よ）らず一年経つつ忘るる間なし

　　　　　開教使を想ふ
　　包頭（パオトウ）に血を吐き逝きし滋野君蕪湖（ウーフ）に倒れし宮島君ら

---

[22] 「pai2t'ao2」はウェード式表記、現在の標準的な中国語表記である拼音では「báitáo」とする。

バラツクに生きてもの書く幸ありて支那に死にたる友をぞ想ふ

　　　大陸にわれらが建てしそこばくの寺なぞ失せて泡の如しも（藤井1953: 63-65）

　藤井の知る中国は中華民国であったが、国共内戦を経て国民党は台湾に移り、大陸には中国共産党などによって中華人民共和国が成立し、仏教関係者に大きな影響を及ぼしていた。
　第3首に出てくる大醒とは中国人僧侶のことであるが、彼をはじめ藤井の旧知の仏教関係者は香港や台湾に移り、友が命を賭した中国での仏教に関する活動の成果はまったく失われたのだった。
　中国は大きく変化したものの、彼の中国に関する豊富な経験は必要とされており、1952年秋東京築地本願寺で開催された世界仏教徒会議に参加している。

　　　世界仏教徒会議
　　　　　　羽田空港
　　　活仏と仰がれゐたる人なれば握る掌もゆたに笑みて立ちたり
　　　　　　京都
　　　蒙古喇嘛の最後の王をかなしみて画帖に文字を請ひて別れつ（藤井1953: 102-103）

　この「活仏」「蒙古喇嘛」とは、内蒙古の化身ラマであるチャンキャ＝ホトクト7世（章嘉活仏）のことであろう。中国での活動歴の長い藤井が、会議期間中のチャンキャ＝ホトクト7世の世話や京都行きの案内を担当したものと思われる。
　また、時には豊橋の藤井のもとに中国人が訪れることがあったようで、そのことも詠われている。

　　　青葉の匂い
　　　香港より来し支那僧の土産の茶茉莉花の香の熱きを啜る（藤井1964: 196）

　藤井は、再び中国で活動することを諦めてはいなかった。それは1952年末の大醒の死を悼む歌から読み取ることができる。

　　　哭大醒法師
　　　　　　畏友台湾に逝けり
　　　江岸に別れて十年相恋ひき往きて会ふべき君ははやなし

　　　鳩の音の時計は夜半の二時を告ぐ中華の友の死を惜しみみて

　　　八年をなほ上海の獄にゐて学僧震華しづけくあらむ

　　　また立ちて大陸へ行けと励まされ身ぬちほとぼりやがて恥らふ（藤井1953: 103-104）

　震華とは上海玉仏寺の僧のことであろう。詳細は不明だが、藤井とは何らかのつながりがあり、歌に出てくるようになったのだと思われる。
　友の死や不遇に思いを巡らして感情的になったのであろうか、藤井は大陸行きさえ考えている。しかし、彼の地には活動をともにした友人はすでにおらず、彼らの寺もなくなっており、一時でも再度の大陸行きに血を熱くした自分に気恥ずかしさを感じざるをえないほど、それは非現実的なも

図9　上海での魯迅、鈴木大拙との写真（1934年）
右端から順に、藤井、鈴木、魯迅。左端は内山完造。田原（1988: 131）より

のとなっていた。それでも彼は「私は今一度、新しい中国へ渡つて思ふ存分に改めて大陸詠を吟じて死にたいとねがつてゐる」（藤井1953: 後記）と大陸行きを熱望したのだった。

しかし、結局のところ、藤井がかつてのように中国大陸で活動することはなかった。中国についての歌は次第に追憶的なものへと変化していく。

　　生命
　大拙と魯迅と並ぶ写真にていまだ老いざる吾もうつれり（藤井1964: 89）

　　秋思
　疎開荷の底より出でし支那麻の帷子(かたびら)はわが丈に余れり（藤井1964: 123）

中国で活動していた頃の写真（図9）や戦前着用していた帷子が大きく感じられるようになったことに藤井は老いを自覚しはじめたのである。そうした彼にとっての中国は、同時代の中国そのものではなく、過ぎ去った時代の中国へと収斂していくのだった。

　　春詠
　餓死ちかき流氓(リュウマン)の臥す夢なりき覚めつつ遠き中華を思ふ（藤井1964: 138）
　夜の街に獣の如くうめきゐし流氓(リュウマン)悲し今ありやなし（藤井1964: 138）

この流氓すなわち流民の歌は1959年の作であることから、大躍進政策の被害をふまえたものと読むこともできそうだが、第2首から明らかに過去のことと知れる。藤井がリアリティを感じる中国は、間接的にしか知ることができない同時代のそれではなく、過去に肌身を接した中国なのである。

春寒
　三十年いつか過ぎたり揚州に大醒(ターシン)とあそび十日暮せし（藤井1964: 190）

　台湾に亡命ののち急死せし大醒(ターシン)の詩を掛けて悲しむ（藤井1964: 190）

　この2首は1961年の歌であるが、先に見たようにすでに大醒は死んでおり、同時代の中国についてものではない。
　翌年詠まれた、次に引く2首は、さらに時代をさかのぼっている。

　　　雨華台
　五色石わが拾ひたる雨華台に刑死し去りし南京の友（楮民誼居士）（藤井1964: 218）

　握手せし掌の柔かくあたたかき汪兆銘を今に忘れず（藤井1964: 218）

　「雨華台」とは南京城外の雨花台のこと。そこは藤井が「五色石」と呼んでいる瑪瑙の一種雨花石の産地であったが、一方で刑場が置かれてもいた。楮民誼(ちょみんぎ)は汪兆銘の腹心である。
　これらの歌は1962年の作だが、汪兆銘は戦前に病死していたし、楮民誼も1946年に漢奸として処刑されており、彼らの死からすでに20年ほどたっていた。藤井は、はるか昔を思い出し、かみしめているのである。
　また、東亜同文書院で学んだ中国語も、雨華台の五色石と同じく過去のものでしかなくなっていった。

　　　我執
　師の短歌華語に訳され載せありし北京の雑誌とり出して読む（藤井1964: 220）

　　　時過ぐ
　華語をもて再び語る日のありや友次いで逝きわれは老いぼる（藤井1964: 260）

　第1首の「師」とは若山牧水のことだろうか。
　「華語」すなわち中国語の雑誌をひもとく自分に「我執」を覚えるということには、過去の中国への思いの強さがあらわれている。
　第2首では、中国語で語り合った仲間がいなくなったことの寂しさを詠っている。
　ここで戦前よく使われていた「支那語」という言い方ではなく、「華語」という語を用いていることは、藤井の経歴を考えると、東亜同文書院を想起させる。東亜同文書院は独自の中国語テキスト『華語萃編(かごすいへん)』を作っていた。これは東亜同文書院生ならば必ず学ぶものであり、藤井も使ったはずである。書名の「華語」は中国語のことであるが、「華」は中国を意味する中華であると同時に、前掲の雨花台を雨華台ともいうように「花」にも通じる。『華語萃編』とは、花のように美しい中国の言葉をあつめて編んだもの、という意味でもとることができる。
　『墨袈裟』の結びの歌も中国に関わるものである。

椿の花
太虚師の魂こめし文字を壁に掛く如露亦如電応作如是観（藤井1964: 273）

　太虚（1890-1947）は社会主義活動に関わったり、日本や欧米諸国へ中国仏教の普及を試みたりした著名な中国人僧侶である。彼が書いた「如露亦如電応作如是観」は、『金剛般若波羅蜜教』の一節で、命は露のように儚く、また雷のように刹那なものだと理解しなさい、という意味である。この言葉は、中国での活動を振り返った藤井の素直な思いだったのであろう。

　このように戦後の藤井の短歌という文学表現には、彼の中国人との密な交わりや、中国への深い愛情があらわれている。それは実現はしなかったものの、再び中国で活動することを願うほど強いものであった。

　短歌に浮かび上がるような中国人との濃厚なコミュニケーションは、中国人との間に信頼関係がなければ不可能なものである。藤井の中国への姿勢も、先の水野梅暁同様に日中提携を真摯に思うものであり、それはまた東亜同文書院の求めたものと同じであったといえよう。

おわりに

　以上、これまで焦点があてられてこなかった東亜同文書院の非正規の学生について、水野梅暁と藤井靜宣を事例とし、その実態を見てきた。

　東亜同文書院の『学籍簿』には聴講生という扱いの者がいたことが記録されているものの、章程や学則には正規の学生についての記述しかなく、非正規の学生についての規定はなかった。

　本稿では、ほとんど実態が伝えられていない非正規学生の中で、聴講生であったと伝えられてきた水野梅暁と藤井靜宣を取り上げ、東亜同文書院とそこで学んだ中国との関わりについて分析を試みた。

　水野と藤井を『学籍簿』にあたったところ、両者とも正規の学生としてはもちろん、非正規学生としても記載されていなかった。これによって、これまで入学者を網羅していると考えられてきた『学籍簿』に記載されていない就学者がいることが明らかとなった。

　水野は第1期生として扱われることもあるが、実際には職員に近い存在であった。僧侶である水野がビジネス・スクールである東亜同文書院に入ったのは中国語を学ぶためだったのである。彼は協調性に欠けるところがあったと伝えられ、実際、東亜同文書院関係者の反感を買うこともあったが、東亜同文書院が目指した日中提携を彼なりに実現させようと尽力し続けた。それは陸軍から中国寄りの運動をしていると警戒されるほどのものだったのである。そうした姿勢は中国人の信頼をえており、「満洲国」で日満文化協会が設立された際には、「満洲国」側から水野の幹部就任を強く推す運動さえ起こっている。

　藤井は1928年8月水野の紹介で東亜同文書院に入った。1930年外務省対支文化事業での補給生制度が始まると、これを受給して学習を続けたが、1931年春からは東亜同文書院を出て世界仏教居士林に移り、中国人と共に起居した。上海に来る前から世界仏教居士林とつながりがあることから、その上海行きは、東亜同文書院留学というよりも、世界仏教居士林留学というべきものであった。その上海留学は第一次上海事変の突発によって終わりを余儀なくされるが、その後は浄土真宗

大谷派の中国での活動を進める役職を歴任した。

　戦後は豊橋淨圓寺住持として暮らしつつ、若山牧水門下のひとりとして短歌を詠み、2冊の歌集を出している。その歌には中国に関するものが多くあり、時には中華人民共和国に渡って仏教活動することに意欲を見せることすら詠った。また、中国人との良好な個人的コミュニケーションも歌にあらわれており、水野と同じく、藤井もまた日中提携を希求していたといえる。

　本稿で取り上げた水野と藤井は非正規学生であった。彼らが府県費生、公費生、私費生といった種別の正規学生と比較して決定的に異なっているのは、仏教の僧侶であったという点にある。東亜同文書院はビジネス・スクールであった。宗教者である彼らにとって極めて異質な場であり、貿易実務者養成を目標とするその授業は、学習する必要がないものばかりだったはずである。しかし、中国での活動を目指す点においては正規学生と彼らは一致しており、ビジネスにしても宗教活動にしても、最も重要となるのは中国語であった。

　藤井は大谷大学を卒業し、ジャーナリストや宗教者として活動した社会経験もあり、東亜同文書院に入った時期はすでに壮年であった。いわば社会人として完成した人物である。そうした彼が、本来はこれから社会に出て行こうとする青年を教育するための高等教育機関で学ぶというのは、中国語習得という特定の目標があったからである。

　本稿で明らかとなった東亜同文書院の語学学習に特化した非正規学生は、章程や学則で規定されていなかったり、『学籍簿』に記載がなかったりする特殊な立場のものであった。しかし、そうした扱いの学生の中から、水野のように学校を出てすぐに中国で僧堂を構えたり、藤井のように修学後中国の宗教施設に入ったりするような密接な関係を中国人との間に構築し活動した人物が出ていることは注目すべきことである。それは正規の学生と同じく日中提携を目指す方向性をもつものであった。

　しかし、『学籍簿』を調査した佐々木（2002）でも、非正規学生はほとんど取り上げられておらず、その性格はもちろん、量的な面についても現在にいたるまで不明のままである。これまで東亜同文書院の学生や教育に関わる考察はすべて正規の学生についてのみなされてきたが、今後は『学籍簿』に対する網羅的な基礎調査を実施することによって、もうひとつの学生である非正規学生の実態を明らかにし、東亜同文書院について全面的な分析がなされる必要がある。

　また、水野は曹洞宗（後に浄土真宗本願寺派）、藤井は真宗大谷派の僧侶であったが、彼らの東亜同文書院での就学と、そうした宗派の中国に対する組織的活動の関係を明らかにしなければならない。明治以来、小栗栖香頂などの日本人僧侶が中国に渡ってはいるが、もともと日本の仏教信仰は国家宗教から始まったものであり、対外布教の経験はなかった。中国での活動にしても、日本人居留民を対象とするものであった印象が強い。そうした日本の仏教が組織としてどのように中国での活動に取り組んでいたのかを、宗派毎に詳細に把握しつつ、それに東亜同文書院がどのようにかかわっていたのかを明らかにしていかなければならない。

　さらに、藤井が外務省対支文化事業の補給生制度を受給していることについて、宗教者に対する外務省の支援の意図がどのようなものであったのかということも解明しなければならない。対支文化事業については、阿部（2004）による総合的な研究成果があるが、それは学術や教育という文化事業がどのようになされたのかということに主眼がおかれたものである。藤井の上海留学は、東亜同文書院で中国語を学んだ後は宗教施設に入ったり、その後は真宗大谷派の中国活動に従事したり

するなど、明らかに宗教活動を前提としたものであり、これまで対支文化事業として積極的に取り上げられてこなかった性質のものである。この対支文化事業における宗教活動も今後の研究課題である。

謝辞

本稿作成にあたり、豊橋淨圓寺藤井宣丸氏ならびに奥様には、藤井靜宣（草宣）資料の閲覧について多大なご協力をいただいた。ここに深謝の意を表する。

本稿はJSPS科研費基盤研究（C）26370747助成による研究成果の一部である。

本稿は、『同文書院記念報』第25号（愛知大学東亜同文書院大学記念センター、2017年3月、35-60頁）に掲載された論文を修正、加筆したものである。

参考文献

芥川龍之介（2001）『上海游記・江南游記』講談社文芸文庫、講談社。
阿部洋（2004）『「対支文化事業」の研究——戦前期日中教育文化交流の展開と挫折』汲古叢書51、汲古書院。
石射猪太郎著、伊藤隆、劉傑編（1993）『石射猪太郎日記』、中央公論社。
石田卓生（2009a）「東亜同文書院の北京移転構想について」『中国研究月報』第63巻第2号、17-33頁。
――――（2009b）「大内隆雄と東亜同文書院」『中国東北文化研究の広場』第2号、83-101頁。
滬友会編（1955）『東亜同文書院大学史』、滬友会。
坂井田夕起子（2016）「近代東アジアの仏教交流と戦争」研究報告（人文科学部門）、公益財団法人三島海雲記念財団。
佐々木亨（2002）「東亜同文書院への府県費による派遣生の選抜制度——愛知県の場合」『愛知大学文学論叢』第126号、愛知大学文学会、316-299頁。
――――（2003）「東亜同文書院入学者の群像——海を渡って学びに行った若者たち」『同文書院記念報』第11号、愛知大学東亜同文書院大学記念センター、4-30頁。
柴田幹夫（2013）「大谷光瑞の研究——アジア広域における諸活動」、広島大学。
世界仏教居士林（1923）『世界仏教居士林林刊』第6期、上海：世界仏教居士林。
総務省（n.d.）「豊橋市における戦災の状況（愛知県）」、http://www.soumu.go.jp/main_sosiki/daijinkanbou/sensai/situation/state/tokai_07.html（2017年2月22日閲覧）
大学史編纂委員会（1982）『東亜同文書院大学史——創立八十周年記念誌』、滬友会。
田原由紀雄（1988）「戦火のもとで——ある陸軍刑法違反事件」『三河の真宗』、真宗大谷派三河別院。
辻村志のぶ（2002）「戦時下一布教使の肖像」『東京大学宗教学年報』第19号、93-109頁。
東亜同文会（1905）「東亜同文書院卒業生ノ学士称号」『東亜同文会報告』第71回、44頁。
東亜同文書院（1911）『在上海東亜同文書院一覧』
――――（1918?）『東亜同文書院一覧』
――――（1942）『学生生徒便覧』
東亜同文書院第1期生（1921）『東亜同文書院第一期生渡支満二十年記念写真帖』
野口宗親（2004）「明治期熊本における中国語教育（3）」『熊本大学教育学部紀要』第53号、45-55頁。
広中一成、長谷川怜、松下佐知子（2016）『鳥居観音所蔵　水野梅暁写真集——仏教を通じた日中提携の模索』愛知大学東亜同文書院大学記念センターシリーズ、社会評論社。
藤井草宣（1931）『支那最近之宗教迫害事情』、豊橋：淨圓寺。
――――（1920）『燃ゆる愛欲』、白業社。
――――（1953）『群生』、豊橋文化協会。
――――（1964）『墨袈裟』創作社叢書第48篇、豊橋文化協会。
藤田佳久（2000）『東亜同文書院中国大調査旅行の研究』愛知大学叢書、大明堂。
――――（2001）「東亜同文書院卒業生の軌跡——東亜同文書院卒業生へのアンケート調査から」『同文書院記念報』第9号、愛知大学東亜同文書院大学記念センター、1-72頁。

───── （2017）「東亜同文書院・同大学卒業生の軌跡と戦後日本の経済発展」『同文書院記念報』第25号別冊2号、45–63頁。

松岡恭一（1908）『沿革史──日清貿易研究所　東亜同文書院』、東亜同文書院学友会。

松田江畔（1974）『水野梅暁追懐録』、私家版。

松谷昭広（2003）「東亜同文書院への外務省留学生の派遣──1910–20年代の委託教育を中心に」『教育学研究集録』第27号、筑波大学大学院博士課程教育学研究科、49–60頁。

松村敏監修、田島奈都子編輯（2002）『農商務省商工局臨時報告』全13巻、ゆまに書房。

山田岳陽？（1928?）『詩学』、私家版。

JACAR（アジア歴史資料センター）Ref. B03040706300、東方通信社関係雑纂（1-3-1-32_001）（外務省外交史料館）

───── B05015340900、東亜同文書院関係雑件第四巻（H-4-3-0-2_004）（外務省外交史料館）

───── B05015249200、東亜同文会関係雑件第七巻（H-4-2-0-1_007）（外務省外交史料館）」

───── B05015681000、本邦人満支視察旅行関係雑件／補助実施関係第二巻（H-6-1-0-3_2_002）（外務省外交史料館）

───── B05015988400、日満文化協会関係雑件／評議員会理事会関係（H-6-2-0-29_3）（外務省外交史料館）

───── B05015988900、日満文化協会関係雑件／評議員会理事会関係（H-6-2-0-29_3）（外務省外交史料館）

───── B05016057100、日満文化協会関係雑件／設立関係附本邦ヨリ服部博士外8名渡満（H-6-2-0-29_1）（外務省外交史料館）

───── C15120135000、時局関係資料綴昭和6.9.4〜6.9.8（中央-軍事行政その他-84）（防衛省防衛研究所）

淨圓寺資料について

新野和暢

研究の発端

「豊橋の淨圓寺には、戦中の中国仏教に関する資料が大量に保存されている」
　この事は、戦中期の日本仏教研究に携わる研究者の間で密かに知られていた。しかし、保存されている分量や状態、研究史にとっての重要性は、誰も把握できていなかった。何故なら、本格的な資料調査と整理がなされておらず、かつ、資料を淨圓寺に残した藤井靜宣（1896～1971）の活躍は、日中仏教関係史からの一方向だけの検討で把握することができないほど幅広いからである。仏教研究者や近現代中国研究者などが集まった今回の共同研究の成果による本書によって、その全貌をようやく明らかにすることができたと言える。
　大量の資料を淨圓寺に残したのは、住職を歴任した藤井靜宣。「草宣」という雅号で『中外日報』や仏教雑誌に投稿したため、こちらの方がよく知られているようである。戦中、北京や上海の東本願寺別院で輪番（別院を統轄する役職）などを歴任したこともあって、大谷派宗門内の実力者であった。戦後は、淨圓寺住職の任を全うしながら、歌人（若山牧水に師事）として過ごした。
　藤井について最も早く紹介したのは、田原由紀雄である。『毎日新聞』の記者として戦後の大谷派を取材していた彼が1988年に「戦火のもとで――ある陸軍刑法違反事件」（『三河の真宗』真宗大谷派三河別院）を寄せている。研究というよりは人物評で、視座はその頃動き始めた「大谷派の戦争協力への自覚」を射程に含んでいる。ここで田原は「もし戦争がなければ、おそらく歌人、ジャーナリストとしてその生涯を全うしていたはずだ」と評すほどに彼の才能を認めている。そして、1943（昭和18）年11月21日、陸軍刑法第99条違反の容疑で逮捕され、翌19年に禁固6カ月執行猶予3年の判決を受けた出来事を通じて、戦中に藤井が行った「中国開教」の一端を紹介している。ここに「中国開教」に従事した藤井の姿が提示されたのである。
　次に取り上げたのは、真宗大谷派名古屋教区である。名古屋教区は名古屋別院の開創を記念した御遠忌法要を1990年に厳修し、その関連行事として「平和展――お寺の鐘は鳴らなかった」を同年4月10日～15日の日程で行った。戦争と寺院の関係に迫るべく事前調査に着手し、愛知岐阜三重の三県下に広く「戦時下の寺院に関するアンケート」を行い、各寺院に収蔵されている戦時資料

の調査研究を行った。その一つが淨圓寺資料である。大谷派は各寺院を地域ごとの行政区（教区）に分けており、愛知県には名古屋教区と岡崎教区がある。淨圓寺は愛知県内であるが、岡崎教区に属している。淨圓寺は教区の枠を越えて同御遠忌に協力したのである。この時の「平和展」を受け継いで、毎年春彼岸の法要で「平和展」を開催している名古屋教区の教化センターには、89年頃までに調査を終えたと思われる淨圓寺資料コピーが残されている。後に触れるが、今回の調査で愛知大学チームが調査し目録にした新聞スクラップや現地の写真などの資料がそれである。

また、記念誌として発行した『東別院開創三百年御遠忌記念　平和展──お寺の鐘は鳴らなかった』（1991年2月28日、真宗大谷派名古屋別院）に掲載された年表に藤井が日中戦争勃発直後の1937（昭和12）年7月13日に大谷派から「北支駐屯軍・在留邦人慰問」に特別派遣されたことや、「東本願寺南京布教所」前で写る藤井の写真、そして1943年に陸軍刑法違反で逮捕されたことなどが紹介されている。

その後、藤井を「支那通」として世に送りだしたのが、辻村志のぶ「戦時下一布教使の肖像」（『東京大学宗教学年報』第19号、2002年、東京大学宗教学研究室）である。学術的な方法を用いた藤井の評伝で、藤井研究を牽引する論文として定評があるが、淨圓寺資料を踏まえた成果ではない。

そして、淨圓寺資料を用いることによって「支那通」としての具体的な姿を提示したのが、坂井田夕起子「「支那通」僧侶・藤井草宣と日中戦争」（『桃山学院大学キリスト教論集』第52号、2017年2月）である。坂井田は近現代日中関係論を専門としており、とりわけ仏教交流をキーワードにしている研究者である。「支那通」の条件に、「中国側と交渉できるだけの中国仏教界の事情に通じた知識」と「所属する宗派の枠を超えて活動すること」をあげており、藤井と彼の師ともいうべき水野梅曉（1877～1949）の二人がまさに「支那通」であったことを決定づけた。今回、淨圓寺資料を調査した核である「漢籍仏教書」の整理は、主に彼女の成果によるもので、その資料の評価がこの論文に提示されている。詳しくは当該論文を参照していただきたいが、ここでは特筆すべき二点を挙げておきたい。

一つは、藤井の「著作リスト」（中国関係：1931-1936）を作成し、その中国認識に言及している点である。日本仏教は「大陸布教」を行うために日本仏教僧侶が大陸に足を踏み入れたが、実は「支那通」として活動した彼は希な存在でもあった。多くの僧侶は、居留民や日本陸軍の後を追う「追教」と揶揄されるような形であったが、藤井は違っていたことを明らかにしたのである。

藤井は日本のメディアに中国仏教の現状を現地から報告する事に留まらず、中国仏教雑誌にも寄稿している。その真骨頂が、『人海灯』第2巻第5期（1936年2月）に投稿した小栗栖香頂『北京護法論』の紹介ではないだろうか。小栗栖（1831～1905）は、大谷派僧侶で近代日本仏教の「中国開教」の先鞭をつけた人物である。『北京護法論』は1903（明治36）年6月の著作で、小栗栖が中国仏教との対話に際して漢文で出版したものである。小栗栖の「中国開教」を研究する陳継東は、キリスト教の脅威の前で中国仏教に自らの変革を促し、その道筋を示す内容であると説明し、「日本仏教の全体を十四宗として、その起源から現在にいたるまでの法脈と教義などを体系的にまとめて中国にアピールしたのは、おそらく日中仏教交流史上初めてのことである」（陳継東「他者として映された日中仏教──近代の経験を通じて」）と分析している。藤井は30年以上も前の著作の一節を抜き出し、そのまま中国仏教界に紹介したのである。その意図については今後の思想研究が待たれるところであるが、藤井が小栗栖を特段に意識して「中国開教」に従事していたことを感じ取

れるエピソードである。

　二つ目は、淨圓寺資料が日本有数の漢籍仏教書籍収蔵庫であることの裏付けがなされたことである。坂井田は「中国語の仏教雑誌・新聞類は120種類以上で、日本の研究機関が保管するものを大きく凌駕している」と最大級に評価しており、まさにその通りである。藤井の収集は単にお土産程度に持ち帰ったようなものではない。意識的に収集を心がけようとしなければ無理であったといえるだろう。その事を示す痕跡の一つに、仏教雑誌の『海潮音』を数冊ずつ束ねた表紙に貼られていたメモ書きがある。そこでは、藤井が保有している号刊と欠号がリスト化されている。そして文末に次のように記している。

> 以上二十九冊不足ですから、至急送って下さい。仏学書局で、有るだけ探して各期一冊づつでよいです。代金は九月帰滬してから、書局へ直接支払います。沈経先生其他へよろしく

これは、仏学書局への欠号収集依頼である。藤井が依頼した仏学書局とは1929年に設立された仏教専門書店で、「営利を目的とした初めての仏教経典印刷会社」（坂井田夕起子「「支那通」僧侶・藤井草宣と日中戦争」）である。藤井はこうした組織に人脈を築き欠号少なく確実に書籍収集をしていったのである。

　残された資料のうち「中華民国期の仏教雑誌・新聞類」を整理した坂井田は、そのほとんどは中国書店が近年復刻した『民国仏教期刊文献集成』（全209冊）、『民国仏教期刊文献集成・補編』（全86巻）、『稀見民国仏教文献匯編（報紙）』（全12巻）、『民国仏教期刊文献集成　三編』（全35冊）シリーズによって閲覧することができるものの、それら復刻版に点在する「欠号」が淨圓寺資料で補えることを突き止めている。

資料調査について

　本書が提示する蔵書は全体で約3000冊にのぼる。藤井が戦時中に残したものの殆どが網羅されているが、2005年に大谷大学の木場明志教授（当時）が調査を行っている。藤井が真宗大谷派上海別院の『上海開教六十年史』編集に着手した際の資料を中心に調査しようという意図があったようである。大谷大学図書館・博物館報「書香」（2009年3月18日）には、次の様に調査報告がなされている。

> 2005年、筆者は、1930〜40年代に中華民国に日本仏教の布教を行って中国通として知られた真宗大谷派藤井草宣氏が持ち帰った史料群を、愛知県岡崎市の出身寺院に赴いて調査する機会を得た。幸いに資料疎開によって戦災を免れた資料はダンボール50箱近くにおよび、多数の現地新聞仏教記事スクラップ、および現地刊行の仏教雑誌を眼にすることができた。早速に雑誌名リストを作成し、北京図書館に架蔵するかどうかを本学李青准教授（国際文化学）に調査願ったところ、その半数すらも所蔵しないことが判明した。藤井蔵書はそれだけ貴重な資料とすべきであり…（略）

大谷大学は早くから資料調査に着手し、その価値を評価していたのである。しかしながら調査は継続されず、実を結ぶまでには至らなかった。

こうした状況の中、2012年の春に、筆者が寺院関係者を通じて、藤井靜宣の令息である藤井宣丸氏（淨圓寺前住職）に資料調査を依頼した。同じ時期に広中一成氏（当時三重大学非常勤講師）も調査依頼をしていたため、共同で調査して欲しい旨の話があり、その後すぐに広中氏より連絡を受けて共同研究をスタートさせることになった。

　しかし、課題の共有は簡単ではなかった。筆者が幹事をつとめる「東アジア仏教運動史研究会」のメンバーを交えて共同調査にあたることを広中氏と合意したが、その約束が簡単に反古にされたのである。調査日程はすんなりと決まったものの、筆者以外のメンバーの参加を拒絶したため、事実上、共同研究は消滅した。共同研究をする上で、初回の顔合わせすらも実現しないことは考えられないため、再度広中氏と打ち合わせを持つなどして調整を試みたが、「東アジア仏教運動史研究会」のメンバー一人の参加も許されなかった。それは、広中氏は共同研究を進めるためのイニシアチブを持っておらず、某大学教員の指示下にあったことに原因があったようである。いくら広中氏と調整しても無駄であり、共同研究を拒絶した当事者は拒否理由として、資料の保存と整理を優先し、資料整理を済ませた後に目録や解題の作成作業に入る段階で共同研究に着手する、という妙な主張を掲げていた。某氏は、資料の囲い込みや関係者以外の排除といったことが理由ではないという弁明も付け加えていたが、その説明から5年以上が過ぎた現在も某氏から何ら音沙汰がない。

　結局、共同研究は裁ち切れとなり、別々に調査をすることになった。広中グループは、先に触れた既に名古屋別院が資料調査したものを主に扱うことになった。資料の種類は、いずれも藤井靜宣が直接手を加えたもので、句集、スクラップブック、書簡、草稿類で、戦前から戦後に作られたものである。一方、「東アジア仏教運動史研究会」は、木箱や段ボールに入ったままの未見資料群を担当するという棲み分けも行われた。本書の目録が二分されているのは、この時の問題が尾を引いているのである。

　その後、調査を継続していた両者であったが、2015年の師走の頃、急遽、広中氏から連絡があり、当方グループが作成した目録の引き渡しを要求してきた。共同研究を一方的に破棄した事実に加えて、研究成果の引き渡し依頼も同様に礼を失していた。ただし、それまでとは若干状況が違っていた。広中グループのイニシアチブを取る人物に変更があったらしいのである。その詳しい事情を存知する余地もないが、いずれにしても、この連絡を切っ掛けとして再度共同研究の話がスタートを切り、その一年後の2016年11月12日に「近代日中仏教交流史からみる東亜同文書院・愛知大学──書院で学んだ藤井靜宣（草宣）と、愛知大学に関わった藤井宣丸」（愛知大学東亜同文書院大学記念センター・東アジア仏教運動史研究会　共催ワークショップ）が開催されたのである。

　本書は、こうした背景のもとで出版されることになったのである。

藤井靜宣（草宣）の活動と
彼の収集した中国仏教雑誌・新聞について

坂井田夕起子

はじめに

　藤井靜宣（雅号：草宣）は、1930年代から40年代にかけての日本仏教界で、いわゆる「支那通」として活躍した僧侶である。13宗58派といわれた近代の日本仏教界で、「支那通」とだけ呼ばれたのは管見の限り水野梅曉[1]と藤井靜宣の2人のみである。中国語に堪能だったり、中国で活動した僧侶は他にもいるが、所属する宗派の枠内で活動した僧侶たちは「支那通」と呼ばれていない。おそらく「支那通」とだけ呼ばれる条件は、中国側と交渉できるだけでなく、水野や藤井のように所属する宗派の枠を超えて活動することにあったと思われる。

　藤井靜宣について、学術研究の中で最初に言及したのは槻木瑞生である[2]。しかし、先駆的な研究としては、やはり辻村志のぶの成果があげられるだろう[3]。ただ、辻村の成果は淨圓寺の調査が本格化する以前のもののため史料的制約が多く、トランスナショナルな藤井の活動を旧来の一国史的枠組みに落とし込んでしまっている。また、藤井の思想や活動を「仏教的アジア主義」だと結論づけるため、真宗大谷派の宗政家である石川舜台との関係を強引に強調し、師である水野梅曉の影響を過大に見た欠点も含んでいる。

　汎太平洋仏教青年大会を素材として、藤井靜宣と中国の関係を論じようとした広中一成の論考も多くの事実誤認を含んでいる。本論に与えられた紙幅では全ての事実誤認を検討することはできな

1　水野梅曉についての先行研究には、中村義「水野梅曉関係史料調査」『辛亥革命研究』五、1985年。同「水野梅曉在清日記」『辛亥革命研究』六、1986年。柴田幹夫「孫文と大谷光瑞」『孫文研究』21号、1997年。同「水野梅曉と日満文化協会」『仏教史研究』38号、2001年。辻村志のぶ「関東大震災と仏教者──日中関係を軸として」『國学院大学日本文化研究所紀要』93号、2004年。同「近代日本仏教と中国仏教の間で──「布教使」水野梅曉を中心に」洗健・田中滋編『国家と宗教』上巻（宗教から見る近現代日本）法蔵館、2008年。藤谷浩悦「水野梅曉と仏教革新運動──青年期の思想形成を中心に」『東京女学院大学紀要』13号、2016年。また写真集としては『鳥居観音所蔵　水野梅曉写真集──仏教を通じた日中提携の模索』社会評論社、2016年がある。
2　槻木瑞生「日本の開教活動とアジア認識──中外日報のアジア関係記事から」木場明志・槻木瑞生・小島勝「真宗によるアジア開教・教育事業記事の集成」『大谷大学真宗総合研究所紀要』第12号、1993年。
3　辻村志のぶ「戦時下一布教使の肖像」『東京大学宗教学年報』19号、2002年。

いが、汎太平洋仏教青年大会開催をめぐる事実関係を論じる部分に見当違いの言及や憶測が多いことは指摘されねばならないだろう。何より一番の問題点は、藤井靜宣の書いた日本語史料のみに依拠して第二回汎太平洋仏教青年大会を論述してしまったことである。中国側の史料を全く検討していないため、「藤井と中国の関係を論ずる」とした自らの論考の目的を達成できていない[4]。

筆者は2012年以来、淨圓寺の史料調査に参加し、藤井靜宣の収集した中国語雑誌・新聞史料についてまとめ、史料に基づいた藤井靜宣像と彼の目指した日中仏教提携について論じてきた[5]。本論はこれらの成果をもとに、藤井靜宣が収集した中国語雑誌・新聞を紹介しつつ、藤井の日中仏教提携の活動を紹介していきたい。

1．中国との出会い

藤井靜宣は、自らの中にある明治的な国家主義を自覚しつつ、同時に大谷大学在学中から、宗教家として生きることを強く願う激情家であった。既存の日本仏教界や大谷派教団組織、さらには自坊淨圓寺のあり方を厳しく批難した藤井の文章は、大谷大学の雑誌や宗教専門紙『中外日報』に数多く残されている。藤井が父の死後も淨圓寺の住職を継がず、『中外日報』の記者となった背景にも、宗教家として弱者のために役立ちたい、強い理想があった[6]。

大正時代の仏教界では浄土宗の労働者救済運動や東西本願寺派と対立した水平社の部落運動など、多くの社会運動が産声をあげていた。しかし、『中外日報』の記者となった藤井靜宣に、これらの救済運動への共感は見られない。藤井はジャーナリストであり、ある種徹底した現場主義者だった。そのため、藤井の過激な批判も、仏教界を中心に彼が直接見聞きする範囲に限定されていた。彼の宗教的情熱は、まだ見ぬ土地や流行りのイデオロギー、抽象的な理想論に及ぶことはなかった。

藤井靜宣の人生の転機となったのは関東大震災である。藤井は『中外日報』を退職し、震災後の日本を宗教的に救うため『教友新聞』を立ち上げた。しかし、新事業はたった一年で挫折してしまった。同じ頃、同郷三河の出身で敬慕した仏教学者の佐々木月樵が大谷大学学長就任のわずか3年後に逝去した[7]。未曾有の大地震、事業の失敗、尊敬する先達の死など、大正末期の混乱の中で藤井が情熱の行く先として見出したのは中国だった。

1924年、浅草本願寺で行われた関東大震災一周年の式典では、中国人犠牲者約2千人を悼むために僧侶30余名が中国から招かれていた。彼らに同道し、通訳を務めたのが水野梅曉である。水野は1901（明治34）年、上海に設立された東亜同文書院の第1期生として海を渡った。卒業後は曹洞宗の開教師として湖南省で活動するも失敗。その後、大谷光瑞の既知を得て浄土真宗本願寺派

---

[4] 広中一成「第二回汎太平洋仏教青年大会における中国代表招致問題——藤井草宣研究の一環として」『愛知大学史研究』第3号、2009年。広中らが中心となってまとめた『方鏡山淨圓寺所蔵　藤井靜宣写真集——近代日中仏教提携の実像』（社会評論社、2017年）も同様に、日本仏教史や中国仏教史への目配りが足りず、参照されるべき資料集や中国語史料への分析が欠けた内容となっている。

[5] 坂井田夕起子「「支那通」僧侶・藤井草宣が収集した中国の仏教雑誌が意味するもの——日本の研究機関が所蔵する仏教雑誌との比較から」『中国研究月報』第825号、2016年11月号（以下、坂井田2016）。同「「支那通」僧侶・藤井草宣と日中戦争」『桃山学院大学キリスト教論集』第52号、2017年2月（以下、坂井田2017）。

[6] 坂井田2017、22–24頁。

[7] 藤井草宣「佐々木月樵教授を思う」『仏教日本の自覚』甲子社書房、1927年、52–62頁。

に移り、日本や中国の政治家とも交友を持ちながら、日本仏教による中国布教の実現を目指していた。藤井靜宣は、中国人僧侶を通訳する水野の存在によって、中国への興味を大きく開かれることになった[8]。

1925年、日本で開催された東亜仏教大会では、水野梅曉が中国側との対応を一手に引き受けた。藤井靜宣は水野の秘書役を務め、道階（1866〜1934）や太虚（1890〜1947）、王一亭（1867〜1938）といった中国の著名な仏教徒27名の中国代表団と知見を得ることができただけでなく、太虚の日本視察にも同道した[9]。

そして1927年、藤井靜宣は初めて中国大陸を訪れ、それまでの中国認識を一変させた。旅の玄関口となった大連の港で、藤井は乞食同前の「苦力」（肉体労働者）たちを目にして驚き、大連から旅順、鞍山、撫順、奉天、長春、吉林、ハルピン、北京、青島、上海などをまわる中で、苦力の存在が圧倒的多数であることに愕然とした。旅の中で、藤井は多くの苦力に人間らしい生活をさせるのが人類の義務だと考え、強力な政治権力の必要性と同時に宗教の役割にも思い巡らせた[10]。これは当時の日本人仏教徒としては非常に珍しい思考だったといわねばならない。

1873年の日清修好条規発効を皮切りに、真宗大谷派の小栗栖香頂（1831〜1905）が中国へ渡り、以後多くの日本人仏教徒が中国を訪れ、多くの旅行記を書いた。彼らにとっての重要事項は日本仏教の源流としての中国仏教であり、自らが属する宗派の開祖が学んだ中国の寺院や歴史的な仏教遺跡だった。鎖国の中で理念的、観念的に形成された日本人の中国イメージは、日清・日露戦争に日本が勝利して以降大きく下落したが、仏教徒や漢学者は依然として「過去」や「歴史」のレンズを通して中国を観察した。現実には戦争、疫病、飢餓なども中国の重要な一部をなしているにもかかわらず、それらの現実的な姿は彼らのイマジネーションからは廃除されていた[11]。

藤井靜宣のように、中国の圧倒的多数である貧困の中の人々を視界に捉え、自分と同じ人間として同情を綴った者は皆無と言っていい。藤井が日本人僧侶の例外たりえたのは、「乞食親鸞」の弟子として宗教家たろうとした情熱を持ち続けていたのみならず、ジャーナリストとしての観察眼を持った現場主義者だったからである。中国視察前の藤井の中国論は平凡で、その他大勢の日本人と同様に、アジアの優等生である日本が中国の近代化に導くべきといった漠然としたものであった。しかし、いったん現実の中国を目にした藤井は、同時代の多くの仏教徒が囚われていた日本人特有の「現実の中国社会を無視するレンズ」とは無縁となった[12]。

初訪問した中国で、藤井靜宣は僧侶や居士の仏教徒たちが戒律を守って慎ましく生活する様子や、戦火の中でも仏法を守ろうとする姿を見た。また、居士たちの施設に宿泊し、中国仏教徒としての実生活を体験した。それは、藤井のジャーナリストとしての冒険心の発露であるが、同時に東亜仏教大会の返礼として日本仏教界が組織した訪華団が、中国滞在中に中国を侮蔑する態度をとったことへの批判でもあった。また、日本で盛んに吹聴される中国の排日貨運動の実態を目の当たりにし

---

8 松田江畔編『水野梅曉追懐録』私家版、1974年参照。
9 『東亜仏教大会紀要』日本仏教連合会、1926年。
10 藤井草宣「満洲宗教雑記」『東方仏教』1927年9月。
11 エリック・シッケタンツ『堕落と復興の近代中国仏教　日本仏教との邂逅とその歴史像の構築』法蔵館、2016年、41-42頁。
12 坂井田（2017）26-27頁。

たおかしさや、排日運動が盛んだとされる上海で中国人に受け入れられている内山書店を目にして驚いた[13]。

　藤井靜宣は、過酷な中国社会を救うには仏教の力が必要であり、中国仏教にはその可能性があることを信じた。そして、日本における中国の排日報道が中国の現実と大きく異なることを知り、日本人でありながら中国社会で受け入れられている内山書店を見て、自身の中国留学を決断したのである。

2．上海留学と資料収集

　1928年8月、藤井靜宣は上海の東亜同文書院に聴講生として留学した。以後、1931年末に帰国するまで、中国語を学ぶ傍ら、現代中国仏教に関する史料を多く収集した。その特徴は数量と内容の豊富さにあった。

　日本で中華民国時期（1912～1949）の仏教雑誌を最も多く保管するのは龍谷大学で12種類、続く東京大学でも10種類である。以下、駒澤大学9種類、仏教大学8種類、明治以来の伝統を誇る成田山仏教図書館でも6種類しかない。しかし、藤井靜宣が収集した中国語の仏教雑誌・新聞類はおよそ120種類以上である。藤井は個人でありながら、同時代の日本の研究機関の10倍以上もの中国仏教に関する資料を収集したのである。また、上記の日本の研究機関が所蔵する仏教雑誌は、北京や南京、上海、武漢などの数都市に限定されているのに対して、藤井が収集した雑誌は上海を筆頭に、北京や天津、南京とその周辺の地方都市、湖北の武漢三鎮、さらには湖南、四川、福建、広東、香港からシンガポールまで広範にわたっている。藤井が中国で築いた仏教ネットワークの広さがうかがえる。

　藤井靜宣が収集した史料の第二の特徴は、上海の居士たちが発行した雑誌が多く、第三の特徴は中国仏教の改革派とされる太虚の法脈に連なる出版物が多いことである。当時の日本人僧侶や仏教研究者の中国への関心は、自分の研究する経典や過去の高僧、もしくは自身が所属する教団に関わる寺院・史蹟が中心であり、同時代の中国仏教は「衰退」して評価に値しないと見ていた[14]。しかし、藤井靜宣は同時代の中国仏教について資料を網羅的に収集し、理解しようとした。

　例えば1929年、近代中国で仏教統括組織である中国仏教会が初めて成立した。淨圓寺には、中国仏教会の機関紙『中国仏教会公報』（その後『中国仏教会月刊』と改称、最終的に『中国仏教会報』）や孫文を記念した『紀念総理奉安特刊』、各省仏教会が発行した『安徽省仏教会第二屆全省代表大会紀録』、『浙江全省仏教会旬刊』、『山西仏教月刊』、中国仏教会が行った実態調査の報告書『中華民国仏教機関調査録』が保管されている。これらの資料は、日本の研究機関のどこにも保管されていない貴重なものである。

　藤井靜宣が同時代の仏教雑誌を収集した背景には、留学以前、高楠順次郎（東京帝国大学教授）主催の『現代仏教』編集に関わり、日本仏教界で発行されていた300種以上の雑誌と発行団体のリ

13　同上27–28頁。
14　前掲『堕落と復興の近代中国仏教』28–56頁。

ストを作成した経験があったと思われる[15]。また、藤井は仏教学者の鷲尾順敬が主催した『東方仏教』の編集にも関わっている[16]。これらの活動が、藤井に学術的調査の手法を学ばせたのだと思われる。藤井が明確な目的を持って各地の出版物を収集した形跡は、上海仏学書局や上海功徳林仏経流通処、北平東城大仏寺の庚申仏経流通処などの目録や『冷泉通信』が淨圓寺に多数保存されていることからもうかがうことができる。

　藤井靜宣が集めた仏教資料には居士による出版物が多いが、それは民国仏教において居士たちが重要な役割を果たしていたことによる。民国時期に盛んになった「居士仏教」は在家ながら僧侶の師を持ち、妻帯以外の戒律を守る仏教徒のことで、開港都市で成功したビジネスマンや社会的エリート、元軍人・政治家などに多く、彼らの社会活動も民国時期の特徴となっていた[17]。淨圓寺には『世界仏教居士林林刊』、『世界仏教居士林林務特刊』、『世界仏教居士林勧募基金会特刊』、『世界仏教居士林所開幕紀念刊』、『世界仏教居士林成績報告書』、『世界仏教居士林仏学図書館成立報告冊』、そして『浄業月刊』など、上海の世界仏教居士林や浄業社の機関紙や報告書も多い。これらの史料も日本の他の仏教研究機関には保管されていない。

　1929年、上海の居士たちは王一亭を中心に仏教専門書店「仏学書局」を設立した。上海仏学書局は、営利を目的とした中国初の仏教経典印刷会社で、株式会社の形態をとった。同時に、伝統的方式によって募金を集め、経典を印刷する印書功徳基金も併設した。独自の販売ルートに加えて一般書店の流通ルートとも提携したので、1937年には仏教経典や書籍の取扱量が6千点以上になった。さらに、会員制度によって仏学文会を組織し、『仏学半月刊』を発行したほか、仏教のラジオ講演や仏教レコードの販売も行った[18]。淨圓寺には仏学書局の目録のほかに多数の『仏学半月刊』と定期購読の伝票が残っているだけでなく、4年分の『上海仏学書局報告書』や『仏学書局第二次股東大会記録』といった報告書や株式大会の記録もある。藤井は仏学書局の得意客だっただけでなく、仏学書局の会員に準ずる存在だった可能性もうかがえる。

　藤井靜宣と中国人僧侶との交友関係は、太虚とその法脈が中心だった。それは藤井の師にあたる水野梅曉が太虚の改革運動を高く評価していたことに起因するが、より現実的な問題として、当時70万人以上といわれた中国人僧尼の多くは日本の仏教を中国仏教の末流と見なしており、戒律を守らない日本仏教が中国に悪影響を及ぼすことを恐れていたことによる[19]。日本人仏教徒と交流し、日本仏教の近代化を学ぼうとする者は太虚とその弟子たちや、日本留学経験のある若い居士に限られていたのである。

　太虚が発行する『海潮音』は、1920年に発行されて以来、中国の戦乱の中で上海、北京、泰県、武昌、漢口、南京など出版地を変えつつ、太虚の弟子たちによって編集が継続された。1931年時点の発行部数は藤井によれば2500部／月。藤井は『海潮音』を購読していたほか、太虚の弟子で

15　藤井草宣・近藤信夫「日本仏教関係雑誌総目録」『現代仏教』第4巻第47号、1928年3月。「対支運動に投ぜんとする藤井草宣君のこと」『仏教思想』第3巻第9号、1928年。

16　東方仏教協会本部編『東方仏教』（復刻版）名著普及会、1988年。

17　中華民国時期の居士についての代表的な研究は、唐忠毛『中国仏教近代転型的社会維：民国上海居士仏教組織与慈善研究』広西師範大学出版社、2013年。

18　阮仁澤・高振農『上海宗教史』上海人民出版社、292-303頁。

19　東初著（河村孝照・椿正美訳）『中国仏教近代史』日本伝統文化研究所、1999年、106頁。

ある大醒（1988〜1952）や法舫、芝峰、寄塵、通一らが発行した『現代仏教』、『現代僧伽』、『正信』（月刊、半月刊）、『仏教月報』、『浄土宗月刊』、『人海灯』などの雑誌も多数淨圓寺に残されている。「藤井草宣様」と宛名書きされた雑誌の表紙には太虚の弟子たちの署名が見え、宛名書きがない場合も「寄贈」や「贈閲」「請交換」といった印鑑が押されたものが多い。

太虚は、伝統的な徒弟制度を日本のような僧侶育成制度に改革する必要を訴え、武昌仏学院、廈門の閩南仏学院、潮州の嶺東仏学院などを設立（もしくは協力）し、自身や弟子が教授にあたった。『仏学院第一班同学録』や『新僧』、『人海灯』、『南詢集』、さらにはシンガポールの『太虚法師之仏学一班』、『仏教与仏学』など仏学院の出版物や資料も太虚の法脈といってよいであろう。

1931年9月、藤井静宣は『中外日報』の連載をまとめ、『支那最近之宗教迫害事情』と題して日本で自費出版した。ここでいう「宗教迫害」とは、南京国民政府が成立して以降に展開された「廟産興学」のことで、寺院が所有する土地や財産を教育に転用しようとする運動である。一部では「迷信打破運動」の要素なども加わり、各地の寺院や廟宇は物理的にも経済的にも大打撃を受けた[20]。多くの資料にもとづき、中国仏教界が置かれている困難な状況とそれに抵抗する仏教徒たちの努力を紹介した本書からも、上海仏学書局に集う仏教徒や太虚ら改革派の僧侶たちとの良好な関係がわかる。

3．「満洲事変」の衝撃と日中提携の模索

しかしながら、藤井静宣の理想的な留学生活は関東軍が引き起こした「満洲事変」によって、わずか数カ月で潰えてしまった。帰国直後の藤井が『中外日報』に寄せた文章は、いつもの軽妙な筆致とは異なる固い漢文調で、日本の軍事作戦を一応は容認してみせるものの、結論では日本の軍事作戦に疑問を投げかけるといったまとまらない内容となっている。その後1年近く、中国や時事問題に関わる寄稿をしていないのは、藤井自身の中で気持ちの整理がつかなかったからではないか[21]。

ようやく藤井静宣が心情を吐露できるようになったのは、1932年11月である。藤井は『中外日報』に投稿し、日本仏教界の一部に「満洲事変」や「上海事変」の責任を中国仏教界に問う声があることを批判した。そして、日本仏教界の独善を批判し、もし中国に関心を持とうとするならば、やるべきは「警告」ではなく、中国仏教の困難な状況を知り、日中提携に努力するのがあるべき姿だと訴えたのである[22]。

「満洲事変」二周年を契機に、藤井静宣は同紙上で再び日中提携を呼びかけた。藤井によれば、日本と中国の関係は依然改善しておらず、一方で中国政府は欧米との関係を強化しつつある。中国は個人の結びつきによる信用社会であり、厳しい日中関係の中では個人的な力が必要である。だから、かつて中国に渡った浪人や軍属ではなく、文芸や思想、宗教方面の教養ある日本人青年が中国

20　民国期の「廟産興学」と仏教界の動きについては大平浩史「南京国民政府成立期における仏教界と廟産興学運動――新旧両派による「真の仏教徒」論を中心として」『仏教史学研究』第54巻第1号、2011年。
21　坂井田（2017）37頁。
22　藤井草宣「此際日支仏教徒提携し和平運動を誘発せよ」『中外日報』1932年11月15-17日。

側と信頼を結び、厳しい局面を打開する必要があると力説した。この呼びかけに賛同する意見が『中外日報』に寄せられたことで、藤井は大いに励まされた。以後、藤井靜宣は精力的な執筆活動を再開し、さまざまな文章で日中の仏教提携を呼びかけた[23]。

執筆活動以外でも、藤井靜宣は積極的に活動した。1934年5月から6月にかけて、藤井は鈴木大拙の中国仏教史跡見学旅行団に同行し、旧知の王一亭を始め、太虚や円瑛（1878〜1953）といった中国仏教界を代表する僧侶たちを鈴木に紹介しただけでなく、内山書店の内山夫妻や魯迅との会談も準備した。そして、帰国後に出版された鈴木の『支那仏教視察記』を『中外日報』紙上で紹介し、実際の中国仏教を偏見なく観察し、理解しようとする鈴木の態度を称賛した[24]。

4．日中関係悪化の中での奮闘

1934年、藤井靜宣は第二回汎太平洋仏教青年大会の中華班班長を担当した。それは日本による中国への軍事行動が国際仏教大会に大きな影を落とす中でも困難な仕事になった。

同年春、汎太平洋仏教青年大会のプログラムが発表されると、中国メディアでは日本が「満洲代表」を正式招待するのは、「満洲国」を国際的に承認させるためだと批判した。そのため、中国代表へ宛てた招待状には返信のない状態が続いた。藤井靜宣は、1925年の東亜仏教大会で水野梅曉がしたように、直接中国に行って交渉することを希望した。しかし、日本事務局側はこれを拒否したため、藤井は事務局を批判し、中国の友人たちに手紙を送って協力を仰いだ。また、鈴木大拙の視察旅行の旅程の半分ほどを別行動し、中国の僧侶を訪問して参加交渉を行った。その結果、太虚は日程的に無理だが、厦門南普陀寺の常惺を中心とした中国人僧侶11名の出席の約束を取り付けることができ、藤井はその経緯を『中外日報』に投稿して日本の事務局を批判した[25]。

しかし、藤井靜宣の努力は中国で予想外の波紋を引き起こした。上海の『新聞報』や『申報』などに匿名で批判の投書が寄せられた結果、出席しないはずの太虚が売国奴として批判の矢面に立たされてしまったのである[26]。匿名の投書の消印が南京だったことなどから、この騒動の背景には太虚らの法脈と南京の欧陽竟無らグループの改革をめぐる対立があったと推察された。結局6月中旬、中国仏教会は汎太平洋仏青大会へ代表を派遣しない決定を下し[27]、第二回汎太平洋仏教青年会大会は、数人の中国人仏教徒を個人の資格で迎えることで、辛うじて体裁を保つことができたのである[28]。

---

23 坂井田（2017）39-41頁。
24 藤井草宣「鈴木大拙博士の『支那仏教印象記』」1934年11月6、7日。
25 「汎太平洋仏青大会に支那代表の欠席 藤井草宣氏勧説に渡航か」『中外日報』1934年2月22日。藤井草宣「支那仏教徒招待に就いて」『中外日報』1934年5月6、8日。藤井草宣「天童山再登記」『中外日報』1934年6月5、7日。同「天童より阿育王へ来り 円瑛法師に会す」（上）『中外日報』1934年6月9日。
26 藤井草宣「南京より」『中外日報』1934年6月12日。「匿名揭発緇流東渡参加辱国挙動 仏教会驚異將開大会査究根據日本報紙登載 内容一時難以断定」『新聞報』1934年5月23日。「一部仏教徒將東渡 参加辱国大会真相 全系太虚之徒與日人勾結真相」『申報』1934年5月26日。瓊聲「亜洲仏教徒大団結」『申報』1934年5月30日等。
27 「全国佛教徒 昨開代表大会」『申報』1934年6月11日。
28 全日本仏教青年会連盟『第二回汎太平洋仏教青年会大会紀要』11頁。「汎太平仏青大会彙報 汎太平仏青不参加の中国仏教会代表決議破られる 僧俗六名の代表出席」『中外日報』1934年7月14日。

大会終了後、藤井靜宣は失敗を教訓に、組織的恒常的な日中提携を目指した。それが日華仏教学会の設立である。1934年8月、藤井靜宣の意見に賛同した日中の仏教徒が集まって申し合わせを行い、全日本仏教青年会連盟や外務省文化事業部にも了解を求めた。11月の発起人会議に集まった僧侶たちは、各地の有名寺院や仏教会、中華民国公使館などに賛助が得られるよう働きかけ、翌35年には藤井を始め常任理事たちが中国を訪問し、太虚や上海の居士たちに参加を呼びかけた。しかし、7月の発会式には日本仏教界を代表する東西本願寺や曹洞宗などの大教団のトップや著名な仏教学者、僧侶たちは参加しなかった。会長こそ大日本仏教青年連盟理事長の柴田一能を仰いだが、実質的な常務理事は藤井靜宣を始め、大正大学留学中の墨禅（太虚の弟子）や厦門在住の神田恵雲（閩南仏学院）、仏教救世軍の好村春基が中心となる、僧俗有志の集まりだった[29]。

　一方で、日華仏教学会の成立と全く同時期、京都を中心として日華仏教研究会が組織された。こちらは、浄土宗大本山知恩院の法主をも務めた林彦明が中心となり、初代会長を法隆寺の佐伯定胤が務めるなど、京都の有力寺院が中心となり、常盤大定や鈴木大拙、椎尾弁匡などの著名な仏教学者や『中外日報』社長の真渓涙骨など多くの有力者が名前を連ね、水野梅曉も加わった[30]。藤井靜宣は、日華仏教研究会に対して日華仏教学会との合流を再三呼びかけたものの、結局受け入れられることはなかった。

　1936年1月、日華仏教学会は会誌『日華仏教』を創刊した。日本語と中国語で編集された内容は、日本仏教学者の論文や紹介が中心であるが、日本の宗教制度を中国語訳したり、中国の寺廟監督条例を日本語で紹介するなど、互いの社会体制の違いまでも視野に入れて紹介している点に特徴があった[31]。

　日華仏教学会のささやかな活動が日中の仏教メディアで報道されるようになると、中国では再び太虚と日本の関係に批判が寄せられるようになった。口火を切ったのは、やはり支那内学院のグループである。彼らは日華仏教学会に協力した太虚を「売国奴」と批判した[32]。これに対し、墨禅が反論記事を発表し、太虚自身も「日本仏教大衆に告げる」の中で、自分が一貫して日本の「満洲」建国を認めていないことを主張した。太虚は同時に日本仏教徒に対しても「満洲」を中国に返還するよう訴えた[33]。このときの太虚の反論を掲載した『仏教新聞』は太虚が中心となって創刊した中国初の日刊仏教紙である。しかし、太虚の訴えが日本のメディアに届けられた形跡はなく、藤井靜宣も太虚の訴えをどのように受け取ったのかはわからない。

　1935年5月から6月にかけて、藤井靜宣は大醒の長年の夢だった日本視察を実現させた。大醒は太虚の僧侶制度改革の主張を支持し、日本のような近代的な僧侶育成制度の実現を切望していた僧侶である。上海留学時代からの友人のため、藤井は外務省の助成金を獲得し、関西と東京の著名寺院や帝国大学・仏教系大学の研究機関を案内し、日本の仏教学者たちとの懇談をアレンジして、1カ月半の旅程の全てに同道した。帰国後、大醒は上海の仏学書局から『日本仏教視察記』を出版

29　『日華仏教』第1巻第1号、49–52頁。
30　日華仏教研究会についてのまとまった研究は、齊藤隆信「日華仏教研究会顛末記」『浄土宗学研究』37、2010年がある。
31　『日華仏教』第1巻第4号、140–141頁。
32　「評論：披露関於中日佛教学会之論弁」『仏教日報』1935年5月17、18日。
33　前掲『太虚法師年譜』208–209頁。太虚「告日本仏教大衆」『仏教研究』第11期、1935年4月24日。

した。『中外日報』は1936年5月から9月まで大醒の視察記を翻訳して連載した。大醒の日本視察記は仏教メディアだけでなく、『大阪朝日新聞』の天声人語でも紹介されて話題となった[34]。

しかし、1936年後半になると、日中間の仏教関係はもはや藤井靜宣の努力だけではどうにもならない状況に陥った。1936年9月、中国視察から帰った全日本仏教青年会連盟主事の浅野研真は、『中外日報』の紙面を大きく使って中国人僧侶たちの抗日活動を大々的に批判した。その内容は、中国の仏教改革をめぐって対立していた円瑛と太虚が提携し、「抗日の大旗のもと」積極的に活動し、多くの僧侶がこれに続いているというものだった。太虚との協力関係を強調していた藤井靜宣と日華仏教学会は、緊急の対応を迫られた[35]。

同年12月、『海潮音』に「我々の日本仏教徒に対する態度」という記事が掲載された。執筆者は太虚の高弟法舫である。法舫は、自分たち太虚の法脈が中国で「親日」だと批判されている状況を訴えた。その上で、自分たち釈迦の弟子は「怨親平等」を旨とするので、「抗日か否か？」という質問そのものが不適当であることを主張し、統一を進めつつある中国を理解し、華北から駐屯軍を撤兵させ、「満洲国」を取り消せば日本を愛さない中国人はいなくなると訴えた[36]。

法舫の記事は、藤井靜宣に対する最後通牒になった。12月12日、日本人僧侶の某が訪中したものの、中国人僧侶は誰一人彼と面会しなかったという記事が『中外日報』に掲載された。この僧侶とは藤井靜宣のことで間違いないだろう[37]。同日の『中外日報』には、日華仏教学会が日中関係や財政の悪化によって運営困難となったため、本部が東京から豊橋の淨圓寺に移転するとの情報が掲載された[38]。1937年1月を最後に、機関紙『日華仏教』は停刊し、以後、日華仏教学会の活動は伝えられていない。

それでも藤井靜宣は、日中仏教提携を諦めなかった。1937年7月、藤井靜宣は北京へ留学し、華北で新たな人脈を築くことを目指した[39]。しかし、まもなく盧溝橋事件が勃発し、日本と中国は全面的な戦争に突入してしまった。

5．日中戦争の戦火の中で

1937年7月14日、『中外日報』は藤井靜宣ほか真宗大谷派の僧侶がいち早く皇軍慰問使として戦線で活動する様子を伝えた[40]。その後、藤井は真宗大谷派の北京別院の責任者である「輪番」に就任した。日中戦争という非常時に、藤井は従来無縁だった教団の役職に就き、教団の期待を背負う

---

34 藤井草宣「大醒法師之「日本仏教視察記」」『日華仏教』1936年5月、66–69頁。
35 「太虚、円瑛両氏等提携し熾烈極まる抗日運動暴露」『中外日報』1936年9月29日。「中国僧の排日参加で善後策を講ず あす緊急理事会開く 日華仏教学会」1936年10月3日。
36 法舫「我們対于日本仏教的態度」『海潮音』第17巻第12号、1936年12月。
37 「中国僧の抗日参加は大勢に順応か 最近帰朝の某氏語る」『中外日報』1936年12月12日。
38 「日華仏教学会 藤井靜宣氏より 豊橋へ移転か きのう理事会で協議」『中外日報』1936年12月12日。
39 「藤井草宣氏 近く渡支」『中外日報』1937年6月3日。
40 「北支事変で緊張の教界 大派、各宗派に率先し北支皇軍慰問使 藤岡了淳、藤井草宣両氏 きょう、急遽北支へ」『中外日報』1937年7月14日。藤井草宣「豊台の第一線を突破して 禍乱の北平一番乗り記」『中外日報』1937年7月29–31日。

ようになった[41]。しかし、藤井靜宣の活動は基本的に変わらず、日本仏教界全体が北京で活動できるよう他宗派の世話もした[42]。そして、日本の仏教教団より中国の仏教徒支援を優先した。皮肉なことに、逆境にあった藤井に再び活躍の場を与えたのは、日中の軍事衝突だった。1937年10月、藤井は北京で中日仏教学会を立ち上げた。それは、かつて挫折した日華仏教学会設立への再挑戦だった。この時期の藤井の記事は活き活きとしたやりがいに満ちている[43]。

　日中戦争の勃発によって、太虚など国民政府の徹底抗戦を支持する僧侶たちは重慶などの奥地へと移った。イギリス領香港や上海の外国租界に逃れた僧侶たちもいた。しかし、大醒や仁山（1887～1951）など日本軍占領地に残らざるを得なかった僧侶たちも少なくない。藤井靜宣は1938年末、再び中国へ渡り、日本軍占領地に知人の中国人僧侶たちの行方を確認して歩き、彼らを支援して難民保護などの福祉活動への参加を促した[44]。

　日中戦争の勃発によって、中国各地の仏教雑誌は停刊が相次いだ。淨圓寺に残る雑誌も、日本軍占領地で発行された『同願』や『妙法輪』、日本の特務機関の支援による『晨鐘』や『大乗』など10数点しかない。

　日中戦争が長期化すると、日本仏教教団の占領地での活動は日本軍の宣撫工作の一環に組み込まれた。華中の日本軍占領地では、上海を中心に日本軍の特務機関の指導の下、中支宗教大同連盟が組織され、宗教による宣撫工作が企図された。戦争の長期化にともない、藤井靜宣の投稿記事には占領地における宗教政策への批判が見られるようになっていった。

　1939年半ば、藤井靜宣は真宗大谷派の中支南京東本願寺主任兼中南支開教都督部出仕として南京に赴いた。そして、日華仏教研究会杭州支部が創刊したばかりの機関紙『晨鐘』に「中国仏教徒に与う」の文章を寄せた。この中で藤井は、中国仏教徒に対して汪精衛の和平宣言に呼応し、和平工作に協力するよう呼びかけた。一方で、中国仏教徒のために中国仏教会を再興し、社会救済事業と人材養成を行うよう訴えて「中華仏教徒万歳！」と書き、杭州に中国仏教会がないのに、日華仏教会のような組織があるのは本末転倒だと日本の占領政策に苦言を呈した[45]。

　藤井靜宣の批判は、日本軍占領地の宗教政策が中国の実体に合わないことや、中国人仏教徒の利益にならない点に向けられていた[46]。藤井靜宣が日中の武力衝突を本心でどう見ていたかということは、戦時中に発表された文章からはわからない。ただ、他の日本人僧侶のように「皇国日本」や「大東亜共栄圏」といった空虚なスローガンを書くことは一切なかった。早期の停戦を願い、日本軍占領下の中国人仏教徒を支援し、中国で自宗派の利益だけを最優先させる日本の仏教教団を批判してやまなかったことは事実である。

　1940年、藤井靜宣は日華仏教連盟の南京総会理事として、汪精衛政権の官僚であり、また居士として著名な褚民誼に対し、日本軍占領地に残った中国人僧侶を紹介して仏教活動への支援を働き

41　「東亜和平建設に献身　留学僧大量養成の機関　東本願寺が北京に建設　指導に当る藤井草宣氏」『中外日報』1938年8月13日。
42　例えば「いよいよ看板上がる妙心寺北京別院藤井草宣氏が保証人」『中外日報』1938年11月12日など。
43　藤井靜宣「支那事変を契機に北平仏教の飛躍　中日仏教学会成立す」『中外日報』1937年9月26日。
44　藤井草宣「南京特信　事変下の蘇州・南京に支那僧の消息を探る」『中外日報』1938年12月28日。
45　藤井草宣「中国仏教徒に与う」『晨鐘』創刊号、1939年12月。
46　藤井草宣「大陸宗教工作」（宗教的「日華」「合作」の貧困）『中外日報』1940年1月27、28日。

かけた[47]。その結果、同年12月1日から28日間、南京で鎮江金山寺の仁山による「法華経講義」を実現することができた[48]。淨圓寺には仁山の著作が多数残されているが、その中の1冊にはこの時の打ち合わせメモが残されている。

　その後、藤井靜宣は上海に異動し、真宗大谷派上海別院の輪番と中支宗教大同連盟理事を兼任しつつ中国側との提携を目指した。1942年2月、上海租界の中国仏教会の立ち上げには藤井の活躍が大きかったと日本のメディアが報じている[49]。藤井は上海留学以来の旧知の仏教徒たちと日常的に交流できる実績をかわれ、半ば一方的に中支宗教大同連盟の宣撫工作専員嘱託に任命され、道教やイスラム教の他、数多くの民間宗教団体などへの宣撫工作も任されたようである[50]。ただし、その活動がどのようなものであったのかはわからない。

　日中戦争の勃発によって、藤井靜宣は従来得られることのなかった役職や資金など、所属教団の後ろ盾を得られるようになった。この時期、『中外日報』や『文化時報』に見える藤井の記事には「支那通」ではなく、「真宗大谷派」の肩書がついた。これは、藤井の中国仏教支援の活動が、日本軍占領地における真宗大谷派の宣撫工作と合致していたことをはからずも示している。

　1943年1月、藤井靜宣は突然、真宗大谷派の中支開教監督兼上海別院輪番を辞任した。藤井が大谷派の華中での活動拠点である上海別院輪番の地位を投げ出した理由は現時点でわからない。しかし、自らの宗教的理念と真宗大谷派の組織内での立場が対立した1937年、北京別院輪番の役職をあっさり辞して帰国した藤井である。おそらく、この時も藤井の理想と大谷派内における立場や占領地における宣撫工作の間に何らかの齟齬が生じたのだと思われる。同年末、藤井は帰国し、その後特高警察に逮捕された。その後、藤井は二度と再び中国の地を踏むことはかなわなかった。

47　藤井草宣「新中央政府外交部長 褚民誼氏の護法」『中外日報』1940年11月3日。
48　藤井草宣「仁山法師の南京講経」『中外日報』1940年12月13-15日。
49　「上海興亜院も援助して華国仏教会を結成 大派藤井氏の努力実を結ぶ」『文化時報』1942年1月18日。「英仏租界の中国僧参加 上海租界仏教結成に成功 きのう英租界玉仏寺で会合」『中外日報』1942年1月18日。
50　「日華仏教の朗景 支那居士が読経 大谷派上海別院で」『中外日報』1942年3月3日。藤井草宣「米英権益処理と宗教及び思想工作について」『中外日報』1942年7月23日。

藤井靜宣関係史料の調査状況

広中一成・長谷川怜

はじめに

　本稿では、2012年から2017年にかけて、三好章愛知大学教授をはじめとする研究グループ（以下、愛大研究グループ）が愛知県豊橋市の淨圓寺で行った藤井靜宣関係史料の調査の経緯と、史料の内容について紹介する。

　なお、愛大研究グループが藤井靜宣関係史料の調査を始めたきっかけ、ならびに、2012年から2013年までの調査の様子については、すでに別稿[1]で詳しくまとめてあるので、ここではごく簡単に触れるのみとする。

　以下に、愛大研究グループのメンバーである広中一成（以下、筆者）が、藤井靜宣関係史料の調査の経緯について述べる。

　はじめに、藤井靜宣と愛知大学との関係は、1928年、藤井が外務省対支文化事業部派遣の支那語聴講生として愛知大学の前身である上海の東亜同文書院に留学したことに始まる。

　戦後、旧東亜同文書院教職員らが愛知県豊橋市に愛知大学を創設した際、藤井は淨圓寺（当時の所在地は豊橋市花園町）の一部を大学設立に奔走する教職員のために開放し、さらに、愛知大学と地元有力者との橋渡し役を務めるなどの協力を行った。藤井靜宣の長男で前淨圓寺住職の藤井宣丸氏は、創設されたばかりの愛知大学で副手を務め、『中日大辞典』の編纂にも携わった。

　2008年、筆者は、東亜同文書院の歴史を調査するなかで、淨圓寺を訪問し、藤井宣丸氏から藤井靜宣についての貴重なエピソードをうかがった。これが縁で、愛大研究グループは、藤井宣丸氏の承諾を得て、藤井靜宣関係史料の調査をする機会を得た。

　2012年7月30日に愛大研究グループが行った第1回目の調査で、淨圓寺内の倉庫に保管されていた藤井靜宣関係史料のうち、草稿、書簡、スクラップブックなど、生前に藤井の手が直接加わった史料を取り出し、種類ごとに計10箱にまとめた。

---

[1] 広中一成・長谷川怜「水野梅暁・藤井草宣関係史料の調査と保存」、『愛知大学国際問題研究所紀要』第146号、愛知大学国際問題研究所、2015年11月、133-139頁。

写真1　淨圓寺における史料の保管状況

写真2　史料調査風景

　また、これらとは別に、倉庫から藤井の生涯を記録した写真アルバムも見つかり、写真をデジタル化するため、藤井宣丸氏の許可のもと、デジタル機材のある愛知大学豊橋校舎で預かった。その後、愛大研究グループのメンバーが手分けして、史料の目録作成に取りかかった。

　愛大研究グループが淨圓寺で史料調査を始めた直後、槻木瑞生同朋大学名誉教授を代表とする東アジア仏教運動史研究会のメンバーも淨圓寺を調査に訪れた。彼らの丹念な調査により、愛大研究グループが立ち入っていなかった倉庫から、藤井靜宣が生前に蒐集した書籍類があることがわかった。そのなかには、戦前中国で刊行された貴重な仏教関係の雑誌があり、同研究会によって、それら雑誌群が目録化されることになった。また後日、愛大研究グループと東アジア仏教運動史研究会は、史料整理がある程度まで進んだ段階で、藤井靜宣をテーマにしたシンポジウムを開くことを約束した。

　愛大研究グループによる目録作成は、2014年以降も各メンバーによって逐次進められた。なお、2012年に同グループが倉庫から取り出して箱にまとめた史料のなかには、戦前のものと戦後のものが混在していた。藤井靜宣の人となりを知るうえで戦後の史料も重要ではあるが、各メンバーの関心が戦前に向いていたこともあり、今回作成する目録には、一部を除き戦前の史料のみ掲載することにした。

　目録作成と同時に、愛知大学豊橋校舎では、筆者が中心となって保管していた藤井の写真アルバムのデジタル化作業が行われた。作業終了後は、三好教授の指導のもと、筆者と日本近代史研究者で愛知大学国際問題研究所客員研究員の長谷川怜氏が共同して、写真の整理、およびそれぞれの写真が持つ歴史的意義を詳細に検討した。そして、その成果を『方鏡山淨圓寺所蔵　藤井靜宣写真集――近代日中仏教提携の実像』（社会評論社、2017年3月）としてまとめた。

　また、シンポジウムについても、2016年11月12日に愛知大学豊橋校舎で、愛知大学東亜同文書院大学記念センターと東アジア仏教運動史研究会の共催による「近代日中仏教交流史からみる東亜同文書院・愛知大学――書院で学んだ藤井靜宣（草宣）と、愛知大学に関わった藤井宣丸」を行った。このシンポジウムにより、藤井靜宣という人物の存在はもちろんのこと、藤井靜宣史料の歴史的価値や、これまで両研究グループが淨圓寺で続けていた史料調査の状況などが、広く一般に知られることとなった。

　本書で掲載した愛大研究グループ作成の史料目録は、2015年にこれまで各メンバーが作成した

データを、いったんひとつにまとめ、2016年と2017年に筆者と長谷川氏で目録データと実際の史料との照らし合わせを行った。

目録は、できるだけ間違いのないようにしたが、もし誤りがあった場合は改訂の機会に訂正したい。

次に、目録に掲載した史料について、主要なものを示しながら、概要を紹介する。

資料紹介

スクラップブック01・02：「昭和十一年一月八日ヨリ二月一日迄　上海滞在篇①②」

1936年の上海滞在時の書類などをまとめたファイル（2分冊）。本スクラップブックには、靜宣が滞在中に現地の新聞に寄稿した中国仏教界に関する論評や靜宣による講演会の案内チラシなど、現地での活動の一端を示す史料や、『日華仏教』（日華仏教学会）、『敬仏』（厦門敬仏会）といった仏教関係雑誌が綴じこまれている。

靜宣が新聞紙上に寄稿した論評のうち、例えば「近代支那仏教界の三傑僧を語る」では印光法師、太虚法師、盲僧覚先の3名について、彼らの来歴や当時の中国仏教界における立ち位置についての分析までを記しており、いずれも短文ながら日本語で記された中国仏教界に関する分析として貴重な史料といえる。ただし、記事の中には掲載誌や年号の記載がないものがある。

また、靜宣が妻のしづ枝に宛てた手紙（葉書や封筒入り書簡）、大醒や高観如といった中国側僧侶からの書簡や、本願寺上海別院の創立に関する史料の筆写原稿なども含まれている。前者は靜宣の上海における活動を本人による記録（手紙文）や交流のあった人物とのやり取りから追うことができる重要な史料である。後者に関しては、上海本願寺別院の創立60年を記念する『上海別院六十年史』の編纂を担当した際の資料と推定される。靜宣は小栗栖香頂や谷了然の事績を調べるため、華北や台湾などへも赴いており、本スクラップブックに綴じられたメモや書類も編纂のための資料の一部だと推定される。

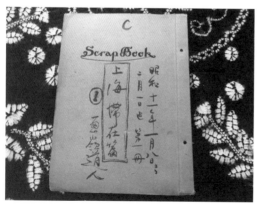

写真3　スクラップブック1：「上海滞在篇」表紙

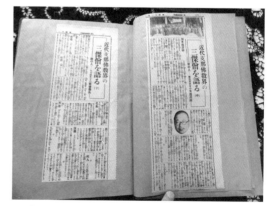

写真4　スクラップブック1：「上海滞在篇」に貼付された靜宣の記事

写真5　スクラップブック1：「上海滞在篇」には現地で収集した印刷物も貼付される

写真6　スクラップブック2：「上海滞在篇」に挟み込まれた書簡

スクラップブック03：SCRAP BOOK

　中国情勢、中国仏教界、東洋史、満洲事変以後の日中関係などに関する新聞記事が綴じこまれている。時期は1920年代から40年代までと幅広く、靜宣の関心の方向性をうかがうことができる史料である。

スクラップブック04：昭和十年十月乃至同十一年二月『南支台湾旅行』②

　本スクラップブックは台湾および華南地域への旅行の記録を綴じこんだものである。

　靜宣は台湾仏教大会の招請で台湾へ渡り、台北で開催された大会で全日本仏青聯盟・汎太平洋仏青聯盟代表として祝辞を述べ、日華仏教学会代表の立場で「支那僧監禁事件」（閩南仏学院の教授である慧雲と隆耀が台湾の寺院の招きで渡台したところ政治的嫌疑で官憲に捕らえられた。この事件は香港の仏教雑誌『人海燈』によって明らかにされ、一時は獄中死したとの報道もあったが、誤報と判明し日中両国の仏教者による釈放運動が展開された）の解決に尽力した。

　引き続いて福州、厦門、汕頭、香港、広州など各地を巡回して上海に入り、上海別院では、立命館中学の石崎達二と共同で編集を担当していた『上海別院六十年史』のための資料を調査し、各地で精力的に講演会を開催した。

写真7　スクラップブック4：「南支台湾旅行」に綴じこまれた執照

藤井靜宣関係史料の調査状況　59

靜宣は同書の編集に際して1876年の創立当時から明治30年代までの歴史の調査を担当し、本スクラップブックに記録される台湾・華南地域以外に、華北へも調査旅行を実施した。

　スクラップブックには「南支那仏教事情視察の為め去る十月下旬以来、台湾及び福建、広東両省の各地」を巡回した後に上海へ戻り、帰朝後に東京の本部で種々の報告を行ったことを記した関係者宛礼状も綴じこまれている。

　「支那僧監禁事件」に関する新聞記事や、靜宣による旅程に関するメモ書きなどが綴じられているほか、現地で交流のあった多数の仏教関係者の名刺や書簡が数多く貼付されており、靜宣の人脈や現地での活動の一端をうかがうことができる。また、旅行に際して福建の総領事館が発給したパスポートも含まれている。

　なお、淨圓寺にはこの旅行の際に撮影された写真も残されている。

スクラップブック05：自昭和九年夏昭和十年夏　第二回汎太平洋仏教大会より日華仏教学会へ

　本ファイルは、第二回汎太平洋仏教青年会大会と日華仏教学会に関する史料や関連記事の切り抜きなどがおもに収録されている。第二回汎太平洋仏教青年会大会とは、世界の仏教の発展、ならびに仏教徒の国際的親善などを目的に、1934年7月18日から25日まで東京で開催された国際会議をいう。同大会には、主催の日本をはじめ、カナダ、アメリカ、ハワイ、中華民国、満洲国、シンガポール、シャム（現タイ）、ビルマ（現ミャンマー）、セイロン（現スリランカ）、南洋諸島の青年仏教徒が参加した。

　大会開催を前に問題となったのが、中華民国代表の招致問題であった。中華民国代表は、日本の中国侵略により誕生した満洲国から代表が派遣されることに反発し、大会出席をボイコットした。

　藤井は大会の中華班班長として同問題の解決にあたったが、結局、大会参加に前向きな中国人青年仏教徒を個人の資格で来日させ、中国側代表を務めさせた。

　日華仏教学会は、汎太平洋仏教青年会大会終了から約1年後の1935年8月、日中仏教界の提携実現を目指した藤井靜宣の呼びかけにより発足した。同学会は、雑誌『日華仏教』を創刊し、日中両国の言語を使って、日中仏教界の事情についての紹介や、関連論文などを掲載した。

　本ファイルに収録されているものの大半は、汎太平洋仏教青年会大会と日華仏教学会について報じた日本の主要紙の切り抜きである。その切り抜きも、およそ時系列に沿って並べられている。藤井は、各主要紙の記事を見ながら、汎太平洋仏教青年会大会や日華仏教学会を世間がどう注目していたのか探っていたのではないだろうか。

　また、その切り抜きのなかには、藤井の寄稿文もあり、たとえば、「日華仏教関係に政治的背景なし」と題する三回の連載記事は、満洲事変以降、日中関係が悪化の一途をたどるなか、日中の仏教交流が日本の中国侵略という政治的思惑をもって行われているとの見方を批判し、純粋な仏教の発展を願って行っていることを主張した。

　藤井は、満洲事変勃発後、日本の中国侵略を批判する意見を紙上に掲載し、仏教を通した日中の提携に積極的に取り組んでいた。その活動が日本の中国侵略であると誤解されたことは、たいへんショックであったことだろう。その連載記事の文面からは、日中仏教交流にかけられたあらぬ誤解をときたいという藤井の気持ちがかいまみえる。

　切り抜き以外に収められた史料としては、藤井自筆の履歴書、当時武昌仏学院教授で、藤井と親

しく交流した大醒法師の来日スケジュール、同じく藤井と交流があり、当時の中国仏教界をリードした太虚法師との日華仏教学会に関する打ち合わせ事項、「昭和十一年夏の遺忘録」という名の草稿の束などがある。これら草稿のテーマの多くが中国仏教に関することで、その文面から当時の藤井の中国仏教に対する関心の高さと深い考察の様子がわかる。

スクラップブック06：仏教タイムス　中部新聞社　朝日新聞　毎日新聞　東三新聞　第二回世界仏教徒会議　NIPON TIMES　中外日報　文化時報　教界時報

1952年9月25日から6日間にわたり築地本願寺で開催された第二回世界仏教徒会議関係の書類や新聞記事が綴られている。この会議は世界18か国から約200名が参集し、「仏教思想に関する提案」、「教育教化に関する提案」、「仏教の実践に関する提案」、「世界仏教青年連盟の組織」について討論を行った。

靜宣は代表委員として会議に参加し、主に中国から参加する僧侶の対応を行った。スクラップブックには靜宣による自筆ノート「世界仏教徒会議参加記録」が挟まれており、参加者の名前や討議内容などのメモが詳細に記されている。

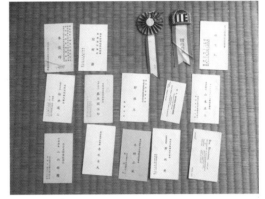

写真8　第二回世界仏教徒会議関係者の名刺など

戦前から培ってきた靜宣の中国仏教界との関係は戦後になっても継続しており、日本仏教界にとって靜宣の人脈は重要な意味を持っていたことが分かる。

スクラップブック07：ブラジル国サンパウロ市南米開教監督　藤井晋赴任記念　昭和36.12.6.切抜帖

靜宣の弟である藤井晋は、戦前、満洲の遼寧省遼陽の千山念仏堂で修行した後、日中戦争が勃発すると「北支従軍僧」として、華北各地を兵士と共に移動し、戦場慰問・布教を続けた。また宣撫工作にも携わっていた。戦後の1961年、ブラジル・サンパウロの開教監督に就任し、現地へ赴くが、それを報じる新聞記事や出発前の写真の他、現地から晋が家族（淨圓寺）へ差し出した書簡、ブラジルにおける活動について執筆した「アマゾンの旅から」と題したエッセイ（『同胞』162号、1964年　所収）などが綴じこまれている。

晋に関するこれ以外の史料としては、戦前〜戦中期の中国での活動を記録したアルバムがある。

スクラップブック08― ScrapBook

靜宣が新聞や雑誌等に投稿した原稿の草稿（自筆原稿）やメモ、交流のあった仏教者等からの来簡、新聞記事・雑誌記事のスクラップなどが綴じこまれている。時期は主に昭和10年代である。系統的にまとめられたというよりは、手元の資料類の散逸を防ぐためにスクラップしたものと推定される。その他のスクラップに綴じこまれた関係者の書簡と合わせて分析する必要があろう。

小栗栖香頂関係史料

靜宣と中国僧の芝峰法師による小栗栖香頂の説教稿本の復刻出版時の資料。

小栗栖香頂は中国において活動した日本人僧侶の草分けで、1873年以来中国に滞在、1876年には東本願寺上海別院の基礎を築いた。病のため1877年に帰国した後は本願寺で様々な要職に就いた。

1895年、小栗栖が浅草本願寺で日清戦争における清国人捕虜に対し説教を行った際の稿本が残されており、靜宣はそれを筆写して保存していた。それを元武昌仏学院教授で当時虹口西安路の西竺寺住職である芝峰法師が知り、中国の青年学僧に伝えるため校訂を行い、『真宗十講（白話文）』と改題、小栗栖香頂が明治初年に法源寺で記した『真宗要旨』を付録として仏学書局から刊行した。淨圓寺に所蔵されるのは靜宣による筆写原本であり、内ページには靜宣によると思われる「日本小栗栖香頂口述　中華芝峰校訂　東本願寺　興亜事務局編輯　上海仏学書局刊行」の鉛筆書きがある。本史料の目次は以下の通り。

第壱回：真宗真俗二諦説
第弐回：説大無量寿聖阿弥陀仏的第十八願
第三回：大日本国十四宗的事情
第四回：説漢朝以来仏法的事情
第五回：説三乗一乗的意思
第六回：説第一祖龍樹菩薩並第二祖天親菩薩的事情
第七回：第三祖曇鸞大師的意思
第八回：第四祖道棹大師的意思
第九回：第五祖善道大師的意思
第十回：第六祖第七祖並真宗二十二世的事情
第十一回：大日本国与清国巳作媾和知旅順以来事情

写真9　小栗栖香頂による清国兵向け説教の稿本

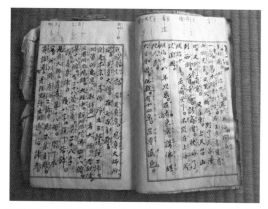

写真10　小栗栖香頂による清国兵向け説教の稿本の本文

靜宣関係写真

靜宣の幼少期から中国における活動までを記録した写真。

アルバムやスクラップブック、台紙に貼付された約1,000点の写真資料である。写真の内容は以

下のように分類できる。

　第一は藤井靜宣の出生から大谷大学で過ごした青年期までの、まだ靜宣が中国と出会う前の写真である。生後数カ月で撮影された写真からは、待望の長男であったことが伝わる。大谷中学〜大谷大学在学中の写真には、剣道着を着た姿、髭を蓄え羽織袴の堂々とした姿が写されており、行動的、攻撃的と評されたその性格は、その風貌から垣間見ることができる。

　第二は東亜同文書院留学時代の写真である。藤井は1928年から支那語聴講生（外務省給費生）として東亜同文書院で学び、休日には中国の仏教史跡をめぐる旅を行っていた。その時期に撮影された同文書院同窓生との集合写真や中国旅行時のスナップ写真などである。上海での学問と中国各地への訪問を通じ中国仏教への理解も深まっていったことが写真から伝わる。また、当時の中国各地の風景や風俗を記録した資料としても価値が高い。

　第三は1934年の鈴木大拙らとの中国仏跡旅行の写真である。このとき撮られた写真は鈴木大拙著『支那仏教印象記』にも掲載されているが、淨圓寺に遺されたアルバムには、同書に掲載されていない貴重な写真も含まれている。大拙はもちろん、魯迅や胡適といった中国の要人、内山完造などの姿も収められている。

　第四は、日中戦争勃発以降、日本が中国侵略を進める時期の靜宣の中国での活動を記録した写真である。袈裟から国民服に着替えて宣撫工作に赴く姿や、中国僧らと交流する様子など、藤井と戦時期の中国仏教会との関わりがとらえられている。また、関連する写真として、藤井の実弟で、日中戦争中に陸軍宣撫官を務めていた藤井晋の活動を写したアルバムも存在する。

　これら写真については、三好章監修、広中一成・長谷川怜編『方鏡山淨圓寺所蔵　藤井靜宣写真集──近代日中仏教提携の実像』（社会評論社、2017）を参照。

水野梅曉関係資料

　戦後に水野梅曉が形見として靜宣に遺した史料。

　靜宣と中国との関わりは、1923年、真宗大谷派の石川舜台と出会ったことに始まる。靜宣は舜台からアジア主義的な仏教観を聞かされ、影響を受けたという。だが、舜台のアジア主義的仏教観は観念的なものであり、中国における仏教界の現況や日中関係等を踏まえていなかった。実際の中国の仏教界と靜宣を結びつけたのは水野梅曉であった。靜宣と梅曉は、関東大震災の翌年、1924年に浅草本願寺で開催された震災一周年式典会場で初めて出会い、以後、靜宣は梅曉を師と仰ぎ中国仏教研究を志した。1925年に東亜仏教大会に際しては水野梅曉の秘書となり、中国仏教徒代表の周旋役と紀要編纂を務めた。

　満洲事変から日中戦争期にかけて、日本の大陸進出をめぐる靜宣と梅曉の言説は対立するが、両者の絆は絶えたわけではなかった。戦後まもない頃、梅曉は突然豊橋に姿を見せ、蔣介石をはじめとする中国の要人や僧侶、日本の政治家などからの書簡の入ったバスケットを靜宣に預けた。1949年に梅曉が死去した後、靜宣はバスケットに入った梅曉の形見を眺めながら思い出を語ったという。また、どの時期に預けたものなのかは不明ながら、梅曉が使用していた玉製の印章も淨圓寺に保管されている。なお、これらの資料に関しては、靜宣本人の活動を示すものではないことから本目録には含めず、その全体像および詳細な内容に関しては別の機会を設けて紹介と分析を行いたい。

【第2部】

淨圓寺所蔵資料

藤井草宣年譜と雑誌一覧

坂井田夕起子

藤井草宣年譜	淨圓寺所蔵「藤井草宣史料」中国語雑誌・新聞
1922年、『中外日報』入社	『仏心叢刊』北京:1922年
	『仏光』揚州長生寺華厳大学院:1923年
1924年、『教友新聞』主筆(『中外』退社) 関東大震災一周年式典に参加	『仏化新青年』北京仏化新青年会:1924年
	『中国協済日災振会報告』?
	『中華全国仏化新青年会代表団宣言書』
1925年、東亜仏教大会(日本開催)に参加	『仏化報』漢口古棲隠寺街仏教会:1925年
	『支那内学院録』江蘇・支那内学院:1925年
	『内学』江蘇・支那内学院:1925、1927-28年
	『心燈』上海仏化教育社:1926年7月
	『三覚叢社』武昌仏学院:1926年
	『仏音』福建・閩南仏化新青年会:1926年
	『楞厳特刊』広州楞厳学社:1926年
	『仏事報』香港太平山六社禅堂:1926年
	『仏化周刊』江蘇泰県仏教居士林:1926年11月、1927年1月
	『浄業月刊』上海仏教浄業社:1927-28年
1928年、上海東亜同文書院へ留学	『浙江全省仏教会旬刊』1928年9月
	『仏化青年』アモイ・閩南仏化青年会:1928年
	『覚世報』仏化新教育:1928年4月
	『慈航』上海報本堂:1929年
	『金山法海波瀾』鎮江金山大観音閣:1929年
	『中華民国仏教機関調査録』江蘇泰県仏教居士林出版:1929年
	『中国仏教会会報』上海:1929-31年
	『現代僧伽』『現代仏教』閩南仏学院(広東):1929-31、33年
	『上海仏教書局報告書』1929-34年12月
	『弘法社刊』寧波・弘法研究社:1930年
	『安徽省仏教会第二届全省代表大会』1930年12月

	『威音』上海：1930年1月–33年11月
	『仏学半月刊』上海仏学書局：1930年10月–33年1月
	『海潮音』1931年
	『宝慈月刊』1931年3月
	『仏教』京城仏教社：1931年7月
	『江南九華仏学院之刊』安徽青陽九華仏学院：1931年
1932年、上海を離れる。	『香海仏化』香港仏学会：1932年
	『南瀛仏教』台湾・南瀛仏教会会報：1932–34年
1933年、豊橋で過ごす。	『人海灯』潮州嶺東仏学院・開元寺・汕頭仏教学会：1933年
	『上海慈航画報』上海：1933、34年
1934年、支那仏教史跡見学旅行団同行：上海・杭州・寧浦・南京・天津・青島・北京巡る	『四川仏教月刊』四川仏教会会刊・成都文殊院：1934年10月
北京で一人上海・漢口・武昌へ。	『頻伽音』広州仏学会：1934年
第二回汎太平洋仏教青年会大会の中華班長を勤める（東京・京都・大阪）	『仏教特刊』上海仏教居士林に編集部：1934年4–11月
12月、広東・福州	『揚善半月刊』上海：1934年8月
日華学会にて日華仏教研究会創立の申し合わせ	『心頭誠教善社月刊』1934年12月
1935年、中支開教監督に。	『仏教新聞』1935年4月–37年5月
7月、日華仏教学会（中日仏教学会）発会	『新僧』漢口・仏学院同学会：1935年12月
5月、大醒法師訪日。1カ月半同行。	『北平仏教会月刊』1935年10月、36年10月
10月〜翌年2月まで、南支および臺灣仏教事情観察。台湾・広東・香港・福州・上海・南京へ	『浄土宗月刊』武昌浄土宗月刊社：1935年
11月、台湾仏教徒大会に出席。	『弘法社刊』雲南？：1935年
日華仏教学会常務理事に。	『湖南仏教居士林林刊』長沙・湖南仏教居士出版：1935年8月
	『仏教与仏学』シンガポール・普陀寺：1935年11月、36年12月
1936年2月、南支視察後、上海東本願寺へ。その後帰国。	『現実』アモイ・閩南仏学院：1936年6–10月
	『仏教公論』アモイ・南普陀寺仏教養正院広義発行：1936年
	『仏教月報』天津：1936–37年
	『人間覚』中国仏学会アモイ分会：1936–37年
	『正信』漢口・仏教正信会宣化団：1936–37年
	『海潮音』1936–37年
	『台湾仏化』台湾仏化青年会1937年1月
1937年7月、北京へ。北京別院輪番を勤める。	『仏化月刊』北京・広済寺仏教臨時救済会：1937年
	『仏教日報』上海仏学日報社：1937年1月
1938年4月、中支宗教大同連盟発足。	
9月、北京覚生女子学校創立に携わる。	
10–11月、豊橋淨圓寺滞在。	
12月、上海・蘇州・南京へ。	

1939年5月、中支南京東本願寺主任兼中南支開教監督部出仕に。 　8月、南京滞在。	『晨鐘』杭州日華仏教会：1939年12月
1940年10–12月、蘇州・南京へ。 　日華仏教連盟南京総会理事長を勤める。 　東方仏教協会海外通信部で欧米・印度・朝鮮方面を担当。	『覚有情』上海：1940年
1941年、中支宗教第同盟理事 　5月、27代目上海別院輪番を勤める。	『弘化月刊』上海印光大師永久紀念会：1941年7–10月 『大乗』アモイ大乗仏教会：1941年 『中流』鎮江焦山仏学院：1942年 『大学之道』上海大学同学会：1942年3月
1943年、帰国。陸軍刑法事件で特別高等警察に逮捕される。	『妙法輪』玉仏寺上海仏学院：1943年 『世界仏学苑漢蔵教理院開学紀念特刊』1944年

出版時期不明の雑誌：『広長舌』（上海、不定期）、『霊泉通信』（四川三台県中山公園三台仏社、不定期）、『仏教復興』（中国語・日本語併用）。

参考：『上海宗教史』（1992）、辻村志のぶ（2001）、黄夏年（2006・2008）

*戦後の雑誌も若干保存されているが、戦前と性質が異なるため、ここには収めなかった。

書籍・雑誌目録

大東　仁・新野和暢

凡例
- 判読不明の文字は「■」とした。
- 「佛」など旧字体や繁体字は原則として新字体に改めた。
- 資料の配列は五十音順とし、刊行年次を加えた。
- 言語は、「日本語」「漢語」「ハングル」「英語」「日本語・漢語」「漢語・英語」「西蔵語」「梵語」
- 分類は、「本」「雑誌」「冊子」「新聞」「紙（一枚物)」「手書き」「通信」「地図」とした。

通番	言語	分類	書籍名	書籍名補足	年	月	日	著・述・編・訳者	出版・発行元	備考
1	日	本	阿育法王の聖業			4	30	中野義照		
2	漢	本	哀思録							「王震夫ナル人ノ逝去ニヨリ追悼録ヲ刊行」とメモ書き
3	日	本	亜細亜問題に就て		1925	11	10		亜州共存会	
4	日	雑	亜東	第5巻第5号					亜東印画協会	
5	漢	本	阿弥陀経真解／付浄土要言		1926	1		優婆塞王応照	世界仏教居士林	
6	漢	本	阿弥陀経真解／付浄土要言		1926	1		優婆塞王応照	世界仏教居士林	
7	漢	本	阿弥陀経白話解釈		1929	10		印光法師	世界仏教居士林	
8	漢	本	阿弥陀経分科略解						世界仏教居士林	
9	漢	本	阿弥陀仏的説明						漢口仏教正信会宣化団	
10	漢	冊	安徽省仏教会第二届全省代表大会紀録							
11	漢	雑	威音	1	1930	1	1		威音仏刊社	
12	漢	雑	威音	2	1930	1	16		威音仏刊社	
13	漢	雑	威音	2	1930	1	16		威音仏刊社	
14	漢	雑	威音	3	1930	2	1		威音仏刊社	
15	漢	雑	威音	3	1930	2	1		威音仏刊社	
16	漢	雑	威音	4	1930	2	16		威音仏刊社	
17	漢	雑	威音	4	1930	2	16		威音仏刊社	
18	漢	雑	威音	5	1930	3	1		威音仏刊社	
19	漢	雑	威音	5	1930	3	1		威音仏刊社	
20	漢	雑	威音	6	1930	3	16		威音仏刊社	
21	漢	雑	威音	6	1930	3	16		威音仏刊社	
22	漢	雑	威音	7	1930	4	1		威音仏刊社	
23	漢	雑	威音	7	1930	4	1		威音仏刊社	
24	漢	雑	威音	8	1930	4	16		威音仏刊社	
25	漢	雑	威音	8	1930	4	16		威音仏刊社	
26	漢	雑	威音	9	1930	5	1		威音仏刊社	
27	漢	雑	威音	9	1930	5	1		威音仏刊社	
28	漢	雑	威音	10	1930	5	16		威音仏刊社	
29	漢	雑	威音	10	1930	5	16		威音仏刊社	
30	漢	雑	威音	11	1930	6	1		威音仏刊社	
31	漢	雑	威音	11	1930	6	1		威音仏刊社	
32	漢	雑	威音	12	1930	6	16		威音仏刊社	
33	漢	雑	威音	12	1930	6	16		威音仏刊社	
34	漢	雑	威音	13	1930	7	1		威音仏刊社	
35	漢	雑	威音	14	1930	7	16		威音仏刊社	
36	漢	雑	威音	14	1930	7	16		威音仏刊社	
37	漢	雑	威音	15	1930	8	1		威音仏刊社	
38	漢	雑	威音	15	1930	8	1		威音仏刊社	
39	漢	雑	威音	16	1930	8	16		威音仏刊社	
40	漢	雑	威音	16	1930	8	16		威音仏刊社	
41	漢	雑	威音	17	1930	9	1		威音仏刊社	
42	漢	雑	威音	17	1930	9	1		威音仏刊社	
43	漢	雑	威音	18	1930	9	16		威音仏刊社	
44	漢	雑	威音	18	1930	9	16		威音仏刊社	

通番	言語	分類	書籍名	書籍名補足	年	月	日	著・述・編・訳者	出版・発行元	備考
45	漢	雑	威音	19	1930	10	1		威音仏刊社	
46	漢	雑	威音	19	1930	10	1		威音仏刊社	
47	漢	雑	威音	20	1930	10	16		威音仏刊社	
48	漢	雑	威音	20	1930	10	16		威音仏刊社	
49	漢	雑	威音	21	1930	11	1		威音仏刊社	
50	漢	雑	威音	21	1930	11	1		威音仏刊社	
51	漢	雑	威音	22	1930	11	16		威音仏刊社	
52	漢	雑	威音	22	1930	11	16		威音仏刊社	
53	漢	雑	威音	23	1930	12	1		威音仏刊社	
54	漢	雑	威音	23	1930	12	1		威音仏刊社	
55	漢	雑	威音	24	1930	12	16		威音仏刊社	
56	漢	雑	威音	24	1930	12	16		威音仏刊社	
57	漢	雑	威音	25	1931	1	15		威音仏刊社	
58	漢	雑	威音	25	1931	1	15		威音仏刊社	
59	漢	雑	威音	26	1931	2	15		威音仏刊社	
60	漢	雑	威音	26	1931	2	15		威音仏刊社	
61	漢	雑	威音	27	1931	3	15		威音仏刊社	
62	漢	雑	威音	27	1931	3	15		威音仏刊社	
63	漢	雑	威音	28	1931	4	15		威音仏刊社	
64	漢	雑	威音	28	1931	4	15		威音仏刊社	
65	漢	雑	威音	28	1931	4	15		威音仏刊社	
66	漢	雑	威音	29	1931	5	15		威音仏刊社	
67	漢	雑	威音	29	1931	5	15		威音仏刊社	
68	漢	雑	威音	30	1931	6	15		威音仏刊社	
69	漢	雑	威音	30	1931	6	15		威音仏刊社	
70	漢	雑	威音	31	1931	7	15		威音仏刊社	
71	漢	雑	威音	31	1931	7	15		威音仏刊社	
72	漢	雑	威音	32	1931	8	15		威音仏刊社	
73	漢	雑	威音	32	1931	8	15		威音仏刊社	
74	漢	雑	威音	33	1931	9	15		威音仏刊社	
75	漢	雑	威音	33	1931	9	15		威音仏刊社	
76	漢	雑	威音	34	1931	10	15		威音仏刊社	
77	漢	雑	威音	34	1931	10	15		威音仏刊社	
78	漢	雑	威音	35	1931	11	15		威音仏刊社	
79	漢	雑	威音	36	1931	12	15		威音仏刊社	
80	漢	雑	威音	37	1932	1	15		威音仏刊社	
81	漢	雑	威音	38	1932	5	15		威音仏刊社	
82	漢	雑	威音	39	1932	6	15		威音仏刊社	
83	漢	雑	威音	40	1932	7	15		威音仏刊社	
84	漢	雑	威音	41	1932	8	15		威音仏刊社	
85	漢	雑	威音	42	1932	8	31		威音仏刊社	
86	漢	雑	威音	43	1932	9	15		威音仏刊社	
87	漢	雑	威音	44	1932	10	15		威音仏刊社	
88	漢	雑	威音	45	1932	11	15		威音仏刊社	
89	漢	雑	威音	46	1932	12	15		威音仏刊社	
90	漢	雑	威音	47	1933	1	31		威音仏刊社	
91	漢	雑	威音	48	1933	5	15		威音仏刊社	

通番	言語	分類	書籍名	書籍名補足	年	月	日	著・述・編・訳者	出版・発行元	備考
92	漢	雑	威音	49	1933	7	1		威音仏刊社	
93	漢	雑	威音	50	1933	8	1		威音仏刊社	
94	漢	雑	威音	51	1933	9	1		威音仏刊社	
95	漢	雑	威音	52	1933	10	1		威音仏刊社	
96	漢	雑	威音	53	1933	11	1		威音仏刊社	
97	漢	雑	威音	54	1933	12	1		威音仏刊社	
98	漢	雑	威音	55	1934	1	1		威音仏刊社	
99	漢	雑	威音	56	1934	2	1		威音仏刊社	
100	漢	雑	威音	57	1934	3	1		威音仏刊社	
101	漢	雑	威音仏刊之十大特典							
102	漢	本	達生編	附保赤編	1928					
103	漢	冊	以大同的道徳教育造成和平世界			3	26			
104	漢	冊	一音仏学社暫行簡章							
105	日	新	「一切経会の誕生」 新聞切り抜き（号不明）							
106	漢	本	一行阿闍梨梵文字母表浅註		1920	6			震旦密教重興会専刊	
107	漢	冊	一切経会会則		1943	7	26			
108	漢	本	一切如来心秘密全身舎利寶篋印陀羅尼経							
109	漢	本	逸経第12期		1936	8	20			
110	漢	本	逸経第13期		1936	9	5			
111	漢	本	委八丹那経文白文真経第一							
112	日	本	意譯執持鈔		1924	12	20	梅原眞隆	親鸞聖人研究会	
113	漢	本	印光法師為在家弟子略説三帰五戒十善義		1933	4				
114	漢	本	印光法師為在家弟子略説三帰五戒十善義		1933	4				
115	漢	本	印光法師選趙居士請来宋版蔵経序							
116	漢	本	印光法師文鈔続編	上巻	1940				蘇州弘化社	
117	漢	本	印光法師文鈔続編	下巻	1940				蘇州弘化社	
118	日	冊	印度の仏教							
119	漢	雑	禹貢	第5巻第11期	1936	8	1			回教興回族専号
120	漢	本	雲声集							
121	漢	本	影印詞館分写本太上感応篇引経箋註							
122	漢	本	影印詞館分写本太上感応篇引経箋註							
123	漢	本	影印宋版蔵往会啓							
124	漢	本	影印宋版蔵経序							
125	漢	本	影印宋磧砂版大蔵経序							
126	漢	本	影印宋磧砂版大蔵経様張							
127	漢	本	燕居随稿　巻一			11	1			
128	漢	本	遠■拾遺					藤井靜宣		直筆、句集
129	漢	本	往生安楽土法門略説						世界仏教居士林	
130	漢	本	欧美之光		1932	6			上海国光印書局	
131	漢	本	黄檗山万福禅寺戒榜							
132	日	新	大阪朝日新聞	バラ						

通番	言語	分類	書籍名	書籍名補足	年	月	日	著・述・編・訳者	出版・発行元	備考
133	日	本	大谷大学要覧	昭和9年7月調	1934	7	7			
134	日	本	大谷大学要覧	昭和13年6月調	1938	6	7			
135	日	本	大谷派本願寺社会事業調査参考資料							
136	日	本	大谷派本願寺大連別院本堂設計図							
137	日	本	大谷派本願寺要覧		1930	11	10		大谷派宗務所	
138	日	本	大谷夫人記念撮影							
139	漢	本	大本須知		1925	3	15			大本教教義の漢籍版
140	日	本	尾崎行雄氏の反軍思想を匡正す		1935	4			財団法人海軍有終会	
141	漢	本	亥帖講義		1926				天津清真南寺前真経公司	
142	漢	本	改造中国仏教会之呼聲						蘇川湘豫黔皖各省仏教連合会	
143	漢	本	改造命運談		1925			韜晦		
144	日	冊	海外仏教事情	5月号	1937	5	1		国際仏教協会	
145	日	冊	海外仏教事情	7月号	1937	7	10		国際仏教協会	
146	日	冊	海外仏教事情	8月号	1937	8	1		国際仏教協会	
147	日	冊	会員名簿		1940	4	25		財団法人上海日本人倶楽部	
148	漢	本	戒淫抜苦集	付節欲主義	1926	7		漢陽張證理	世界仏教居士林	第4版
149	漢	本	戒淫抜苦集	付節欲主義	1925	5		漢陽張證理	世界仏教居士林	第3版
150	日	冊	絵画部陳列目録		1934	7			帝室博物館	
151	漢	本	回教與基督教合論		1929	9				
152	漢	本	戒殺放生							
153	漢	雑	戒殺放生集	付素食主義	1923	10		李證性居士	世界仏教居士林	第3版
154	漢	雑	戒殺放生集	付素食主義	1925	11		李證性居士	世界仏教居士林	第8版
155	漢	雑	戒殺放生集	付素食主義	1926	10		李證性居士	世界仏教居士林	第11版
156	漢	雑	戒殺放生集	付素食主義	1929	3		李證性居士	世界仏教居士林	第17版
157	漢	雑	戒殺放生集	付素食主義	1929	4		李證性居士	世界仏教居士林	第18版
158	漢	雑	戒殺放生集	付素食主義	1931	2		李證性居士	世界仏教居士林	
159	漢	雑	戒殺放生集	戒殺放生集叢書甲編之1	1932	12				
160	日	本	生きる力		1936	1	25	松浦一	伝通院	
161	日	本	意志と現識としての世界	上	1900	9	29	シヨウペンハウエル	博文館	
162	日	本	意志と現識としての世界	下	1902	1	27	シヨウペンハウエル	博文社	
163	日	本	意志と現識としての世界	中	1901	4	4	シヨウペンハウエル	博文社	
164	漢	本	縁起経／縁起聖道経／分別縁起初勝法門経							
165	漢	本	戒殺名理		1931	4		聶雲台		
166	漢	本	戒殺名理		1931	4			世界仏教居士林	
167	漢	雑	海潮音	第5年第2期	1924	3	24		海潮音社	
168	漢	雑	海潮音	第7年第5期	1926	6	29		海潮音社	
169	漢	雑	海潮音	第7年第6期	1926	7	29		海潮音社	
170	漢	雑	海潮音	第8年第2期	1927	2	21		海潮音社	
171	漢	雑	海潮音	第8年第3期	1927	3	23		海潮音社	
172	漢	雑	海潮音	第8年第4期	1927	4	23		海潮音社	
173	漢	雑	海潮音	第8年第5期	1927	6	19		海潮音社	

通番	言語	分類	書籍名	書籍名補足	年	月	日	著・述・編・訳者	出版・発行元	備考
174	漢	雑	海潮音	第8年第6期	1927	7	18		海潮音社	
175	漢	雑	海潮音	第8年第7期	1927	8	17		海潮音社	
176	漢	雑	海潮音	第8年第8期	1927	9	15		海潮音社	
177	漢	雑	海潮音	第8年第9期	1927	10	15		海潮音社	
178	漢	雑	海潮音	第8年第10期	1927	11	13		海潮音社	
179	漢	雑	海潮音	第8年第12期	1928	1	12		海潮音社	
180	漢	雑	海潮音	第9年第1期	1928	2	11		海潮音社	
181	漢	雑	海潮音	第9年第2期	1928	3	11		海潮音社	
182	漢	雑	海潮音	第9年第3期	1928	4	10		海潮音社	
183	漢	雑	海潮音	第9年第4期	1928	5	9		海潮音社	
184	漢	雑	海潮音	第9年第5期	1928	6	7		海潮音社	
185	漢	雑	海潮音	第9年第6期	1928	7	7		海潮音社	
186	漢	雑	海潮音	第9年第7期	1928	8	5		海潮音社	
187	漢	雑	海潮音	第9年第9期	1928	10	3		海潮音社	
188	漢	雑	海潮音	第9年第10期	1928	11	1		海潮音社	
189	漢	雑	海潮音	第9年第11期	1928	12	1		海潮音社	
190	漢	雑	海潮音	第9年第12期	1928	12	31		海潮音社	
191	漢	雑	海潮音	第10年第1期	1929	3	1		海潮音社	
192	漢	雑	海潮音	第10年第2期	1929	3	30		海潮音社	
193	漢	雑	海潮音	第10年第3期	1929	4	29		海潮音社	
194	漢	雑	海潮音	第10年第4期	1929	5	28		海潮音社	
195	漢	雑	海潮音	第10年第5期	1929	6	26		海潮音社	
196	漢	雑	海潮音	第10年第6期	1929	7	26		海潮音社	
197	漢	雑	海潮音	第10年第7期	1929	8	24		海潮音社	
198	漢	雑	海潮音	第10年第8期	1929	9	22		海潮音社	
199	漢	雑	海潮音	第10年第9期	1929	10	22		海潮音社	
200	漢	雑	海潮音	第10年第10期	1929	11	20		海潮音社	
201	漢	雑	海潮音	第10年第11期	1929	12	20		海潮音社	
202	漢	雑	海潮音	第11巻第1期	1930	1			海潮音社	
203	漢	雑	海潮音	第11巻第2期	1930	2			海潮音社	
204	漢	雑	海潮音	第11巻第3期	1930	3			海潮音社	
205	漢	雑	海潮音	第11巻第4期	1930	4			海潮音社	
206	漢	雑	海潮音	第11巻第5期	1930	5			海潮音社	
207	漢	雑	海潮音	第11巻第6期	1930	6			海潮音社	
208	漢	雑	海潮音	第11巻第7期	1930	7			海潮音社	
209	漢	雑	海潮音	第11巻第8期	1930	8			海潮音社	
210	漢	雑	海潮音	第11巻第9期	1930	9			海潮音社	
211	漢	雑	海潮音	第11巻第10期	1930	10			海潮音社	
212	漢	雑	海潮音	第11巻第11・12期	1930	12			海潮音社	
213	漢	雑	海潮音	第12巻第1号	1931	2	15		海潮音社	
214	漢	雑	海潮音	第12巻第2号	1931	3	15		海潮音社	
215	漢	雑	海潮音	第12巻第3号	1931	4	15		海潮音社	
216	漢	雑	海潮音	第12巻第4号	1931	5	15		海潮音社	
217	漢	雑	海潮音	第12巻第4号	1931	5	15		海潮音社	
218	漢	雑	海潮音	第12巻第5号	1931	5	15		海潮音社	
219	漢	雑	海潮音	第12巻第6号	1931	6	15		海潮音社	

通番	言語	分類	書籍名	書籍名補足	年	月	日	著・述・編・訳者	出版・発行元	備考
220	漢	雑	海潮音	第12巻第7号	1931	7	15		海潮音社	
221	漢	雑	海潮音	第12巻第7号	1931	7	15		海潮音社	
222	漢	雑	海潮音	第12巻第8号	1931	8	15		海潮音社	
223	漢	雑	海潮音	第12巻第9号	1931	9	15		海潮音社	
224	漢	雑	海潮音	第12巻第9号	1931	9	15		海潮音社	
225	漢	雑	海潮音	第12巻第10号	1931	10	15		海潮音社	
226	漢	雑	海潮音	第12巻第11号	1931	11	15		海潮音社	
227	漢	雑	海潮音	第13巻第1号	1932	1	15		海潮音社	
228	漢	雑	海潮音	第13巻第2号	1932	2	15		海潮音社	
229	漢	雑	海潮音	第13巻第4号	1932	4	15		海潮音社	
230	漢	雑	海潮音	第13巻第5号	1932	5	15		海潮音社	
231	漢	雑	海潮音	第13巻第6号	1932	6	15		海潮音社	
232	漢	雑	海潮音	第13巻第7号	1932	7	15		海潮音社	
233	漢	雑	海潮音	第13巻第8号	1932	8	15		海潮音社	
234	漢	雑	海潮音	第13巻第9号	1932	9	15		海潮音社	
235	漢	雑	海潮音	第13巻第10号	1932	10	15		海潮音社	
236	漢	雑	海潮音	第13巻第11号	1932	11	15		海潮音社	
237	漢	雑	海潮音	第13巻第12号	1932	12	15		海潮音社	
238	漢	雑	海潮音	第14巻第1号	1933	1	15		海潮音社	
239	漢	雑	海潮音	第14巻第2号	1933	2	15		海潮音社	
240	漢	雑	海潮音	第14巻第3号	1933	3	15		海潮音社	
241	漢	雑	海潮音	第14巻第4号	1933	4	15		海潮音社	
242	漢	雑	海潮音	第14巻第5号	1933	5	15		海潮音社	
243	漢	雑	海潮音	第14巻第6号	1933	6	15		海潮音社	
244	漢	雑	海潮音	第14巻第7号	1933	7	15		海潮音社	
245	漢	雑	海潮音	第14巻第8号	1933	8	15		海潮音社	
246	漢	雑	海潮音	第14巻第9号	1933	9	15		海潮音社	
247	漢	雑	海潮音	第14巻第10号	1933	10	15		海潮音社	
248	漢	雑	海潮音	第14巻第11号	1933	11	15		海潮音社	
249	漢	雑	海潮音	第14巻第12号	1933	12	15		海潮音社	
250	漢	雑	海潮音	第16巻第6号	1935	6	15		海潮音社	
251	漢	雑	海潮音	第16巻第7号	1935	7	15		海潮音社	
252	漢	雑	海潮音	第16巻第8号	1935	8	15		海潮音社	
253	漢	雑	海潮音	第16巻第9号	1935	9	15		海潮音社	
254	漢	雑	海潮音	第16巻第10号	1935	10	15		海潮音社	
255	漢	雑	海潮音	第16巻第11号	1935	11	15		海潮音社	
256	漢	雑	海潮音	第16巻第12号	1935	12	15		海潮音社	
257	漢	雑	海潮音	第17巻第1号	1936	1	15		海潮音社	
258	漢	雑	海潮音	第17巻第1号	1936	1	15		海潮音社	
259	漢	雑	海潮音	第17巻第2号	1936	2	15		海潮音社	
260	漢	雑	海潮音	第17巻第3号	1936	3	15		海潮音社	
261	漢	雑	海潮音	第17巻第3号	1936	3	15		海潮音社	
262	漢	雑	海潮音	第17巻第4号	1936	4	15		海潮音社	
263	漢	雑	海潮音	第17巻第4号	1936	4	15		海潮音社	
264	漢	雑	海潮音	第17巻第5号	1936	5	15		海潮音社	
265	漢	雑	海潮音	第17巻第6号	1936	6	15		海潮音社	
266	漢	雑	海潮音	第17巻第7号	1936	7	15		海潮音社	

通番	言語	分類	書籍名	書籍名補足	年	月	日	著・述・編・訳者	出版・発行元	備考
267	漢	雑	海潮音	第17巻第8号	1936	8	15		海潮音社	
268	漢	雑	海潮音	第17巻第9号	1936	9	15		海潮音社	
269	漢	雑	海潮音	第17巻第9号	1936	9	15		海潮音社	
270	漢	雑	海潮音	第17巻第10号	1936	10	15		海潮音社	
271	漢	雑	海潮音	第17巻第10号	1936	10	15		海潮音社	
272	漢	雑	海潮音	第17巻第11号	1936	11	15		海潮音社	
273	漢	雑	海潮音	第17巻第12号	1936	12	15		海潮音社	
274	漢	雑	海潮音	第18巻第3号	1937	3	15		海潮音社	
275	漢	雑	海潮音	第18巻第4号	1937	4	15		海潮音社	
276	漢	雑	海潮音	第18巻第4号	1937	4	15		海潮音社	
277	漢	雑	海潮音	第18巻第5号	1937	5	15		海潮音社	
278	漢	雑	海潮音	第18巻第5号	1937	5	15		海潮音社	
279	漢	雑	海潮音	第18巻第6号	1937	6	15		海潮音社	
280	漢	雑	海潮音	第18巻第7月号	1937	7	15		海潮音社	
281	漢	雑	海潮音	第18巻第7月号	1937	7	15		海潮音社	
282	漢	雑	海潮音	第18巻第8月号	1937	8	15		海潮音社	
283	漢	雑	海潮音	第18巻第8月号	1937	8	15		海潮音社	
284	漢	雑	海潮音	第18巻第9月号	1937	9	15		海潮音社	
285	漢	雑	海潮音文庫	教育学	1930	10				
286	漢	雑	海潮音文庫	人生	1930	10				
287	漢	雑	海潮音文庫	政治	1930	10				
288	漢	雑	海潮音文庫							海潮音総目録
289	日	本	外蒙及新疆の近況		1935	3	10	陸軍省新聞班		
290	漢	雑	海洋		1935	10	1	通一法師編		
291	漢	本	覚律雑誌	巻6	1937	5	15	大醒	江蘇淮陰覚津寺	
292	漢	本	覚國大学院募縁疏			11				
293	漢	本	学仏人可否吃肉的研究							
294	漢	本	学僧之路		1931	10		法航	世界仏学苑設備処	
295	漢	本	学仏人可否吃肉的研究							
296	漢	本	学仏人可否吃肉的研究							
297	漢	本	学仏人可否吃肉的研究							
298	漢	本	学仏浅説							
299	漢	本	学仏浅説							
300	漢	本	学仏六篇		1927	10		聶其杰		
301	漢	冊	覚音	第23期	1941	4	30	竺摩		
302	漢	冊	覚音	第30期～32期合併号	1941	10	30	竺摩		
303	漢	本	覚花園主集	上冊	1930	6		甯達蘊居士編		
304	漢	本	覚花園主集	下冊	1930	10		甯達蘊居士編		
305	漢	本	覚社叢書選本							
306	漢	本	名人白話尺読下巻		1925	9				
307	漢	本	名人白話尺読上巻		1925	9				
308	漢	本	覚世報		1928	4				
309	漢	冊	覚有情	第30期	1940	12	16			
310	日・漢	雑	華語月刊	第2号	1928	10	1		上海東亜同文書院華語研究会	
311	日・漢	雑	華語月刊	第4号	1928	12	1		上海東亜同文書院華語研究会	

通番	言語	分類	書籍名	書籍名補足	年	月	日	著・述・編・訳者	出版・発行元	備考
312	日・漢	雑	華語月刊	第5号	1929	1	1		上海東亜同文書院華語研究会	
313	日・漢	雑	華語月刊	第7号	1929	6	1		上海東亜同文書院華語研究会	
314	日・漢	雑	華語月刊	第8号	1929	10	1		上海東亜同文書院華語研究会	
315	日・漢	雑	華語月刊	第9号	1929	11	1		上海東亜同文書院華語研究会	
316	日・漢	雑	華語月刊	第9号	1929	11	1		上海東亜同文書院華語研究会	
317	日・漢	雑	華語月刊	第10号	1929	12	1		上海東亜同文書院華語研究会	
318	日・漢	雑	華語月刊	第11号	1930	4	1		上海東亜同文書院華語研究会	
319	漢	本	家庭宝鑑		1928				世界仏教居士林	
320	漢	本	家庭宝鑑		1928				世界仏教居士林	
321	漢	本	華北婦女訪日団遊紀		1939	12	20	銭廸明		
322	漢	本	華北婦女訪日団遊紀		1939	12	20	銭廸明		
323	漢	本	華譯 信心的提倡		1939	5	1	暁烏敏		
324	漢	本	華譯 信心的提倡		1939	5	1	暁烏敏		
325	漢	紙	歓迎詩弁引					赤坂円通寺日勝より		東亜仏教大会について
326	日	紙	歓迎の辞		1935	11	6	立正大学学長・風間随學		東亜仏教大会について
327	漢	本	勧修行戒殺喫素文	戒殺放生叢書乙編之五		1	5	温光嘉	世界仏教居士林	
328	漢	本	勧発菩提心文講義	圓瑛法彙之1		7		圓瑛	円明法施会	
329	漢	本	感応篇直講		1934	1			弘化社(蘇州・報恩寺内)	
330	漢	本	感応篇彙篇　巻上							
331	漢	本	感応篇彙篇　巻下							
332	漢	雑	感応録	第18号						
333	漢	雑	感応録	第30号	1936	6	15		台湾道徳報社	
334	日	紙	歓迎の辞		1925	11	5	風間随学(立正大学学長)		
335	日	紙	歓迎記念		1925	11	5			
336	日	紙	歓迎文		1925	11	5			
337	日	紙	歓迎詩弁引							
338	日	紙	歓迎茶筵次第							
339	日	紙	歓迎茶筵次第							
340	日	紙	歓迎茶筵出席者名簿							
341	日	紙	歓迎茶筵出席者名簿							
342	漢	新	漢口日日新聞		1936	6	2			
343	日	雑	漢口市衛生紀要	同仁月報付録	1931	11	1		漢口同仁医院	
344	日	本	漢口同仁医院事業概観		1932	1	15		漢口同仁医院	
345	漢	本	看破世界		1931	6		香花道人	世界仏教居士林出版	第3版
346	漢	本	看破世界					香花道人重編	上海仏経流通処	
347	漢	本	観音勧善文						上海明善書局	
348	漢	本	観音救苦示現図							1934.6上海の記入
349	漢	本	観音普門品霊感録			5				
350	漢	本	観世音菩薩救苦真経			12				
351	漢	冊	観世音菩薩救苦真経							

通番	言語	分類	書籍名	書籍名補足	年	月	日	著・述・編・訳者	出版・発行元	備考
352	漢	冊	観世音菩薩救苦真経							
353	漢	本	観世音菩薩経							
354	漢	本	観世音菩薩普門品経懺法	附簡易行法						
355	漢	本	観世音菩薩普門品経懺法	附簡易行法						
356	漢	本	観世音菩薩普門品講義		1934	3		圓瑛		
357	漢	本	観世良音							
358	漢	本	観日山房詩文鈔		1935	7		式海		
359	漢	本	観無量寿仏教釋論							
360	日・漢	雑	館刊	第4号	1938	7	23	石倉善一	北京近代科学図書館	
361	日	本	広東仏教の特殊的発展開			5				
362	漢	本	寰球名人徳育嘉話	高等中小各校修身科等教育用						
363	漢	本	寰球名人徳育寶鑑							
364	漢	本	記厦門貧民捨資清宋蔵事							
365	漢	本	帰家要信　錦裏開展							
366	漢	本	潙山法乳							
367	漢	本	奇中国書			1	1	花田仲之助		
368	日	冊	吉林省豆満自由港	附豆満江より覗きたる満蒙	1925	9	10	嶺簱良充・松尾小三郎講演	奉公会	
369	漢	本	祈祷全国和平統一普利大会		1931	3		太虚		
370	漢	本	紀文達公筆記摘要		1928	10				
371	漢	本	紀文達公筆記摘要		1928	10				
372	漢	雑	喜報	仏教臨時救済会専号	1937	10	10			
373	日	本	木村清蔭		1939	2	25		東三文化研究会	
374	漢	本	救命功徳						中国紅十字会籌振処	
375	漢	本	救時箴言		1939	4		再版		
376	漢	本	求実斉邊事業著		1936	5				
377	漢	本	匡山随筆		1933	3				
378	漢	本	匡山随筆		1933	3				
379	漢	本	炭地到栞		1942	12	28			
380	漢	冊	教義宣伝報告提要		1925	11	2		東亜仏教大会教義宣伝部	
381	漢	本	共和国教科書新国文							
382	日	新	教学新聞			5				
383	日	新	教学新聞	バラ						
384	日	本	教学叢書	第5輯	1939	6	12		文部省教学局	
385	日	本	教学叢書	第5輯	1939	6	12		文部省教学局	
386	日	本	教学叢書	第10輯	1941	4	16		文部省教学局	
387	漢	本	教観綱宗科儀		1931	7		静修法師		
388	漢	雑	狭災周報	第3期	1930	12	13		狭災周報社	西安
389	漢	雑	狭災周報	第9期	1931	1	26		狭災周報社	西安
390	漢	雑	敬仏月刊	創刊号	1935	10				
391	漢	雑	敬仏月刊	第2巻第4号	1936	4				
392	漢	雑	敬亜州仏教徒告			4	20			
393	漢	雑	敬神崇仏							
394	日・漢	雑	敬仏	創刊号	1935	10	1		厦門東本願寺教堂	
395	日・漢	雑	敬仏	1-2号	1935	11	1		厦門東本願寺教堂	

通番	言語	分類	書籍名	書籍名補足	年	月	日	著・述・編・訳者	出版・発行元	備考
396	日・漢	雑	敬仏	1-2号	1935	11	1		厦門東本願寺教堂	
397	日・漢	雑	敬仏	1-3号	1935	12	1		厦門東本願寺教堂	
398	日・漢	雑	敬仏	1-3号	1935	12	1		厦門東本願寺教堂	
399	日・漢	雑	敬仏	2-1号	1936	1	1		厦門東本願寺教堂	
400	日・漢	雑	敬仏	2-1号	1936	1	1		厦門東本願寺教堂	
401	日・漢	雑	敬仏	2-2号	1936	2	1		厦門東本願寺教堂	
402	日・漢	雑	敬仏	2-4号	1936	4	1		厦門東本願寺教堂	
403	漢	本	行躒録功過格						中央刻経院	
404	漢	本	陝実周報							
405	漢	本	慶起全国祈祷大会通告		1929	6				中国仏教会、万国道徳会、紅卍字会など
406	漢	本	京都案内		1938	3	20		社団法人日本旅行協会	中国語旅行案内
407	日	本	吉利支丹迫害史		1933	12	5	比屋根安定	東方書院	
408	漢	本	欽定書経図説 第15冊 巻40至43							
409	漢	本	筋終津梁					李円浄	上海仏学書局	
410	漢	本	近五十年見聞録		1928	7		貢少芹ら		第8版、1920年4月初版
411	漢	本	近五十年見聞録							
412	漢	本	近代往生伝		1920	5			上海仏学書局	
413	日	本	近代国防に就いて					大久保弘一（陸軍省新聞版陸軍歩兵少佐）		
414	漢	本	金山仁山法師文集		1932					
415	漢	本	金山法海波瀾	第2期	1929	5				
416	漢	本	金山法海波瀾	第3期	1929	8				
417	漢	本	金山法海波瀾	第3期	1929	8				
418	漢	本	金山法海波瀾	第4期	1930	1				
419	漢	本	金山法海波瀾	第4期	1930	1				
420	漢	本	金山法海波瀾	第4期	1930	1				
421	漢	本	金山法海波瀾	第5期	1930	4				
422	漢	本	金山法海波瀾	第6期	1931					
423	漢	本	金山法海波瀾	第7期	1931					
424	漢	本	金陵大学文理科概況	中華民国17年至18年		4	20			
425	漢	本	空海撰秘密曼荼羅十位正論	巻一巻二						
426	漢	本	空海撰秘密曼荼羅十位正論	巻三巻六						
427	漢	本	空海撰秘密曼荼羅十位正論	巻七巻十						
428	漢	本	苦行故事夢痕録		1941	10				
429	漢	本	苦行居士夢痕録附夢思集		1941	10		苦行居士	世界仏教居士林	
430	漢	本	口業集		1934	11				
431	漢	本	句集 揚雲雀							
432	漢	本	救世新教	教綱教法	1923	11	19			
433	漢	本	救世新教教義							
434	漢	本	救世新教教経	上・下冊						
435	日	冊	求道之友		1938	4	10		求道館	
436	漢	本	劬労集	第2集女徳編	1939	5		劬労社同人編		
437	漢	本	劬労集	第3集	1940	3		賢良		

通番	言語	分類	書籍名	書籍名補足	年	月	日	著・述・編・訳者	出版・発行元	備考
438	漢	本	劬労集	第4巻				霊厳山寺（蘇州）／太平寺（上海）		
439	日	本	群経序説／易							
440	日	本	軍人援護読本		1941	3	28			
441	日	本	啓明会第21回講演集		1927	6	5			
442	漢	本	華厳経普賢行願支那及浄土綱要合冊呂碧城女士註釈							
443	日	本	華厳綱要浅説		1931	5				
444	日	冊	決議事項		1931	10	31	在満日本人時局後援会（大連市役所内）		
445	漢	冊	血土		1941	10	26		ますらお会	
446	漢	本	化仏造像		1929	3				
447	日	本	剣道範士堀田徳次郎先生		1937		25			
448	漢	本	建設人間浄土論					太虚	星州講経会	
449	漢	本	原泉		1956	5	24	游黙玄		
450	漢	本	原本　浄土十要	第1冊						
451	漢	本	原本　浄土十要	第2冊						
452	漢	本	原本　浄土十要	第3冊						
453	漢	本	原本　浄土十要	第4冊						
454	漢	本	原本　浄土十要	第5冊						
455	漢	本	原本　浄土十要	第6冊						
456	日	本	玄中寺へ詣で征くの記	運行寺みおや会	1942	10	10			
457	漢	本	現実主義		1934	6		太虚		
458	日	冊	現生十種之利益		1896	2	13		法蔵館	
459	日	本	現存海軍軍縮条約内容の検討		1934	9		海軍有終会		
460	日	本	現代支那仏教機関			5	15			
461	日	本	現代支那仏教典籍目録			3	15			
462	漢	雑	現代僧伽	創刊号	1928	3	16		廈門南普陀現代僧伽社	
463	漢	雑	現代僧伽	第2期	1928	4	1		廈門南普陀現代僧伽社	
464	漢	雑	現代僧伽	第3期	1928	4	16		廈門南普陀現代僧伽社	
465	漢	雑	現代僧伽	第4期	1928	5	1		廈門南普陀現代僧伽社	
466	漢	雑	現代僧伽	第5期	1928	5	16		廈門南普陀現代僧伽社	
467	漢	雑	現代僧伽	第6期	1928	6	1		廈門南普陀現代僧伽社	
468	漢	雑	現代僧伽	第7期	1928	6	16		廈門南普陀現代僧伽社	
469	漢	雑	現代僧伽	第11期	1928	8	16		廈門南普陀現代僧伽社	
470	漢	雑	現代僧伽	第12期	1928	9	1		廈門南普陀現代僧伽社	
471	漢	雑	現代僧伽	第13期	1928	9	16		廈門南普陀現代僧伽社	
472	漢	雑	現代僧伽	第14期	1928	10	1		廈門南普陀現代僧伽社	
473	漢	雑	現代僧伽	第15期	1928	10	16		廈門南普陀現代僧伽社	
474	漢	雑	現代僧伽	第16期	1928	11	1		廈門南普陀現代僧伽社	
475	漢	雑	現代僧伽	第17期	1928	11	16		廈門南普陀現代僧伽社	
476	漢	雑	現代僧伽	第20期	1929	1	1		廈門南普陀現代僧伽社	
477	漢	雑	現代僧伽	第21期	1929	1	16		廈門南普陀現代僧伽社	
478	漢	雑	現代僧伽	第22～24期合刊	1929	3	1		廈門南普陀現代僧伽社	
479	漢	雑	現代僧伽	第35・36期合併号	1929	9	1		廈門南普陀現代僧伽社	
480	漢	雑	現代僧伽	第41・42期合併号	1929	12	1		廈門南普陀現代僧伽社	

通番	言語	分類	書籍名	書籍名補足	年	月	日	著・述・編・訳者	出版・発行元	備考
481	漢	雑	現代僧伽	反対廟産学特刊	1930	12	10			
482	漢	雑	現代僧伽	第4巻第1期	1931	4	10			
483	漢	雑	現代僧伽	第2巻合訂本、第4巻第2期	1931	4	10			
484	漢	雑	現代僧伽	第2巻合訂本、第4巻第3期	1931	4	10			
485	漢	雑	現代僧伽	第4巻第2期	1931	6	15			
486	漢	雑	現代仏教	第5巻第6期	1932	11	10		厦門南普陀現代僧伽社	
487	漢	雑	現代仏教	第5巻第7期	1933	2	10		厦門南普陀現代僧伽社	
488	漢	雑	現代仏教	第5巻第8・9・10合刊期	1933	4	10		厦門南普陀現代僧伽社	
489	漢	雑	現代仏教	第6巻第1期	1933	6	12	現代仏教社	汕頭現代仏教社	
490	漢	雑	現實主義		1934	6				
491	漢	雑	現代仏学		1927					
492	漢	本	現代西蔵		1937	6		法尊	重慶・漢蔵教理院	
493	漢	本	護法論					杭州霊隠禅寺・豫章		
494	漢	本	黄山指南		1929	6		黄海散人		
495	漢	本	河北省真定道文献材料及文化物品叢考		1943	12			河北省立蓮池図書館社教研究会	
496	漢	本	河北省真定道文献材料及文化物品叢考		1943	12			河北省立蓮池図書館社教研究会	
497	漢	本	河北省真定道文献材料及文化物品叢考		1943	12			河北省立蓮池図書館社教研究会	
498	漢	本	河北省真定道文献材料及文化物品叢考		1943	12			河北省立蓮池図書館社教研究会	
499	漢	本	河北省真定道文献材料及文化物品叢考		1943	12			河北省立蓮池図書館社教研究会	
500	漢	本	河北省真定道文献材料及文化物品叢考		1943	12			河北省立蓮池図書館社教研究会	
501	漢	本	河北省真定道文献材料及文化物品叢考		1943	12			河北省立蓮池図書館社教研究会	
502	漢	本	河北省真定道文献材料及文化物品叢考		1943	12			河北省立蓮池図書館社教研究会	
503	漢	新	河北日報							中華民国32年1月24日など　バラ
504	漢	本	河北婦女訪日団遊紀							
505	漢	本	河務季報	第7期	1922	9				
506	漢	本	興慈法師開示録		1941	11				
507	漢	雑	光明							
508	漢	本	光明真言之研究		1931	1		震旦密教重興会専刊		
509	漢	雑	公餘修養会					南京仏教居士林内		
510	漢	雑	公餘修養会					南京仏教居士林内		
511	漢	雑	好日	7月号						
512	漢	雑	孔教会講願書		1913	8				
513	漢	本	宏慈仏学院第一班畢業同学録		1926	10				
514	漢	雑	弘化月刊	創刊号	1941	7				
515	漢	雑	弘化月刊	創刊号	1941	7				
516	漢	雑	弘化月刊	第2期	1941	8				
517	漢	雑	弘化月刊	第2期	1941	8				
518	漢	雑	弘化月刊	第3期	1941	9				

通番	言語	分類	書籍名	書籍名補足	年	月	日	著・述・編・訳者	出版・発行元	備考
519	漢	雑	弘化月刊	第4期	1941	9				
520	漢	雑	弘化月刊	第4期	1941	9				
521	漢	雑	弘化月刊	第5期	1941	10				
522	漢	本	弘法護国	仏説報四恩経						
523	漢	雑	弘法社刊	第14期	1930	4				
524	漢	雑	弘法社刊	第15期	1930	6				
525	漢	雑	弘法社刊	第16期	1930	8				
526	漢	雑	弘法社刊	第17期	1930	11				
527	漢	雑	弘法社刊	第18期	1931	2				
528	漢	本	弘法大師雑著八種		1922	2				
529	漢	本	弘法大師真蹟■写摩多体文		1931	1				
530	漢	冊	弘法栞	29	1935	8			弘法研究社／寧波	
531	漢	冊	弘法栞	30	1935	12			弘法研究社／寧波	
532	日	冊	弘明集の構成を論じて僧佑の編纂を疑ふ					福井康順		
533	漢	冊	杭州功徳林蔬食所菜目価格一覧表		1933	3				
534	漢	本	江蘇句容赤山法師塔銘							
535	日	本	江南九華仏学院之刊		1931	9				
536	日・漢	雑	江南史地叢考	第1輯	1942	10	1	森川光郎	江南史地学会	
537	漢	新	江南正報							1935年5月21日などバラ
538	日	本	皇国乃神と宗教		1939	4	18			
539	日	本	皇室と仏教		1933	2	5	本多辰次郎	東方書院	
540	日	本	皇道思想の覚醒		1935	4	30			
541	漢	本	考経白話解説		1938					
542	日	雑	講演時報	第10年5号	1935	2	25			
543	漢	冊	香海仏化刊	1	1932	3				
544	漢	冊	香海仏化刊	2	1932	7				
545	漢	冊	香海仏化刊	4	1933	4				
546	漢	冊	香海仏化刊	5	1933	9				
547	日	新	高野山時報	昭和9年10月1日など　バラ						
548	日	本	狡獪なる米国最後案の真相		1930	3	29	平田晋策		
549	漢	雑	弘化月刊		1942	9	1		印光大師永久紀念会弁事処	
550	漢	本	孝経白話解説		1938				弘化社(蘇州報国寺内)	
551	日	紙	光寿会会員各位に告ぐ		1933	6	8	大谷光瑞		経費増大について
552	漢	冊	広長舌	第3集	1931	2		苦行居士	世界仏教居士林	再版本、1930年5月
553	漢	冊	広長舌	第5集	1931	2		苦行居士	世界仏教居士林	再版本、1930年10月
554	漢	冊	広長舌		1941	10		願西居士	世界仏教居士林	再版本
555	漢	冊	広長舌	第12集					世界仏教居士林	
556	漢	冊	広長舌							
557	漢	冊	広長舌							
558	漢	冊	広長舌							
559	漢	冊	広長舌							

通番	言語	分類	書籍名	書籍名補足	年	月	日	著・述・編・訳者	出版・発行元	備考
560	漢	本	弘法大師真跡写真摩多體文		1931	1			震旦密教重興会刊	
561	漢	本	古今中外報応亀鑑論初編		1929					
562	漢・英	雑	国際公報		1926	11	6			
563	日	本	国民仏教聖典		1934	4	8	野依秀市		
564	漢	本	国音沿革		1924	9				
565	日	雑	国際仏教協会 設立趣意書事業要綱 会則及役員会員名簿		1938	3				
566	漢	本	国際文化中国協会章程							
567	日	本	国体の本義		1936	9	10		宝文館	
568	日	本	国民の重要問題 監の通俗講演		1926	8	10	多賀宗之		
569	日	本	国民試練の好壇場		1933	4	3		破塵閣書房	
570	日	本	国訳大蔵経	予約募集 規定及見本	1926	12				
571	漢	冊	国立北京大学研究所国学門章程							
572	日	本	国體明徵無尽灯運動 神社宗教読本		1937	2	25		仏教協会	
573	日	雑	国文東方仏教叢書		1927	5				
574	月	雑	国文東方仏教叢書							第2版本の解題
575	日	雑	国文東方仏教叢書						東方書院	会員募集と書籍概要
576	日	雑	国文東方仏教叢書						東方書院	日本文化の表現の案内
577	日	冊	心のふりむき						法蔵館	
578	漢	本	鼓山・怡山蔵逸仏書録					龍池清		
579	漢	本	鼓山永通斉流諸法寶名目							
580	漢	本	鼓山永通斉流諸法寶書一							
581	漢	本	護生原理		1935	8				
582	漢	雑	護生痛言	挿図	1930	2		李円浄		
583	漢	雑	護生痛言					李円浄		
584	日・漢・蔵・英・梵		五体文心経		1911					梵蔵漢英日の言語
585	日	本	国共両党提携より分裂まで 国民革命の現勢 其一	上海満鉄調査資料第三編						
586	漢	冊	胡適的廬山遊記							
587	漢	冊	湖南仏教居士林林刊	第12期	1935	8	31			
588	漢	冊	滬卍会道慈星刊		1931	5	17			
589	漢	本	金剛経易知疏		1937	5				
590	漢	本	金剛経解義							
591	漢	本	金剛頂経義訣							
592	漢	本	金剛般若経論					天親造魏 釈		
593	漢	本	金剛般若波羅密経講義		1936	9		圓瑛		
594	漢	本	金剛般若波羅密経白話釈義							
595	日	本	根本中の研究		1931	7				
596	漢	本	金剛般若波羅密経		1938	1				
597	漢	本	金剛瑜伽中発阿耨多羅三藐三菩提心論口義巻上							

通番	言語	分類	書籍名	書籍名補足	年	月	日	著・述・編・訳者	出版・発行元	備考
598	日	雑	最近宗教研究思潮		1928	6	10		宗教研究会	
599	漢	本	済南旧蹟志		1927	4				
600	漢	本	済南旧蹟志							
601	漢	本	在家学仏法要		1931	5		印光		
602	日	本	財団法人啓明会第二十三回講演集	支那最近の政情	1927	12	28	笹川潔		
603	日	本	財団法人聖徳太子奉賛会寄付行為							
604	日	冊	財団法人日華学会第八回年報	自大正13年4月至大正14年3月	1925	8			日華学会	
605	日	本	西征紀行		1941	12	20			
606	漢	本	西方雑指		1930	8				
607	日	紙	歳末に際し貴家の御萬吹くを祈念いたします		1930	12		藤田敏郎		漢口同仁医院院主漢口市衛生局顧問
608	日	本	佐々木月樵教授明治維新大谷派の教学年表							手書き本（未完）
609	漢	本	雑華集		1937	7	20			
610	漢	本	閘北的親民		1930	9				
611	日	本	三階教							
612	漢	本	三覚叢刊	第1巻	1926	3				
613	漢	本	三覚叢刊	第2巻	1926	3				
614	日	本	三帰依文　四弘誓願文			3			三笠会館	
615	漢	本	三帰五戒十善義						国光印書局	
616	漢	雑	三時学会章程							
617	漢	雑	三時学会章程							
618	漢	本	三大士実録		1939	1				
619	漢	本	三六士実録		1939	1				
620	漢	冊	山海関以東与上海							
621	漢	雑	山西仏教月刊	第1年第3期	1929	7	7			
622	日	本	詩学					山田岳陽	東亜同文書院	昭和3年度課外
623	日	雑	史記貨殖列伝論稿	支那研究第22号別刷	1930	5			東亜同文書院支那研究部	
624	日	雑	史記貨殖列伝論稿	支那研究第22号別刷	1930	10	15		東亜同文書院支那研究部発行	
625	日	雑	史記貨殖列伝論稿	支那研究第21号別刷	1930	5				
626	日	本	時局と真宗		1941	8	21	杉谷彰乗		
627	日	本	時局と特別布教	立信報国	1937	8	15			
628	漢	本	時局和平根本問題　万国道徳会滬会特刊		1925	2			上海麺粉交易所・経紀公会	
629	漢	本	時局和平根本問題　万国道徳会滬会特刊		1925	2			上海麺粉交易所・経紀公会	
630	漢	本	自救要略	第3輯						
631	漢	本	志小売雪		1932	11				
632	漢	本	慈護編	戒殺放生叢書甲編之2	1930	11		孫奏庭居士		
633	漢	本	慈護編					孫奏庭居士	世界仏教居士林	
634	漢	本	慈護編					孫奏庭居士	世界仏教居士林	

通番	言語	分類	書籍名	書籍名補足	年	月	日	著・述・編・訳者	出版・発行元	備考
635	漢	本	慈護論	孫奏庭居士						
636	漢	雑	慈航	創刊号	1929	4	1	慈航月刊社	報本堂	
637	漢	雑	慈航	創刊号	1929	4	1	慈航月刊社	報本堂	
638	漢	雑	慈航	創刊号	1929	4	1	慈航月刊社	報本堂	
639	漢	雑	慈航	第2期	1929	5	1			
640	漢	雑	慈航	第2期	1929	5	1			
641	漢	雑	慈航画報			4	15			
642	漢	雑	慈航画報			5	15			
643	漢	雑	慈航画報			8	1			
644	漢	雑	慈航画報							
645	漢	雑	慈航画報							
646	漢	雑	慈航画報							
647	漢	雑	慈航画報							
648	漢	雑	慈航画報							
649	漢	雑	慈航画報							
650	漢	本	始終心要解略鈔		1931	7			上海仏学書局	
651	漢	本	始終心要解略鈔		1931	7			上海仏学書局	
652	漢	本	獅子吼	第2期						
653	漢	本	時事類編		1934	5	11		仲山文化教育館	
654	漢	本	慈宗三要					太虚		
655	漢	本	四川仏教団体電請政府改定寺廟管理條例特刊		1929	3				
656	漢	本	四聖警世文			11	20			
657	漢	冊	四川仏教月刊	第1年第2期	1931	5	1			
658	漢	冊	四川仏教月刊	第1年第3期	1931	6	1			
659	漢	冊	四川仏教月刊	第4年第10期	1934	10	1			
660	漢	本	四川仏教団体電請政府改定寺廟管理條例特刊		1929	3			四川仏化旬刊社	
661	漢	本	自尊者開示録							
662	漢	本	悉曇十八章全文							
663	漢	本	実用　仏学辞典						上海仏学局	
664	日	本	児童の宗教性訓育					高楠順次郎		
665	漢	本	児童自由画研究	国立中山大学教育学研究所叢書之1	1929	11				
666	漢	本	支那内学院院録		1925					
667	漢	本	支那内学院成績品目録		1925	5		支那内学院編		
668	漢	本	支那内学院成績品目録		1925	5		支那内学院編		
669	漢	本	支那内学院成績品目録		1925	5		支那内学院編		
670	日	冊	支那関係先輩同志姓名録		1933	3			東亜同文会	坂田重次郎らについて藤井のメモ書きが附録されている
671	日	冊	支那近三百年来の四大思想家（支那研究第16号別刷）		1928	4		胡適講述鈴木択郎訳	東亜同文書院支那研究部	
672	日	雑	支那研究	第5号	1923	5			東亜同文書院支那研究部	
673	日	雑	支那研究	第7号	1924	3		東亜同文書院支那研究部	東亜同文書院支那研究部	
674	漢	冊	支那古典叢函内容説明書							

通番	言語	分類	書籍名	書籍名補足	年	月	日	著・述・編・訳者	出版・発行元	備考
675	日	雑	支那語研究	第5号	1941	6	20		天理外国語学校海外事情調査会	
676	日	本	支那大観							
677	日	本	支那天台山拝仏実記		1936	6	3			
678	月	本	支那内学院録							
679	日	雑	支那風俗	第2巻第4号	1919	8	20		支那風俗研究会	
680	日	雑	支那風俗	第2巻第4号	1919	8	20		支那風俗研究会	
681	日	雑	支那風俗	第3巻1号	1920	1	1		支那風俗研究会	
682	日	雑	支那風俗	第3巻4号	1921	9	5		支那風俗研究会	
683	日	雑	支那風俗	第3巻4号	1921	9	5		支那風俗研究会	
684	日	雑	支那風俗	第3巻第5号	1921	10	10		支那風俗研究会	
685	日	雑	支那風俗	第3巻第5号	1921	10	10		支那風俗研究会	
686	日	雑	支那風俗	第3巻第6号	1921	12	10		支那風俗研究会	
687	日	雑	支那風俗	第3巻第6号	1921	12	10		支那風俗研究会	
688	日	雑	支那風俗	第3巻第6号	1921	12	10		支那風俗研究会	
689	日	雑	支那風俗	第3巻第6号	1921	12	10		支那風俗研究会	
690	日	雑	支那風俗	第3巻第6号	1921	12	10		支那風俗研究会	
691	日	雑	支那風俗	第3巻第6号	1921	12	10		支那風俗研究会	
692	日	雑	支那風俗・女の研究	第3巻2号	1920	4	20		支那風俗研究会	
693	日	本	支那文献論解説		1927	3		山田謙吉		
694	日	本	支那文献論解説後叙					西域学会(東亜同文書院)		
695	日	本	支那仏道年譜		1937	9	12	矢島玄亮		
696	漢	本	四部叢篇　第三輯	荘子荀子韓非子						
697	漢	本	四部叢篇　第三輯	列子荘子荀子韓非子老子						山田謙吉より贈呈
698	漢	本	市民報		1934	5	13			
699	漢	本	釈迦仏應世的始末		1931	5				
700	漢	本	釈迦譜							
701	漢	本	釈迦譜						上海仏学書院	
702	漢	冊	釈迦文仏二千九百五十年聖誕紀念大会会務概略							
703	日	本	釈迦牟尼仏略伝					2冊有り		
704	日	冊	上海に於ける教育		1928	12		森澤磊五郎	東亜同文書院支那研究部	『支那研究』第18号別刷
705	日	本	上海に於ける言論及出版物		1298	12		熊野正平	東亜同文書院支那研究部	『支那研究』第18号別刷
706	日	本	上海に於ける言論及出版物		1298	12		熊野正平	東亜同文書院支那研究部	『支那研究』第18号別刷
707	日	雑	上海研究	第1輯	1942	2	19	上海歴史地理研究会		
708	漢	本	上海残疾院第一届報告							
709	漢	本	上海残疾院第一届報告							
710	日	冊	上海時論	8月号	1931	8	1			
711	日	雑	上海週報	862号	1931	1	20		上海週報社	
712	日	雑	上海週報	864号	1931	2	20		上海週報社	
713	日	雑	上海週報	865号	1931	3	5		上海週報社	
714	日	雑	上海週報	866号	1931	3	20		上海週報社	
715	日	雑	上海週報	867号	1931	4	10		上海週報社	

通番	言語	分類	書籍名	書籍名補足	年	月	日	著・述・編・訳者	出版・発行元	備考
716	漢	雑	上海日報							
717	漢	雑	上海仏学書局							
718	漢	雑	上海仏学書局印書功徳基金会章程附録起							
719	漢	冊	上海仏学書局第1届報告書	民国18年 至19年6月底止						
720	漢	冊	上海仏学書局第1届報告書	民国18年 至19年6月底止						
721	漢	冊	上海仏学書局第4・5・6届報告書	民国21年7月起至民国23年12月止						
722	漢	冊	上海仏学書局発売名人書書墨宝目録		1931	1				
723	漢	冊	上国民会議代表諸公意見書			10		太虚		
724	日	本	上代に於ける日華交通と文化の関係（上）		1931			水野梅曉	日華学会	
725	漢	本	暹羅仏教叢譚		1934	8				
726	漢	本	釋門真孝録		1930	5				
727	日	冊	上海事件と支那国民運動		1925	9	18	水野梅曉述	奉公会	
728	日	雑	上海排日貨実情／付録第一号	上海共同租界臨時法院の成績	1929	3	25		金曜会（上海日本商工会議所内）	
729	日	雑	上海排日貨実情第二号	猖獗を極むる排日貨運動	1929	1	20		金曜会（上海日本商工会議所内）	
730	日	雑	上海排日貨実情第三号	更に峻烈となった日貨排斥	1929	1	31		金曜会（上海日本商工会議所内）	
731	日	雑	上海排日貨実情第四号	反日会の椋奪と不法抑留	1929	2	10		金曜会（上海日本商工会議所内）	
732	日	雑	上海排日貨実情第五号	日支交渉と排日貨運動	1929	2	20		金曜会（上海日本商工会議所内）	
733	日	雑	上海排日貨実情第六号	反日会の運動と民衆扇動の真相	1929	2	28		金曜会（上海日本商工会議所内）	
734	日	雑	上海排日貨実情第七号	第二次全国反日大会の経過	1929	3	10		金曜会（上海日本商工会議所内）	
735	日	雑	上海排日貨実情第八号	排日貨運動と上海貿易	1929	3	20		金曜会（上海日本商工会議所内）	
736	日	雑	上海排日貨実情第九号	看板を塗替へた反日会	1929	4	5		金曜会（上海日本商工会議所内）	
737	日	雑	上海排日貨実情第十号	反日則救国救国則反日／見よこの暴戻と非礼を	1929	4	15		金曜会（上海日本商工会議所内）	
738	日	雑	上海排日貨実情第十一号	済南事件解決後の排日貨真相	1929	4	21		金曜会（上海日本商工会議所内）	
739	日	雑	上海排日貨実情第十二号	済案解決後の上海本邦商品市況	1929	5	10		金曜会（上海日本商工会議所内）	
740	日	雑	上海排日貨実情第十三号	国恥記念日の仇日運動実情／この仇日感情を如何に見るか	1929	5	16		金曜会（上海日本商工会議所内）	
741	漢	雑	検閲週間	第1期	1928	11	4		検閲週刊社	
742	漢	本	始終心要註		1923	5			杭州刻経処	

通番	言語	分類	書籍名	書籍名補足	年	月	日	著・述・編・訳者	出版・発行元	備考
743	漢	本	寿康宝鑑		1937	7				
744	日	本	宗教学紀要	東京帝国大学宗教学講座創設25年記念	1931	9	1			
745	日	雑	宗教研究	第3年第10号	1919	6	23		宗教研究会編	
746	漢	冊	宗教玄学科学哲学含義之審定					太虚	華北居士林	
747	日	雑	宗教公論	宗教団体の現地工作	1937	12	1		宗教問題研究会	
748	日	本	宗教制度調査に関する資料	其三					仏教連合会調査部	
749	漢	本	修行浄業集要						世界仏教居士林	
750	日	本	修坐須知		1940	3	20		世界紅卍字会後援会	
751	漢	本	衆福之門		1940			演本	新加坡仏教居士林	
752	日	雑	週刊少国民		1945	9	23			
753	漢	本	十二門論義記科会							
754	漢	本	従緬甸請来之五仏像							
755	漢	本	重印聖師錬明読録						世界仏教居士林	
756	漢	本	重印聖師錬明読録						世界仏教居士林	
757	漢	本	重印聖師録付続録	戒殺放生叢書之三	1930	11		王慎施		
758	漢	本	重刊瑞應集録							
759	漢	本	重修六榕寺花塔縁起 附件四件					鉄禅		
760	漢	本	重訂二課合解		1921					
761	漢	本	重眠醒師練■続録					王慎梅／胡寄塵		
762	日	冊	縮刷大蔵経　全四十帙内容見本						縮刷大蔵経刊行会	昭和再訂
763	日	冊	出版目録			12	20		大谷出版協会	
764	漢	本	壽康寶鑑		1927	7				
765	漢	雑	宗教維新	第12巻第13号	1941	11	30		日本仏教讃仰会	戦争と宗教、臨時号中国語版
766	漢	雑	商務印書館出版週刊	358期						雑誌の一枚ペラ、抜け落ちか
767	漢	本	初機浄業指南	附勧戒殺放生白話文	1926	7		黄慶瀾		
768	漢	本	初機浄業指南	附勧戒殺放生白話文				黄慶瀾		第15版
769	漢	本	初機浄業指南	附勧戒殺放生白話文				黄慶瀾		第15版
770	漢	本	初機学仏摘要					揚文会		
771	日	本	書道の研究		1910	9	15	木村増二	日吉丸書房	
772	漢	本	諸那呼図克図在無量寿仏法会所伝各咒			5	1			
773	漢	本	女性分類考							
774	日	冊	徐光啓附徐家匯天主堂		1928	12		山田謙吉	東亜同文書院支那研究部	『支那研究』第18号別刷
775	漢	本	小車行	梁山泊考	1920	9	31			
776	漢	本	少林正宗		1930	11		呉志青		
777	漢	雑	尚賢堂記事	第4期第2冊	1913	11				
778	漢	雑	尚賢堂記事	第4期第3冊	1913					
779	漢	雑	尚賢堂記事	第4期第3冊	1913					

通番	言語	分類	書籍名	書籍名補足	年	月	日	著・述・編・訳者	出版・発行元	備考
780	漢	雑	尚賢堂記事	第4期第4冊	1913					
781	漢	本	掌学理来研究迷信捐							
782	日	本	昭和15年度総会要録							
783	漢	本	省庵勧発菩提心文蓮宗諸諸法語集要合編							
784	漢	本	鐘声	第1期	1920	4				
785	漢	本	上宮皇太子菩薩伝	大唐天台沙門思詫撰	1924				夏廬山仏教大会	佐伯定胤識
786	漢	本	上宮皇太子菩薩伝	大唐天台沙門思詫撰	1924				夏廬山仏教大会	佐伯定胤識
787	漢	本	浄行林専刊							
788	日	本	成道の仏			11				
789	漢	本	正学養蒙三字経註解		1941	6				
790	漢	本	正学養蒙三字経註解		1941	6				
791	漢	本	正聞学社叢書16 中観論講記（下）			10	15			
792	漢	本	聖賢與英雄異同論							
793	日	本	聖徳記念絵画壁画集解説							折り本
794	日	紙	聖徳太子十七条憲法訓読							
795	日	紙	聖徳太子十七条憲法訓読							
796	日	本	聖徳太子と国民生活		1920	4	1	沼法量	仏教学会(東本願寺内)	
797	漢	冊	拿学理来研究迷信捐							
798	漢	雑	浄業月刊	第10期	1927	2			仏教浄業社(上海)	
799	漢	雑	浄業月刊	第12期	1927	4			仏教浄業社(上海)	
800	漢	雑	浄業月刊	第13期	1927	5			仏教浄業社(上海)	
801	漢	雑	浄業月刊	第14期	1927	6			仏教浄業社(上海)	
802	漢	雑	浄業月刊	第15期	1927	7			仏教浄業社(上海)	
803	漢	雑	浄業月刊	第19期	1927	11			仏教浄業社(上海)	
804	漢	雑	浄業月刊	第20期	1927	12			仏教浄業社(上海)	
805	漢	雑	浄業月刊	第21期	1928	1			仏教浄業社(上海)	
806	漢	雑	浄業月刊	第22期	1928	2			仏教浄業社(上海)	
807	漢	雑	浄業月刊	第23期	1928	3			仏教浄業社(上海)	
808	漢	雑	浄業月刊	第24期	1928	4			仏教浄業社(上海)	
809	漢	雑	浄業月刊	第25期	1928	5			仏教浄業社(上海)	
810	漢	雑	浄業月刊	第26期	1928	6			仏教浄業社(上海)	
811	漢	雑	浄業月刊	第27期	1928	7			仏教浄業社(上海)	
812	漢	雑	浄業月刊	第28期	1928	8			仏教浄業社(上海)	
813	漢	雑	浄業月刊	第29期	1928	9			仏教浄業社(上海)	
814	漢	雑	浄業月刊	第30期	1928	10			仏教浄業社(上海)	
815	漢	本	聶氏家言選刊	第2輯	1926	2		聶其杰		
816	漢	本	聶氏家言選刊	第2輯	1926	2		聶其杰		
817	漢	本	聶氏家言選刊	第3輯	1926	10		聶其杰		
818	漢	本	聶氏家言選刊	第4輯	1927	10		聶其杰		
819	漢	本	聶氏家庭集益会記録		1927	10				
820	漢	本	聶氏家言旬刊		1927	10				
821	漢	本	聶氏家言選刊	第3輯	1936	10				
822	漢	本	聶氏過程集益会記録							
823	漢	雑	正信	1–2	1932	4	5		漢口仏教正信会	

通番	言語	分類	書籍名	書籍名補足	年	月	日	著・述・編・訳者	出版・発行元	備考
824	漢	雑	正信	1-3	1932	4	20	漢口仏教正信会		
825	漢	雑	正信	1-4	1932	5	5	漢口仏教正信会		
826	漢	雑	正信	1-5	1932	5	20	漢口仏教正信会		
827	漢	雑	正信	1-6	1932	6	5	漢口仏教正信会		
828	漢	雑	正信	1-7	1932	6	20	漢口仏教正信会		
829	漢	雑	正信	1-8	1932	7	5	漢口仏教正信会		
830	漢	雑	正信	1-9	1932	7	20	漢口仏教正信会		
831	漢	雑	正信	1-10	1932	8	5	漢口仏教正信会		
832	漢	雑	正信	1-11	1932	8	20	漢口仏教正信会		
833	漢	雑	正信	1-12	1932	9	5	漢口仏教正信会		
834	漢	雑	正信	1-13	1932	9	20	漢口仏教正信会		
835	漢	雑	正信	1-14	1932	10	5	漢口仏教正信会		
836	漢	雑	正信	1-15	1932	10	20	漢口仏教正信会		
837	漢	雑	正信	1-16	1932	11	5	漢口仏教正信会		
838	漢	雑	正信	1-17	1932	11	20	漢口仏教正信会		
839	漢	雑	正信	1-18	1932	12	5	漢口仏教正信会		
840	漢	雑	正信	1-19	1932	12	20	漢口仏教正信会		
841	漢	雑	正信	1-19	1932	12	20	漢口仏教正信会		
842	漢	雑	正信	2-3　無量寿法会専号	1933	3	1	漢口仏教正信会宣化団		
843	漢	雑	正信	2-4	1933	3	15	漢口仏教正信会宣化団		
844	漢	雑	正信	2-5	1933	4	1	漢口仏教正信会宣化団		
845	漢	雑	正信	2-6	1933	4	15	漢口仏教正信会宣化団		
846	漢	雑	正信	2-7	1933	5	1	漢口仏教正信会宣化団		
847	漢	雑	正信	2-8	1933	5	15	漢口仏教正信会宣化団		
848	漢	雑	正信	2-9	1933	6	1	漢口仏教正信会宣化団		
849	漢	雑	正信	2-10	1933	6	15	漢口仏教正信会宣化団		
850	漢	雑	正信	2-11	1933	7	1	漢口仏教正信会宣化団		
851	漢	雑	正信	2-12	1933	7	15	漢口仏教正信会宣化団		
852	漢	雑	正信	2-13	1933	8	1	漢口仏教正信会宣化団		
853	漢	雑	正信	2-14	1933	8	15	漢口仏教正信会宣化団		
854	漢	雑	正信	2-15	1933	9	1	漢口仏教正信会宣化団		
855	漢	雑	正信	2-16	1933	9	15	漢口仏教正信会宣化団		
856	漢	雑	正信	2-17	1933	10	1	漢口仏教正信会宣化団		
857	漢	雑	正信	2-18	1933	10	15	漢口仏教正信会宣化団		
858	漢	雑	正信	第三巻合訂本	1933	10	29	漢口仏教正信会宣化団		3-1〜3-25まで合刊
859	漢	雑	正信	3-25	1934	4	15	漢口仏教正信会宣化団		
860	漢	雑	正信	4-1	1934	5	14	漢口仏教正信会宣化団		
861	漢	雑	正信	4-2	1934	5	21	漢口仏教正信会宣化団		
862	漢	雑	正信	4-3	1934	5	28	漢口仏教正信会宣化団		
863	漢	雑	正信	4-4	1934	6	4	漢口仏教正信会宣化団		
864	漢	雑	正信	4-5	1934	6	11	漢口仏教正信会宣化団		
865	漢	雑	正信	4-5	1934	6	11	漢口仏教正信会宣化団		
866	漢	雑	正信	4-6	1934	6	18	漢口仏教正信会宣化団		
867	漢	雑	正信	4-6	1934	6	18	漢口仏教正信会宣化団		
868	漢	雑	正信	4-7	1934	6	25	漢口仏教正信会宣化団		

通番	言語	分類	書籍名	書籍名補足	年	月	日	著・述・編・訳者	出版・発行元	備考
869	漢	雑	正信	4-7	1934	7	2	漢口仏教正信会宣化団		
870	漢	雑	正信	4-8	1934	7	30	漢口仏教正信会宣化団		
871	漢	雑	正信	4-9	1934	8	6	漢口仏教正信会宣化団		
872	漢	雑	正信	4-10	1934	8	13	漢口仏教正信会宣化団		
873	漢	雑	正信	4-11	1934	8	20	漢口仏教正信会宣化団		
874	漢	雑	正信	8-9・10	1936	6	15	漢口仏教正信会宣化団		
875	漢	雑	正信	8-11・14	1936	6	15	漢口仏教正信会宣化団		
876	漢	雑	正信	7-13・14		1	15	漢口仏教正信会宣化団		
877	漢	雑	正信	7-15・16		1	30	漢口仏教正信会宣化団		
878	漢	雑	正信	7-17・18		2	15	漢口仏教正信会宣化団		
879	漢	雑	正信	7-19・20		2	29	漢口仏教正信会宣化団		
880	漢	雑	正信	7-21・22		3	15	漢口仏教正信会宣化団		
881	漢	雑	正信	8-5・6		4	15	漢口仏教正信会宣化団		
882	漢	雑	正信	6-3・4		4	22	漢口仏教正信会宣化団		
883	漢	雑	正信	6-5		4	29	漢口仏教正信会宣化団		
884	漢	雑	正信	8-3・4		4	30	漢口仏教正信会宣化団		
885	漢	雑	正信	6-6・7		5	13	漢口仏教正信会宣化団		
886	漢	雑	正信	6-8		5	20	漢口仏教正信会宣化団		
887	漢	雑	正信	6-8		5	20	漢口仏教正信会宣化団		
888	漢	雑	正信	6-9		5	27	漢口仏教正信会宣化団		
889	漢	雑	正信	6-9		5	27	漢口仏教正信会宣化団		
890	漢	雑	正信	8-7・8		5	31	漢口仏教正信会宣化団		
891	漢	雑	正信	6-10		6	3	漢口仏教正信会宣化団		
892	漢	雑	正信	6-11		6	10	漢口仏教正信会宣化団		
893	漢	雑	正信	6-13		6	24	漢口仏教正信会宣化団		
894	漢	雑	正信	6-14		7	1	漢口仏教正信会宣化団		
895	漢	雑	正信	6-17・18		8	15	漢口仏教正信会宣化団		
896	漢	雑	正信	6-19・20		8	31	漢口仏教正信会宣化団		
897	漢	雑	正信	6-21・22		9	15	漢口仏教正信会宣化団		
898	漢	雑	正信	6-21・22		9	15	漢口仏教正信会宣化団		
899	漢	雑	正信	6-23・24		9	30	漢口仏教正信会宣化団		
900	漢	雑	正信	7-1・2		10	15	漢口仏教正信会宣化団		
901	漢	雑	正信	7-3・4		10	31	漢口仏教正信会宣化団		
902	漢	雑	正信	7-5・6		11	15	漢口仏教正信会宣化団		
903	漢	雑	正信	7-7・8		11	30	漢口仏教正信会宣化団		
904	漢	雑	正信	7-9・10		12	15	漢口仏教正信会宣化団		
905	漢	雑	正信	7-11・12		12	31	漢口仏教正信会宣化団		
906	漢	雑	正信周刊	第9巻第1期	1936	7	20	漢口仏教正信会宣化団		
907	漢	雑	正信周刊	第9巻第2期	1936	7	27	漢口仏教正信会宣化団		
908	漢	雑	正信周刊	第9巻第3期	1936	8	3	漢口仏教正信会宣化団		
909	漢	雑	正信周刊	第9巻第4期	1936	8	10	漢口仏教正信会宣化団		
910	漢	雑	正信周刊	第9巻第5期	1936	8	17	漢口仏教正信会宣化団		
911	漢	雑	正信周刊	第9巻第6期	1936	8	24	漢口仏教正信会宣化団		
912	漢	雑	正信周刊	第9巻第7期	1936	8	31	漢口仏教正信会宣化団		
913	漢	雑	正信周刊	第9巻第8期	1936	9	7	漢口仏教正信会宣化団		
914	漢	雑	正信周刊	第9巻第9期	1936	9	14	漢口仏教正信会宣化団		
915	漢	雑	正信周刊	第9巻第10期	1936	9	21	漢口仏教正信会宣化団		

通番	言語	分類	書籍名	書籍名補足	年	月	日	著・述・編・訳者	出版・発行元	備考
916	漢	雑	正信周刊	第9巻第11期	1936	9	28	漢口仏教正信会宣化団		
917	漢	雑	正信周刊	第9巻第12期	1936	10	5	漢口仏教正信会宣化団		
918	漢	雑	正信周刊	第9巻第13期	1936	10	12	漢口仏教正信会宣化団		
919	漢	雑	正信周刊	第9巻第14期	1936	10	19	漢口仏教正信会宣化団		
920	漢	雑	正信周刊	第9巻第15期	1936	10	26	漢口仏教正信会宣化団		
921	漢	雑	正信周刊	第9巻第16期	1936	11	2	漢口仏教正信会宣化団		
922	漢	雑	正信周刊	第9巻第17期	1936	11	9	漢口仏教正信会宣化団		
923	漢	雑	正信周刊	第9巻第18期	1936	11	16	漢口仏教正信会宣化団		
924	漢	雑	正信周刊	第9巻第19期	1936	11	23	漢口仏教正信会宣化団		
925	漢	雑	正信周刊	第9巻第20期	1936	11	30	漢口仏教正信会宣化団		
926	漢	雑	正信周刊	第9巻第21期	1936	12	10	漢口仏教正信会宣化団		
927	漢	雑	正信周刊	第9巻第22期	1936	12	14	漢口仏教正信会宣化団		
928	漢	雑	正信周刊	第9巻第23期	1936	12	21	漢口仏教正信会宣化団		
929	漢	雑	正信周刊	第9巻第24期	1936	12	28	漢口仏教正信会宣化団		
930	漢	雑	正信周刊	第9巻第25・26期合刊	1937	1	4	漢口仏教正信会宣化団		
931	漢	雑	正信周刊	第9巻第27期	1937	1	18	漢口仏教正信会宣化団		
932	漢	雑	正信周刊	第9巻第28期	1937	1	25	漢口仏教正信会宣化団		
933	漢	雑	正信周刊	第9巻第32・33期合刊	1937	2	22	漢口仏教正信会宣化団		
934	漢	雑	正信周刊	第9巻第34期	1937	3	8	漢口仏教正信会宣化団		
935	漢	雑	正信周刊	第9巻第35期	1937	3	15	漢口仏教正信会宣化団		
936	漢	雑	正信周刊	第9巻第36期	1937	3	22	漢口仏教正信会宣化団		
937	漢	雑	正信周刊	第9巻第37期	1937	3	29	漢口仏教正信会宣化団		
938	漢	雑	正信周刊	第9巻第40期	1937	4	19	漢口仏教正信会宣化団		
939	漢	雑	正信周刊	第9巻第41期	1937	4	26	漢口仏教正信会宣化団		
940	漢	雑	正信周刊	第9巻第42期	1937	5	3	漢口仏教正信会宣化団		
941	漢	雑	正信周刊	第9巻第43期	1937	5	10	漢口仏教正信会宣化団		
942	漢	雑	正信周刊	第9巻第44期	1937	5	17	漢口仏教正信会宣化団		
943	漢	雑	正信周刊	第9巻第45期	1937	5	24	漢口仏教正信会宣化団		
944	漢	雑	正信周刊	第9巻第46期	1937	5	31	漢口仏教正信会宣化団		
945	漢	雑	正信周刊	第9巻第47期	1937	6	7	漢口仏教正信会宣化団		
946	漢	雑	正信周刊	第9巻第48期	1937	6	14	漢口仏教正信会宣化団		
947	漢	雑	正信周刊	第9巻第49期	1937	6	21	漢口仏教正信会宣化団		
948	漢	雑	正信周刊	第10巻第1期 研究仏学的楽趣専号	1937	7	12	漢口仏教正信会宣化団		
949	漢	雑	正信周刊	第10巻第2期	1937	7	26	漢口仏教正信会宣化団		
950	漢	雑	正信周刊	第10巻第4期	1937	8	9	漢口仏教正信会宣化団		
951	漢	本	正信録	余覚	1933	8	3		弘化社(蘇州報国寺内)	
952	漢	本	正心仏学院	畢業紀念刊						
953	漢	本	浄土吟	大乗月刊叢書	1942	3	1	塊然		
954	日	冊	浄土見聞集抜鈔		1896	1	15		法蔵館	
955	漢	本	浄土五経		1936	5			弘化社	
956	漢	本	浄土指南							
957	漢	雑	浄土宗月刊	1	1934				浄土宗月刊社	漢口
958	漢	雑	浄土宗月刊	1	1934				浄土宗月刊社	漢口
959	漢	雑	浄土宗月刊	2	1934	12	17		浄土宗月刊社	漢口

通番	言語	分類	書籍名	書籍名補足	年	月	日	著・述・編・訳者	出版・発行元	備考
960	漢	雑	浄土宗月刊	2	1934	12	17		浄土宗月刊社	漢口
961	漢	雑	浄土宗月刊	3	1935	1	17		浄土宗月刊社	漢口
962	漢	雑	浄土宗月刊	3	1935	1	17		浄土宗月刊社	漢口
963	漢	雑	浄土宗月刊	4	1935	2	17		浄土宗月刊社	漢口
964	漢	雑	浄土宗月刊	4	1935	2	17		浄土宗月刊社	漢口
965	漢	雑	浄土宗月刊	5	1935	3	17		浄土宗月刊社	漢口
966	漢	雑	浄土宗月刊	5	1935	3	17		浄土宗月刊社	漢口
967	漢	雑	浄土宗月刊	6	1935	4	17		浄土宗月刊社	漢口
968	漢	雑	浄土宗月刊	6	1935	4	17		浄土宗月刊社	漢口
969	漢	雑	浄土宗月刊	7	1935	5	17		浄土宗月刊社	漢口
970	漢	雑	浄土宗月刊	7	1935	5	17		浄土宗月刊社	漢口
971	漢	雑	浄土宗月刊	8	1935	6	17		浄土宗月刊社	漢口
972	漢	雑	浄土宗月刊	8	1935	6	17		浄土宗月刊社	漢口
973	漢	雑	浄土宗月刊	8	1935	6	17		浄土宗月刊社	漢口
974	漢	雑	浄土宗月刊	9	1935	7	17		浄土宗月刊社	漢口
975	漢	雑	浄土宗月刊	9	1935	7	17		浄土宗月刊社	漢口
976	漢	雑	浄土宗月刊	10	1935	8	17		浄土宗月刊社	漢口
977	漢	雑	浄土宗月刊	10	1935	8	17		浄土宗月刊社	漢口
978	漢	雑	浄土宗月刊	11	1935	9	17		浄土宗月刊社	漢口
979	漢	雑	浄土宗月刊	11	1935	9	17		浄土宗月刊社	漢口
980	漢	雑	浄土宗月刊	12	1935	10	17		浄土宗月刊社	漢口
981	漢	雑	浄土宗月刊	12	1935	10	17		浄土宗月刊社	漢口
982	漢	本	浄土聖賢録	上冊初編						
983	漢	本	浄土聖賢録下冊	続編下冊上三編下冊下				世界仏教居士林	弘化社(蘇州報国寺内)	
984	漢	本	浄土聖賢録中冊	初編						
985	漢	本	浄土問弁功過挌合編					朱寿延		
986	漢	本	浄土釋疑論		1933	10				
987	漢	本	時輪簡説							
988	漢	本	時輪金剛法会画刊							
989	漢	本	時輪金剛法会画刊							
990	漢	本	時輪金剛法会灌頂壇場法物之散給及作用			5	10			
991	漢	本	時輪簡説		1934			鄧夢		
992	漢	本	時輪簡説		1935			鄧夢		
993	漢	本	時輪簡説					鄧夢		
994	日	冊	真宗大系総目録							
995	日	雑	支那学術史（稿本）	支那学の組織及び系統						
996	漢	本	信心銘闢義解						印心学会	
997	漢	本	心経釈義							「上海威音仏刊社敬贈」印有り
998	漢	本	心経広播講義		1939			印智		
999	漢	本	心経釈義							
1000	漢	雑	心燈	創刊号	1926	5	29	仏化教育社	仏化教育社	
1001	漢	雑	心燈	創刊号	1926	5	29	仏化教育社	仏化教育社	
1002	漢	雑	心燈	創刊号	1926	5	29	仏化教育社	仏化教育社	

通番	言語	分類	書籍名	書籍名補足	年	月	日	著・述・編・訳者	出版・発行元	備考
1003	漢	雑	心燈	創刊号	1926	5	29	仏化教育社	仏化教育社	
1004	漢	雑	心燈	創刊号	1926	5	29	仏化教育社	仏化教育社	
1005	漢	雑	心燈	創刊号	1926	5	29	仏化教育社	仏化教育社	
1006	漢	雑	心燈	創刊号	1926	5	29	仏化教育社	仏化教育社	
1007	漢	雑	心燈	創刊号	1926	5	29	仏化教育社	仏化教育社	
1008	漢	雑	心燈	創刊号	1926	5	29	仏化教育社	仏化教育社	
1009	漢	雑	心燈	創刊号	1926	5	29	仏化教育社	仏化教育社	
1010	漢	雑	心燈	第2期	1926	6	8	仏化教育社	仏化教育社	
1011	漢	雑	心燈	第2期	1926	6	8	仏化教育社	仏化教育社	
1012	漢	雑	心燈	第2期	1926	6	8	仏化教育社	仏化教育社	
1013	漢	雑	心燈	第2期	1926	6	8	仏化教育社	仏化教育社	
1014	漢	雑	心燈	第2期	1926	6	8	仏化教育社	仏化教育社	
1015	漢	雑	心燈	第3期	1926	6	7	仏化教育社	仏化教育社	
1016	漢	雑	心燈	第3期	1926	6	7	仏化教育社	仏化教育社	
1017	漢	雑	心燈	第3期	1926	6	7	仏化教育社	仏化教育社	
1018	漢	雑	心燈	第3期	1926	6	7	仏化教育社	仏化教育社	
1019	漢	雑	心燈	第4期	1926	6	27	仏化教育社	仏化教育社	
1020	漢	雑	心燈	第4期	1926	6	27	仏化教育社	仏化教育社	
1021	漢	雑	心燈	第4期	1926	6	27	仏化教育社	仏化教育社	
1022	漢	雑	心燈	第4期	1926	6	27	仏化教育社	仏化教育社	
1023	漢	雑	心燈	第4期	1926	6	27	仏化教育社	仏化教育社	
1024	漢	雑	心燈	第4期	1926	6	27	仏化教育社	仏化教育社	
1025	漢	雑	心燈	第4期	1926	6	27	仏化教育社	仏化教育社	
1026	漢	雑	心燈	第5期	1926	7	7	仏化教育社	仏化教育社	
1027	漢	雑	心燈	第6期	1926	7	17	仏化教育社	仏化教育社	
1028	漢	雑	心燈	第6期	1926	7	17	仏化教育社	仏化教育社	
1029	漢	雑	心燈	第6期	1926	7	17	仏化教育社	仏化教育社	
1030	漢	雑	心燈	第7期	1926	7	27	仏化教育社	仏化教育社	
1031	漢	雑	心燈	第8期	1926	8	6	仏化教育社	仏化教育社	
1032	漢	雑	心燈	第8期	1926	8	6	仏化教育社	仏化教育社	
1033	漢	雑	心燈	第8期	1926	8	6	仏化教育社	仏化教育社	
1034	漢	雑	心燈	第9期	1926	8	15	仏化教育社	仏化教育社	
1035	漢	雑	心燈	第9期	1926	8	15	仏化教育社	仏化教育社	
1036	漢	雑	心燈	第10期	1926	8	25	仏化教育社	仏化教育社	
1037	漢	雑	心燈	第10期	1926	8	25	仏化教育社	仏化教育社	
1038	漢	雑	心燈	第11期	1926	9	4	仏化教育社	仏化教育社	
1039	漢	雑	心燈	第11期	1926	9	4	仏化教育社	仏化教育社	
1040	漢	雑	心燈	第11期	1926	9	4	仏化教育社	仏化教育社	
1041	漢	雑	心燈	第11期	1926	9	4	仏化教育社	仏化教育社	
1042	漢	雑	心燈	第12期	1926	9	14	仏化教育社	仏化教育社	
1043	漢	雑	心燈	第12期	1926	9	14	仏化教育社	仏化教育社	
1044	漢	雑	心燈	第12期	1926	9	14	仏化教育社	仏化教育社	
1045	漢	雑	心燈	第13期	1926	9	24	仏化教育社	仏化教育社	
1046	漢	雑	心燈	第13期	1926	9	24	仏化教育社	仏化教育社	
1047	漢	雑	心燈	第13期	1926	9	24	仏化教育社	仏化教育社	
1048	漢	雑	心燈	第14期	1926	10	4	仏化教育社	仏化教育社	
1049	漢	雑	心燈	第14期	1926	10	4	仏化教育社	仏化教育社	

通番	言語	分類	書籍名	書籍名補足	年	月	日	著・述・編・訳者	出版・発行元	備考
1050	漢	雑	心燈	第14期	1926	10	4	仏化教育社	仏化教育社	
1051	漢	雑	心燈	第15期	1926	10	14	仏化教育社	仏化教育社	
1052	漢	雑	心燈	第15期	1926	10	14	仏化教育社	仏化教育社	
1053	漢	雑	心燈	第15期	1926	10	14	仏化教育社	仏化教育社	
1054	漢	雑	心燈	第15期	1926	10	14	仏化教育社	仏化教育社	
1055	漢	雑	心燈	第16期	1926	10	24	仏化教育社	仏化教育社	
1056	漢	雑	心燈	第16期	1926	10	24	仏化教育社	仏化教育社	
1057	漢	雑	心燈	第16期	1926	10	24	仏化教育社	仏化教育社	
1058	漢	雑	心燈	第17期	1926	11	3	仏化教育社	仏化教育社	
1059	漢	雑	心燈	第17期	1926	11	3	仏化教育社	仏化教育社	
1060	漢	雑	心燈	第17期	1926	11	3	仏化教育社	仏化教育社	
1061	漢	雑	心燈	第17期	1926	11	3	仏化教育社	仏化教育社	
1062	漢	雑	心燈	第18期	1926	11	12	仏化教育社	仏化教育社	
1063	漢	雑	心燈	第18期	1926	11	12	仏化教育社	仏化教育社	
1064	漢	雑	心燈	第19期	1926	11	22	仏化教育社	仏化教育社	
1065	漢	雑	心燈	第19期	1926	11	22	仏化教育社	仏化教育社	
1066	漢	雑	心燈	第20期	1926	12	2	仏化教育社	仏化教育社	
1067	漢	雑	心燈	第20期	1926	12	2	仏化教育社	仏化教育社	
1068	漢	雑	心燈	第21期	1926	12	12	仏化教育社	仏化教育社	
1069	漢	雑	心燈	第21期	1926	12	12	仏化教育社	仏化教育社	
1070	漢	雑	心燈	第22期	1926	12	22	仏化教育社	仏化教育社	
1071	漢	雑	心燈	第22期	1926	12	22	仏化教育社	仏化教育社	
1072	漢	雑	心燈	第23期	1927	1	1	仏化教育社	仏化教育社	
1073	漢	雑	心燈	第23期	1927	1	1	仏化教育社	仏化教育社	
1074	漢	雑	心燈	第24期	1927	1	28	仏化教育社	仏化教育社	
1075	漢	雑	心燈	第24期	1927	1	28	仏化教育社	仏化教育社	
1076	漢	雑	心燈	第25期／新暦釈尊出家紀念号	1927	2	8	仏化教育社	仏化教育社	
1077	漢	雑	心燈	第25期／新暦釈尊出家紀念号	1927	2	8	仏化教育社	仏化教育社	
1078	漢	雑	心燈	第25期	1927	2	8	仏化教育社	仏化教育社	
1079	漢	雑	心燈	第25期	1927	2	8	仏化教育社	仏化教育社	
1080	漢	雑	心燈	第25期	1927	2	8	仏化教育社	仏化教育社	
1081	漢	雑	心燈	第25期	1927	2	8	仏化教育社	仏化教育社	
1082	漢	雑	心燈	第30期	1927	4	21	仏化教育社	仏化教育社	
1083	漢	雑	心燈	第30期	1927	4	21	仏化教育社	仏化教育社	
1084	漢	雑	心燈	第31期	1927	4	30	仏化教育社	仏化教育社	
1085	漢	雑	心燈	第31期	1927	4	30	仏化教育社	仏化教育社	
1086	漢	雑	心頭誠教善社月刊	第1期	1924	12	15			
1087	漢	本	心筏		1921			蔡愼鳴	涅槃学社	
1088	日	雑	新興仏教	結成記念特集号	1933	4	1		新興仏教青年同盟	
1089	日	冊	新興仏教徒の叫びを聴け	豊橋仏教青年連盟発会式大後援会						
1090	漢	本	新生活運動綱要		1935	3	11			
1091	漢	雑	新僧	第1期	1925	4				
1092	漢	雑	新僧	第2・3期合刊	1925	12				

通番	言語	分類	書籍名	書籍名補足	年	月	日	著・述・編・訳者	出版・発行元	備考
1093	日	冊	新年の仏教		1895	12	22		法蔵館	
1094	日	冊	新年の説教		1895	12	22		法蔵館	
1095	漢	本	新八識規矩頌並釈						鎮江玉山頌仏学社	
1096	日	雑	新文化	第12巻第9号	1942	9	1		第一書房	
1097	漢	本	新編観音霊感録		1924	12				
1098	漢	本	新編観音霊感録		1935	9	1	李円浄		
1099	漢	本	真言教之根本問題			4	10	王弘願		
1100	漢	本	真言宗義章		1924	7		顕蔭		
1101	漢	本	真言宗小史	上冊						日本真言宗の漢語版
1102	漢	本	真言宗小史	下冊				伊藤弘憲／秋山秀典著	震旦密教重興会	日本真言宗の漢語版
1103	漢	本	真言名目			9			震旦密教重興会	
1104	漢	本	真実義品講要		1933	5				
1105	日	本	真宗の新年		1895	12	25		法蔵館	
1106	日	本	真宗の本義							
1107	日	冊	真宗大谷大学増版　真宗大系刊行趣意書							
1108	日	本	真宗入門		1895	12	22		法蔵館	
1109	日	本	神社・宗教資料		1937	7	20	木津無庵	破塵閣書房	
1110	日	本	親鸞聖人の人格		1926	4	1	山田文昭		
1111	漢	本	人生観的科学		1925	5	10	太虚		
1112	日	本	人生幸福の道		1937	7	27			
1113	日	本	清代仏教人名索引（稿）			1	15			
1114	日	本	清朝仏教史の二	宗派別に見たる清朝仏教		4				
1115	漢	本	清朝野史大観	第1巻					上海中華書局	
1116	漢	本	清朝野史大観	第2巻					上海中華書局	
1117	漢	本	清朝野史大観	第3巻					上海中華書局	
1118	漢	本	清朝野史大観	第4巻					上海中華書局	
1119	漢	本	清朝野史大観	第5巻					上海中華書局	
1120	漢	本	清朝野史大観	第6巻					上海中華書局	
1121	漢	本	清朝野史大観	第7巻					上海中華書局	
1122	漢	本	清朝野史大観	第8巻					上海中華書局	
1123	漢	本	清朝野史大観	第11巻					上海中華書局	
1124	漢	本	清朝野史大観	第12巻					上海中華書局	
1125	日・漢	雑	晨鐘	創刊号	1939	12	8			
1126	漢	本	水懺甲義疏	上冊		12				
1127	日	本	随縁■■		1946					手書き
1128	日	通	菅原恵慶→藤井草宣		1955	12	16			はがき
1129	漢	本	整理僧伽進行計画書							
1130	漢	本	性命問題		1927	11		唐大圓		
1131	漢	雑	政教新論	東亜仏教大会号第20巻11号	1925	12	20			
1132	日	雑	政教新論	11月号	1926	11	1			
1133	漢	本	整頓僧伽制度論	甲子春再版						
1134	漢	雑	生活星期刊	第1巻第17号	1936	9	27			
1135	漢	雑	生活星期刊	第1巻第18号	1936	10	4			
1136	日	紙	生長の家上海支部							

通番	言語	分類	書籍名	書籍名補足	年	月	日	著・述・編・訳者	出版・発行元	備考
1137	日	紙	生長の家上海支部規約							
1138	漢	本	生無生論親聞記							
1139	漢	本	醒世千家詩		1933	7		李圓浄		
1140	日	本	青年の仏教概説		1939	3	5			
1141	漢	本	青年叢書之一		1929	10				
1142	漢	本	青年叢書之一		1929	10				
1143	日	本	青年仏教徒にをくる							
1144	漢	本	静坐要訣		1936	4		袁了凡		
1145	日	本	世界の敵とされた日本			2	11	壁経平		
1146	日	本	世界維新に面ぜる日本		1927	5	10	満川亀太郎		
1147	漢	本	世界解脱経							
1148	漢	本	世界観音卍縁会縁起							
1149	漢	本	世界観音卍縁会簡章							
1150	漢	本	世界観音卍縁会同善録							
1151	漢	本	世界教育示準		1928			唐大圓	上海世界仏教居士林刊行	
1152	漢	本	世界教育示準		1928			唐大圓	上海世界仏教居士林刊行	
1153	漢	本	世界女性政府実現方略							
1154	漢	本	世界新文化之標準		1926	12		張宗載	世界仏教居士林	
1155	日	本	世界的日本主義		1929	2	25	若宮卯之助		
1156	漢	本	世界道徳学会規則	附宣言	1920	1		世界道徳学会編		
1157	漢	本	世界道徳学会規則	附宣言	1920	1		世界道徳学会編		
1158	漢	雑	世界仏学苑漢蔵教理院開学紀念特刊	漢蔵教理院	1932	12	1			
1159	漢	雑	世界仏学苑設備処報告書		1932	6	1			
1160	漢	雑	世界仏教居士林勧募基金会特刊	第2期	1925	5			世界仏教居士林	
1161	漢	雑	世界仏教居士林成績報告書	第1冊	1933	1			世界仏教居士林	
1162	漢	冊	世界仏教居士林組織綱要						世界仏教居士林	
1163	漢	冊	世界仏教居士林組織綱要						世界仏教居士林	
1164	漢	冊	世界仏教居士林仏学図書館成立報告冊						世界仏教居士林	
1165	漢	冊	世界仏教居士林仏学図書館成立報告冊						世界仏教居士林	
1166	漢	雑	世界仏教居士林林刊	第1期・2期合刊	1925	9			世界仏教居士林	
1167	漢	雑	世界仏教居士林林刊	第6期	1924	7			世界仏教居士林	
1168	漢	雑	世界仏教居士林林刊	第6期	1924	7			世界仏教居士林	
1169	漢	雑	世界仏教居士林林刊	第8期	1925	2			世界仏教居士林	
1170	漢	雑	世界仏教居士林林刊	第9期	1925	7			世界仏教居士林	
1171	漢	雑	世界仏教居士林林刊	第12期	1926	4			世界仏教居士林	
1172	漢	雑	世界仏教居士林林刊	第13期	1926	8			世界仏教居士林	
1173	漢	雑	世界仏教居士林林刊	第14期	1926	10			世界仏教居士林	
1174	漢	雑	世界仏教居士林林刊	第15期	1926	11			世界仏教居士林	
1175	漢	雑	世界仏教居士林林刊	第17期	1927	4			世界仏教居士林	
1176	漢	雑	世界仏教居士林林刊	第18期	1927	7			世界仏教居士林	
1177	漢	雑	世界仏教居士林林刊	第19期	1928	6			世界仏教居士林	
1178	漢	雑	世界仏教居士林林刊	第20期	1928	8			世界仏教居士林	

通番	言語	分類	書籍名	書籍名補足	年	月	日	著・述・編・訳者	出版・発行元	備考
1179	漢	雑	世界仏教居士林林刊	第21期	1928	11			世界仏教居士林	
1180	漢	雑	世界仏教居士林林刊	第25期	1930	6			世界仏教居士林	
1181	漢	雑	世界仏教居士林林刊	第26期	1930	8			世界仏教居士林	
1182	漢	雑	世界仏教居士林林刊	第27期	1931	1			世界仏教居士林	
1183	漢	雑	世界仏教居士林林刊	第28期	1931	3			世界仏教居士林	
1184	漢	雑	世界仏教居士林林刊	第30期	1931	9			世界仏教居士林	
1185	漢	雑	世界仏教居士林林刊	第30期	1931	9			世界仏教居士林	
1186	漢	雑	世界仏教居士林林刊	第23期					世界仏教居士林	
1187	漢	雑	世界仏教居士林林所開幕紀念刊		1926	7			世界仏教居士林	
1188	漢	雑	世界仏教居士林林務特刊		1925	3			世界仏教居士林	
1189	日	冊	世界仏教徒第二回大会祝辞		1952	9				
1190	日	紙	世界仏教聯合会からのカード							
1191	日	冊	世界仏教連合会通告全世界仏教徒書							
1192	漢	本	石火集		1936	1	1			
1193	漢	冊	世間三大勢力					東亜仏教大会中華代表清浄説		
1194	漢	本	是真	第2号	1931	4	29			
1195	漢	本	殺生与兵災　人類中実現三途的山東			4	3	呉倩		
1196	漢	雑	浙江全省仏教会旬刊	第5期						
1197	日	雑	浙江文化研究	第11号	1942	1	1		浙江文化研究社	
1198	日	本	先代旧事本紀大成経序伝		1940	7	5		太子会	
1199	月	本	銭仕仏画仏		1933	9				
1200	漢	本	善因福果録			1				
1201	漢	本	善果拾遺		1935	12	1			
1202	漢	本	全亜仏化教育社章程草案						世界仏教居士林	
1203	漢	本	全亜仏化教育社宣言		1934	3				
1204	漢	紙	快郵代電					全国仏教停戦和平会	全国仏教停戦和平会	僧侶が停戦を呼びかける
1205	漢	紙	全国仏教停戦和平会章程					全国仏教停戦和平会	全国仏教停戦和平会	
1206	漢	冊	全国仏教徒代表大会代表須知					現代僧伽社		
1207	漢	冊	全国仏教徒代表大会代表須知					現代僧伽社		
1208	日	雑	禅の生活	第12巻第10号						
1209	日	雑	禅の生活	第12巻第10号						
1210	漢	本	禅門日誦							
1211	日	新	全日本仏青連盟		1934	10	1			
1212	日	冊	全日本仏教青年会調査表		1933	5	13		全日本仏教青年会連盟事務所	
1213	日	冊	全日本仏教青年会調査表		1933	5	13		全日本仏教青年会連盟事務所	
1214	漢	本	増訂簡要書目		1926				上海仏経流通処	
1215	漢	本	増訂簡要書目		1929				上海仏経流通処	
1216	漢	本	僧伽護国史		1924	7				
1217	漢	冊	僧界救亡的一個新建議					常惺		
1218	漢	冊	創刊号	創刊号	1929	4	1		上海仏学書局印行	
1219	漢	冊	創造人間浄土		1930	10		華北居士林		

通番	言語	分類	書籍名	書籍名補足	年	月	日	著・述・編・訳者	出版・発行元	備考
1220	漢	冊	創立三百年記念法要次第		1940	4	10		豊橋別院法要事務局	
1221	漢	本	宋儒與仏教		1933	12		林科栄編訳		
1222	漢	本	宋磧砂蔵経影印小史							
1223	漢	本	増広　印光法師文鈔	1冊	1934	4			蘇州弘化社	第7版
1224	漢	本	増広　印光法師文鈔	2冊	1934	4			蘇州弘化社	第7版
1225	漢	本	増広　印光法師文鈔	3冊	1934	4			蘇州弘化社	第7版
1226	漢	本	増広　印光法師文鈔	4冊	1934	4			蘇州弘化社	第7版
1227	漢	本	増広　印光法師文鈔	1冊	1936	1			蘇州弘化社	第8版
1228	漢	本	増広　印光法師文鈔	2冊	1936	1			蘇州弘化社	第8版
1229	漢	本	増広　印光法師文鈔	3冊	1936	1			蘇州弘化社	第8版
1230	漢	本	増広　印光法師文鈔	4冊	1936	1			蘇州弘化社	第8版
1231	漢	本	増修　歴史感応統紀	1巻	1931					
1232	漢	本	増修　歴史感応統紀	2巻	1931					
1233	漢	本	増修　歴史感応統紀	3巻	1931					
1234	漢	本	増修　歴史感応統紀	4巻	1931					
1235	日	冊	造幣局事業一覧	大正14年9月1日現在		4	1			
1236	漢	本	増訂図書目録	第7版	1930				上海功徳林仏経流通処	
1237	漢	本	増訂図書目録	第7版	1930				上海功徳林仏経流通処	
1238	漢	本	増訂図書目録	第7版	1930				上海功徳林仏経流通処	
1239	日	本	僧堂生活絵物語		1934	1	1	大塚洞外	鴻盟社	
1240	日	雑	続華厳宗伝燈論		1934	9	22	常盤大定		東方学報5号抜刷
1241	漢	本	素食結婚彙報刊							
1242	漢	本	素食譜		1930	3		常熟時希望	中華書局	第3版
1243	漢	本	組織仏教正信会為在家衆之統一団体		1920	5		太虚		
1244	漢	本	蘇州覚社年刊	第4期						
1245	漢	本	蔬食之益							
1246	漢	本	蘇州報恩寺木瀆無隠庵古蹟撮影合冊							
1247	日	冊	第一回汎太平洋仏教青年会議決議録（摘要）		1930	7	26		第二回汎太平洋仏教青年会大会準備会	
1248	日	冊	第一回汎太平洋仏教青年会大会議決議録及実践報告							
1249	日	冊	第一回汎太平洋仏教青年会大会議決議録及実践報告							
1250	日	通	大醒→藤井靜宣・細田義雄			7	27			書簡
1251	日	本	太夷宮創建記		1940	7	17	太田外世雄		鄭孝胥を祀る神社
1252	日	本	太夷宮鎮座祭		1940	12	15	太田外世雄		鄭孝胥を祀る神社
1253	漢	雑	太炎文録続編	巻5				章氏国学講習会編		
1254	漢	本	太虚大師所講的救世覚人之仏法		1952	7	3			
1255	漢	本	太虚大師寰遊記		1930	3				
1256	漢	本	太虚法師赴欧美講学記念特刊							
1257	漢	本	太虚法師仏学一班							
1258	漢	本	太虚法師文鈔初集	第3編	1927	10				
1259	漢	本	太経／陰陽／附報父母深恩経		1910			萬利生		

通番	言語	分類	書籍名	書籍名補足	年	月	日	著・述・編・訳者	出版・発行元	備考
1260	漢	本	太上説三元三官寶経							
1261	漢	本	太平天国史綱		1937	1				
1262	日	雑	太平洋問題と帝国海軍／近代国防に就て		1937	10	5	梅崎卯之助(海軍省軍事普及部) 大久保弘一(陸軍省新聞班)	建国講演会	
1263	漢	本	太陽陰星君真経							
1264	日	本	対支政策の根本方針		1928	10		山田謙吉		
1265	日	本	台湾ニ於ケル神社及宗教		1934				台湾総督府文教局社会課	
1266	日	本	台湾省に於ける六年来の施政に就いて／呉主席施政総報告							
1267	日	本	台湾省六年来的施政成果／呉主席在台湾省臨時省議会第一届大会之施政総報告		1952	8				
1268	日	雑	台湾仏化	創刊号	1937	1	5		台湾仏青年会発行	
1269	日	雑	台湾仏化	創刊号	1937	1	5		台湾仏青年会発行	
1270	日	雑	台湾仏化	3月号	1937	3	5		台湾仏青年会発行	
1271	日	雑	台湾仏化	5月号	1937	3	15		台湾仏青年会発行	
1272	日	雑	台湾仏化	11月号	1937	11	16		台湾仏青年会発行	
1273	漢	雑	台湾仏教新報	第1巻第3号						
1274	漢	雑	台湾仏教新報	第1巻第3号						
1275	漢	本	大仏頂首楞厳経			1	20			
1276	漢	雑	大亜文化	創刊号	1939	10	10		大亜文化社	
1277	漢	雑	大亜文化		1939	10	25		大亜文化社	
1278	漢	雑	大亜文化	1-3・4	1939	11	25		大亜文化社	
1279	漢	本	大阿弥陀経		1935	9				康徳2年
1280	漢	雑	大雲	第1号第67期	1926	5	9	駱季和編	紹興大雲仏学社	
1281	漢	雑	大雲	第1号第67期	1926	5	9	駱季和編	紹興大雲仏学社	
1282	漢	雑	大雲	第2号第68期	1926	6	8	駱季和編	紹興大雲仏学社	
1283	漢	本	大夏大学預科同学会 会刊	19年春期	1930	6			厦門大乗仏教会	
1284	漢	本	大学古本旁釋 完							
1285	漢	雑	大学之道	第3期	1942	3	20	国立上海大学校刊編輯委員会	国立上海大学校刊編輯委員会	
1286	漢	本	大准提独部法		1929	5				
1287	漢	雑	大乗	第7期	1940	1	1		大乗仏教青年会	
1288	漢	雑	大乗	第9期	1940	3	15		大乗仏教青年会	
1289	漢	雑	大乗	第10期	1940	4	15		大乗仏教青年会	
1290	漢	雑	大乗	第2巻第2期	1941	1	1			
1291	漢	雑	大乗	第2巻第2期	1941	1	1			
1292	漢	雑	大乗	第2巻第4期	1941	4	20			
1293	漢	雑	大乗	第2巻第4期	1941	4	20			
1294	漢	雑	大乗	第2巻第5期	1941	6	20			
1295	漢	雑	大乗	第3巻第1・2期合刊	1941	7	1			
1296	漢	雑	大乗	第2巻第6・7期合刊	1941	8	30			
1297	漢	雑	大乗	第3巻第3期	1942	9	30			
1298	漢	雑	大乗	第3巻第3期	1942	9	30			

通番	言語	分類	書籍名	書籍名補足	年	月	日	著・述・編・訳者	出版・発行元	備考
1299	漢	雑	大乗	第3巻第3期	1942	9	30			
1300	漢	雑	大乗	第3巻第4期	1942	10	31			
1301	漢	雑	大乗	第3巻第4期	1942	10	31			
1302	漢	本	大乗起信論科会指要表解合刊		1925	6				
1303	漢	本	大乗宗地図釋							
1304	漢	本	大乗法界無差別論		1931	12	1	胡瑞霖		
1305	日	本	大政翼賛と浄土真宗		1941	2	15	竹内了温	大谷出版協会	
1306	日	本	大正新修大蔵経刊行略史並芳名録			5	15			
1307	日	冊	大正大蔵経索隠刊行趣意並後援会規程		1937					
1308	日	本	大唐西域記に記せる東南印度諸国の研究		1926			髙桑駒吉		
1309	日	雑	大東亜	6月号						
1310	日	本	大東亜仏教青年大会代表参加者名簿大会役員名簿							
1311	漢	本	大日経七支念誦法集釋							
1312	日	新	大日本新聞							バラ
1313	日	冊	大日本仏教全書 第二期刊行趣意会規並書目							
1314	漢	本	大毘盧遮那経供養次第法疏会本							
1315	漢	本	大仏頂楞厳経		1919	5				
1316	漢	本	大方広仏華厳経行願品							
1317	漢	本	大明三蔵聖教目録		1929	5	10	南条文雄訳補	英国牛津大学校印書局	
1318	漢	冊	大陸大学綱要							
1319	日	本	大連案内	大正14年版	1925					
1320	漢	本	大圓文存		1927	1				
1321	漢	本	第一届報告書		1929	6			上海仏学書局	
1322	漢	本	第一届報告書		1929	6			上海仏学書局	
1323	漢	本	第四五六届報告書						上海仏学書局	
1324	日	冊	第七回仏教青年会連盟大会紀要							
1325	日	冊	第七回全日本仏教青年会連盟大会紀要		1937	11	25			
1326	日	冊	第拾九会大蔵会展覧目録		1933	10	1		東京大蔵会	
1327	日	冊	第二回汎太平洋仏青大会準備会役員名簿							
1328	日	冊	第二回汎太平洋仏教青年会大会議案目録						大会会議部	
1329	日	冊	第二回汎太平洋仏教青年会大会京都プログラム及役員表							
1330	日	冊	第二回汎太平洋仏教青年会大会決議録（仮報告）		1934	7			全日本仏教青年会連盟事務所	
1331	日	冊	第二回汎太平洋仏教青年会大会準備経過概要		1934	2	1		全日本仏教青年会連盟	
1332	日	冊	第二回汎太平洋仏教青年会大会紀要		1935	12	8		全日本仏教青年会連盟	
1333	日	冊	第二回汎太平洋仏教青年会大会趣意書		1933	10				
1334	日	冊	第二回汎太平洋仏教青年会大会趣意書		1933	10				

通番	言語	分類	書籍名	書籍名補足	年	月	日	著・述・編・訳者	出版・発行元	備考
1335	日	冊	第二回汎太平洋仏教青年大会準備会委員名簿			6	26			
1336	日	冊	第二回汎太平洋仏教青年大会準備経過概要		1934	2	1			
1337	漢	本	諦公印公二老法師法語			4				
1338	漢	本	諦公老法師遺述語録	上冊	1937	3				
1339	漢	本	諦公老法師遺述語録	下冊	1937	3				
1340	漢	本	太乙神鍼施備急灸方合編		1933	2			弘化社(蘇州報国寺内)	
1341	英	雑	第二回世界仏教徒会議京都大会		1952	11	5		東本願寺	
1342	日	本	薪こり水汲み	東亜青年居士会叢書　第2	1931	7	10			
1343	漢	本	諾那呼図克図在無量寿仏法会所伝各咒							
1344	漢	本	多尊者金剛瑜伽甘露宏化初紀							
1345	日	冊	たまはる御名		1925	4	1	山田文昭述	聖教会	
1346	日	冊	玉日の宮御遺状		1897	6	15		法蔵館	
1347	漢	本	短期小学課本	第1冊						
1348	漢	本	短期小学課本	第3冊						
1349	漢	本	短期小学課本	第4冊						
1350	日	雑	檀王	第5巻第8号	1935	8	1		京都・法林寺	
1351	日	雑	知音	第23輯	1939	4	7	宗徧流		
1352	漢	本	地蔵菩薩行願紀		1924	7			世界仏教居士林	
1353	漢	本	地蔵菩薩行願紀		1924	7			世界仏教居士林	
1354	漢	本	地蔵菩薩聖徳大観		1933	4			仏学書局	
1355	漢	本	地蔵菩薩聖徳問答		1936	12				
1356	漢	本	地蔵菩薩本願経典説要		1934	5		大醒	厦門湧蓮精舎	大醒より民国23年7月に贈られる
1357	漢	本	智蔵法師記念集		1936	1	20	雨曇	武昌仏学院	
1358	漢	本	智蔵法師記念集		1936	1	20	雨曇	武昌仏学院	
1359	日	本	地方経営便概		1926	11			南満州鉄道株式会社	
1360	漢	雑	中央半月刊	第2巻第19期	1930	3	1	国民党中央執行委員会宣伝部		
1361	漢	冊	中華全国村市建設協会宣言書							
1362	漢	冊	中国全国仏化新青年会代表団宣言書		1925	11				
1363	日	冊	中華仏教の現状		1935	7	11		日華仏教学会	
1364	漢	冊	中華仏徒旅行団出発特刊							
1365	漢	冊	中華民国各仏教団体章程　第一輯			12	20			
1366	漢	冊	中華民国仏教機関調査録	仏教通訊社		1	1			
1367	漢	冊	中華民国仏教機関調査録　第二期							
1368	漢	本	中学校教員用　文字源流参考書		1914	10				
1369	漢	本	中教道議会	道義特刊	1930	4				
1370	漢	本	中興浄宗印光大師行業記			6	15			
1371	漢	本	中国仏学							
1372	漢	本	中国協済日災義振会報告			9				

通番	言語	分類	書籍名	書籍名補足	年	月	日	著・述・編・訳者	出版・発行元	備考
1373	日	本	中国古代民謡集 小声詩経 第一輯							
1374	漢	本	中国紅十字会	章程彙刊		8			上海紅十字会総弁事所	
1375	日	本	中国事情							
1376	漢	本	中国社会問題之一中国人口問題		1930	3	1			
1377	漢	本	中国宗教制度	第一巻				デ・ホロート		
1378	漢	本	中国神話読本	第1冊	1933	6			世界書局	
1379	漢	本	中国神話読本	第2冊	1933	7				
1380	漢	本	中国神話読本	第3冊	1934	3				
1381	漢	雑	中国仏教会報	第10・11・12合刊	1930	6			中国仏教会	
1382	漢	雑	中国仏教会報	第3届第2期	1931	6	20		中国仏教会	
1383	日	本	中国仏教は生きている 附・趙撲初居士との対談		1942	10		日中仏教交流懇談会		
1384	英	雑	中国仏教英文雑誌	第1期	1930	4				
1385	英	雑	中国仏教英文雑誌	第2期	1930	7				
1386	漢	本	中国仏教会 会章 会員入会規則 各分会組織通則 選挙代表規則							
1387	漢	雑	中国仏教会公報	第1期	1929	7			中国仏教会	
1388	漢	雑	中国仏教会公報	第2期	1929	8			中国仏教会	
1389	漢	雑	中国仏教会公報	第3期	1929	9			中国仏教会	
1390	漢	雑	中国仏教会公報	第3期	1929	9			中国仏教会	
1391	漢	雑	中国仏教会月刊	第4期	1929	10			中国仏教会	
1392	漢	雑	中国仏教会月刊	第4期	1929	10			中国仏教会	
1393	漢	雑	中国仏教会月刊	第5・6期合刊	1929	12			中国仏教会	
1394	漢	雑	中国仏教会報	第7・8・9期合刊	1930	3			中国仏教会	
1395	漢	雑	中国仏教会報	第7・8・9期合刊	1930	3			中国仏教会	
1396	漢	雑	中国仏教会報	第15至21期	1931	4	20		中国仏教会	
1397	漢	雑	中国仏教会報	第3届第2期	1931	6	20		中国仏教会	
1398	漢	雑	中国仏教会報	第3届第2期	1931	6	20		中国仏教会	
1399	漢	雑	中国仏教会報	第3届第2期	1931	6	20		中国仏教会	
1400	漢	雑	中国仏教会報	第46期至48期合刊	1931	12			中国仏教会	
1401	漢	雑	中国仏教会報	第28・29・30期合刊	1932	1			中国仏教会	
1402	漢	雑	中国仏教会報	第31至42期合刊	1933	1			中国仏教会	
1403	漢	雑	中国仏教会報	第46期至48期合刊	1933	12			中国仏教会	
1404	漢	雑	中国仏教会報	第58至60期合刊	1934	7			中国仏教会	
1405	漢	雑	中国仏教会報	第64至66期合刊	1935	1			中国仏教会	
1406	漢	雑	中国仏教会報	第64至66期合刊	1935	1			中国仏教会	
1407	漢	雑	中国仏教会報	第67至69期合刊	1935	1			中国仏教会	

通番	言語	分類	書籍名	書籍名補足	年	月	日	著・述・編・訳者	出版・発行元	備考
1408	漢	雑	中国仏教会報	第70至72期合刊	1935	7			中国仏教会	
1409	漢	雑	中国仏教会各省各県仏教会組織大綱						世界書局	
1410	漢	雑	中国仏教会紀念　総理奉安特刊							
1411	漢	雑	中国仏教会記念　総理奉安特刊			7				
1412	漢	本	中国仏教史	下冊		7	15			
1413	日	雑	中国文学月報	第26号	1937	4				
1414	漢	本	中国名人画史		1921					
1415	日	雑	中支宗教大同連盟月報	第3年12号						
1416	日	雑	中支宗教大同連盟月報	第4年1号						
1417	日	雑	中支宗教大同連盟月報	第4年3号						
1418	日	雑	中支宗教大同連盟月報	第4年5号						
1419	日	雑	中支宗教大同連盟月報	第4年10号						
1420	日	雑	中支宗教大同連盟月報	第4年11・12号						
1421	日	雑	中支宗教大同連盟月報	第3年4号						
1422	日	雑	中支宗教大同連盟月報	第3年7号						
1423	日	雑	中支宗教大同連盟月報	第3年8号						
1424	日	本	中支宗教大同連盟年鑑		1940	7				
1425	日	本	中支宗教大同連盟年鑑		1942	5	15			
1426	漢	本	中等仏学教科書	第1編下冊	1930	9		善因編		
1427	日	紙	中日仏教研究社			6	20			メモ書き
1428	漢	本	中日密教	第2巻第12号		2	19			
1429	漢	冊	中日密教研究会章程							総裁龍池密雄
1430	日	他	中部日本仏教青年会聯盟より常任理事、理事の任命書						中部日本仏教青年会聯盟理事長　椎尾弁匡	
1431	漢	雑	中流	第1巻第5期	1942	8	11			
1432	漢	紙	中国仏教会布告　第7号		1938	9		中国仏教会常務委員		仏道に専念すべき等のポスター
1433	日	本	朝鮮仏教大会紀要		1930	8	10	佐々木浄鏡編	朝鮮仏教団	
1434	漢	本	朝天下名山路引							朝山問答
1435	漢	本	超一法師講演録		1934	5		劉悟西編		
1436	漢	本	超生慈航	第1集		3	1			
1437	漢	本	超脱真銓							
1438	漢・蔵	本	長寿仏法	多傑覚抜捊梗諾門■喇嘛伝授						
1439	漢	雑	長城	第1巻第9期	1934	5	1	潘文安		
1440	漢	本	長生不老之秘訣		1928	11		顧鳴盛		
1441	漢	本	陳彬和論文集		1933	4				
1442	漢	冊	通俗演講録	第1集	1931	2		上海世界仏教居士林		
1443	漢	本	徹悟禅師語録							
1444	日	本	天下同憂の士に告ぐ							
1445	漢	本	天荒地老録	附両重虚斎百詠					大東文化協会	
1446	漢	本	天台三聖二和詩集		1938	10				
1447	漢	本	天台三聖二和詩集		1938	10				
1448	日	冊	天台山		1936	2	22		東亜聖学院	

通番	言語	分類	書籍名	書籍名補足	年	月	日	著・述・編・訳者	出版・発行元	備考
1449	漢	本	天台智者大師別伝		1936	12				
1450	日	雑	展望車		1932	1	1		豊橋旅行倶楽部	
1451	月	雑	展望車		1932	2	1		豊橋旅行倶楽部	
1452	漢	冊	天堂與浄土						上海仏学書局	
1453	漢	本	電版悉曇十八章全文		1931	2			震旦密教重興会刊	
1454	日	通	電報		1943	7	1	仏教会		フミミタホンブヨリヒトリイゾギハケンタノム
1455	日	通	書簡：道安→藤井草宣							
1456	漢	冊	唐閘仏教居士林成立退会致辞							
1457	漢	冊	唐閘仏教居士林成立退会致辞							
1458	日	本	東亜宗教事情		1942	11	15			
1459	日	本	東亜仏教大会簡章／付日程略表			1	15			
1460	漢	本	東亜仏教大会紀要		1941					
1461	日	冊	東亜仏教大会教育事業部決議案			3	30			
1462	日	冊	東亜仏教大会出席者諸師芳名							中華民国、朝鮮、台湾
1463	日	冊	東亜仏教大会出席者諸師芳名							中華民国、朝鮮、台湾
1464	日	冊	東亜仏教大会中華代表団宣言			6				
1465	日	冊	東亜仏教大会日程及籌備職員表			6	20			
1466	日	本	東亜仏教大会並中華会員参観日程			3	1			
1467	日	本	東亜仏教徒が一地球上に於て二十世紀の文化に資する任務に関する宣言							
1468	月	本	東亜仏教徒が一地球上に於て二十世紀の文化に資する任務に関する宣言							
1469	日	本	東亜密教協会趣意書							
1470	日	雑	東京帝国大学仏教青年会一覧（第五）		1924	10				
1471	漢	雑	東獄廟志初稿							
1472	日	雑	東三省に於ける官兵匪賊暴挙実例		1931	11		大連商工会議所		
1473	漢	雑	東方雑誌	第28巻第17号	1931	9	10			
1474	漢	本	東方図書館概況		1929	1				
1475	漢	冊	東方大同学案　上巻							
1476	漢	冊	東方大同学案　上巻							
1477	漢	冊	東方大同学案　下巻		1926	3	26			
1478	漢	雑	東方文化	第1集	1926	5		唐大圓	漢口文化学院	
1479	漢	雑	東方文化	第2巻第1期	1930	8	1	唐大圓	漢口文化学院	
1480	漢	雑	東方文化	第2巻第2期	1931	6		唐大圓	漢口文化学院	
1481	漢	雑	東方文化（全）							
1482	漢	雑	東方文化月刊	創刊号	1938	1	25			
1483	漢	雑	東方文化月刊	創刊号	1938	1	25			
1484	漢	本	東門閑閑閣草							
1485	日	本	東洋文化之神髄	第1輯	1923	11	15			

通番	言語	分類	書籍名	書籍名補足	年	月	日	著・述・編・訳者	出版・発行元	備考
1486	漢	本	東嶽廟志初稿							
1487	漢	本	答赴時輪灌頂者問四則			5	16			
1488	漢	本	到光明之路		1934	1		李圓浄		
1489	日	本	闘戦経		1945	6			豊橋第一陸軍予備士官学校	
1490	漢	雑	同願学報	第1輯						
1491	日	雑	同仁	第3巻第7号	1929	7	10		同仁会	
1492	漢	本	同仁月報	第33号	1930	4	20		漢口同仁医院	
1493	日	本	道院紅卍字会の解説 道慈問答		1940	3	20		世界紅卍字会後援会	
1494	漢	本	道義特刊			4	10			
1495	日	本	道教成立以前の二三の問題					福井康順		
1496	漢	本	徳育古鑑		1939	10				
1497	漢	本	読護生書集							
1498	漢	本	図書目録	第2期	1930	5			上海仏学書局	
1499	漢	本	図書目録	第2期	1930	5			上海仏学書局	
1500	漢	本	図書目録		1933	5			上海仏学書局	
1501	漢	本	図書目録	第6期	1933	5			上海仏学書局	
1502	漢	本	図書目録	第6期	1933	5			上海仏学書局	
1503	漢	本	図書目録	第6期	1933	5			上海仏学書局	
1504	漢	本	図書目録	第8期	1935	1			上海仏学書局	
1505	日	新	豊橋同盟新聞		1939	3	18			
1506	日	本	豊橋別院史							
1507	日	本	敦煌出土古写仏典ロートグラフ略目						干城堂	
1508	日	通	内藤湖南宛書簡							
1509	漢	本	内学 第二輯	民国十四年支那内学院年刊	1925					
1510	漢	本	内学 第二輯	民国十四年支那内学院年刊	1925					
1511	漢	本	内学 第四輯	民国十六七年支那内学院年刊合刊						
1512	日	本	長篠合戦記 鳶ヶ巣砦の奇襲と合戦問答		1933	12	10	柿原明十		
1513	日	雑	名古屋仏教青年							昭和14年1月28日などバラ
1514	日	本	南華観光案内						上海日華観光社	
1515	日	本	南京							
1516	漢	本	南京金光明仏学会章程							
1517	漢	冊	南洋仏教連合会宣言及建設大綱			5				
1518	漢	本	南詢集		1935	6	1			
1519	漢	雑	難民的東北流亡	第2号	1930	3	25		国立中央研究院社会学研究所	
1520	日・漢	雑	南瀛仏教	台湾仏教改革号	1932	10	1			
1521	日・漢	雑	南瀛仏教	第12巻第1号	1934	1	1			
1522	日・漢	雑	南瀛仏教	第12巻第3号	1934	3	1			

通番	言語	分類	書籍名	書籍名補足	年	月	日	著・述・編・訳者	出版・発行元	備考
1523	日・漢	雑	南瀛仏教	第12巻第4号・仏誕二千五百年記念号	1934	4	8			
1524	日・漢	雑	南瀛仏教	第12巻第5号	1934	5	1			
1525	日・漢	雑	南瀛仏教	第12巻第6号	1934	6	1			
1526	日・漢	雑	南瀛仏教	第12巻第8号	1934	8	1			
1527	日・漢	雑	南瀛仏教	第12巻第9号	1934	9	1			
1528	日・漢	雑	南瀛仏教	第12巻第10号	1934	10	1			
1529	日・漢	雑	南瀛仏教	第12巻第11号	1934	11	1			
1530	日・漢	雑	南瀛仏教	第12巻第12号	1934	12	1			
1531	日・漢	雑	南瀛仏教	第13巻第1号	1935	1	1			
1532	日・漢	雑	南瀛仏教	第13巻第2号	1935	2	1			
1533	日・漢	雑	南瀛仏教	第13巻第3号	1935	3	1			
1534	日・漢	雑	南瀛仏教	第13巻第4号	1935	4	1			
1535	日・漢	雑	南瀛仏教	第13巻第5号	1935	5	1			
1536	日・漢	雑	南瀛仏教	第13巻第6号	1935	6	8			
1537	日・漢	雑	南瀛仏教	第13巻第7号	1935	7	1			
1538	日・漢	雑	南瀛仏教	第13巻第8号	1935	8	1			
1539	日・漢	雑	南瀛仏教	第13巻第9号	1935	9	1			
1540	日・漢	雑	南瀛仏教	第13巻第10号	1935	10	1			藤井草宣「現下の支那仏教情勢」収録
1541	日・漢	雑	南瀛仏教	第13巻第11号	1935	11	1			藤井草宣「支那に於ける現下の仏教情勢」収録
1542	日・漢	雑	南瀛仏教	第13巻第11号	1935	11	1			藤井草宣「支那に於ける現下の仏教情勢」収録
1543	日・漢	雑	南瀛仏教	第13巻第11号	1935	11	1			藤井草宣「支那に於ける現下の仏教情勢」収録
1544	日・漢	雑	南瀛仏教	第13巻第12号	1935	12	1			藤井草宣「清廷と仏教」「内台宗教研究機関設立案」収録
1545	日・漢	雑	南瀛仏教	第13巻第12号	1935	12	1			藤井草宣「清廷と仏教」「内台宗教研究機関設立案」収録
1546	日・漢	雑	南瀛仏教	第14巻第1号	1936	1	1			藤井草宣「転換期に臨める台湾仏教の現状」収録
1547	日・漢	雑	南瀛仏教	第14巻第2号	1936	2	1			藤井草宣「福建の黄檗山に就て」収録
1548	日・漢	雑	南瀛仏教	第14巻第3号	1936	3	1			藤井草宣「現代支那の禅刹」収録

通番	言語	分類	書籍名	書籍名補足	年	月	日	著・述・編・訳者	出版・発行元	備考
1549	日・漢	雑	南瀛仏教	第14巻第4号	1936	4	1			藤井草宣「支那の仏教部風俗」収録
1550	日・漢	雑	南瀛仏教	第14巻第4号	1936	4	1			藤井草宣「支那の仏教部風俗」収録
1551	日・漢	雑	南瀛仏教	第12巻第6号	1936	6	1			
1552	日・漢	雑	南瀛仏教	第15巻第1号	1937	1	1			
1553	日・漢	雑	南瀛仏教	第15巻第2号	1937	2	10			
1554	漢	本	2950年仏誕生紀念冊		1925	10				
1555	日	本	日福会話集		1928	7	1		福州博愛委員親睦会	福州博愛委員親睦会
1556	日	本	日文補充読本	巻2	1938	3	22	北京近代科学図書館編集部　菊池租		日語教科書
1557	漢	本	日華仏教的提携			2	15			
1558	日	雑	日華仏教	第1巻第2号	1936	2	1		日華仏教学会	
1559	日	雑	日華仏教学会趣意書							
1560	日	雑	日中仏教	第1号						
1561	日	雑	日中仏教	第2号						
1562	日	本	日本の宗教学		1933	12	10	日本宗教学会	大東出版社	
1563	漢	雑	日本研究	第2号	1930	2			東方書院	
1564	漢	雑	日本研究	第3号	1930	3			東方書院	
1565	日	雑	日本宗教大講座	第2巻	1927	5	10			
1566	日	雑	日本宗教大講座	第20巻	1928	11	10			
1567	日	雑	日本諸学校に於ける仏教教育の現勢　仏教関係教育調査		1934	7			全日本仏教青年会連盟	
1568	日	雑	日本諸学校に於ける仏教教育の現勢　仏教関係教育調査		1934	7			全日本仏教青年会連盟	
1569	日	雑	日本人	第22号	1889	2	18		政教社	
1570	日	雑	日本人	第23号	1889	3	3		政教社	
1571	日	雑	日本人	第24号	1889	5	7		政教社	
1572	日	雑	日本人	第25号	1889	5	18		政教社	
1573	日	雑	日本人	第26号	1889	6	3		政教社	
1574	日	雑	日本人	第27号	1889	6	18		政教社	
1575	日	雑	日本人	第28号	1889	7	3		政教社	
1576	日	雑	日本人	第29号	1889	7	18		政教社	
1577	日	雑	日本人	第30号	1889	8	3		政教社	
1578	日	雑	日本人	第31号	1889	8	18		政教社	
1579	日	雑	日本人	第32号	1889	9	3		政教社	
1580	日	雑	日本人	第33号	1889	10	27		政教社	
1581	日	雑	日本人	第34号	1889	11	3		政教社	
1582	日	雑	日本人	第35号	1889	11	18		政教社	
1583	日	雑	日本人	第36号	1889	12	3		政教社	
1584	日	雑	日本人	第37号	1889	12	18		政教社	
1585	日	雑	日本人	第38号	1890	1	3		政教社	
1586	日	雑	日本人	第39号	1890	1	18		政教社	
1587	日	雑	日本人	第40号	1890	2	3		政教社	
1588	日	雑	日本人	第41号	1890	2	18		政教社	
1589	日	雑	日本人	第42号	1890	3	3		政教社	

通番	言語	分類	書籍名	書籍名補足	年	月	日	著・述・編・訳者	出版・発行元	備考
1590	日	雑	日本精神の源流		1934	10	10		政教社	
1591	日	雑	日本之教育		1941	11			政教社	
1592	日	本	日本美術略史		1938	11	10	帝室博物館	便利堂	
1593	日	本	日本評論	第16巻第6号	1941	6	1			
1594	日	本	日本文化（臣民の道）	第71号	1941	9	1		日本評論社	
1595	日	本	日本文化の精神を発揮せよ						大東文化協会	
1596	日	本	日本文化の母としての仏教		1927	2	28	土屋詮教述	土屋昇	
1597	日	冊	日本思想家史伝全集							予約募集の冊子
1598	漢	本	日本仏教視察記		1936	2		大醒	行願庵	大醒より書の挟み込み有り 1935年5月5日から6月4日の日本視察
1599	漢	冊	日本観光指南						日本国際観光局	
1600	漢	本	入仏指南		1933	10				
1601	漢	本	人■業報的由来和挽救方法							
1602	漢	雑	人海燈	復刊号	1933	12	1		潮州嶺東仏学院	
1603	漢	雑	人海燈	第1巻第15期	1934	5	1		潮州嶺東仏学院	
1604	漢	雑	人海燈	第1巻第16期	1934	7	15		潮州嶺東仏学院	
1605	漢	雑	人海燈	第2巻第1期	1934	12	1		潮州嶺東仏学院	
1606	漢	雑	人海燈	第2巻第2期	1934	12	15		潮州嶺東仏学院	
1607	漢	雑	人海燈	第2巻第3・4期	1934	12	15		潮州嶺東仏学院	
1608	漢	雑	人海燈	第2巻第5期	1935	2	1		潮州嶺東仏学院	
1609	漢	雑	人海燈	第2巻第6期	1935	2	15		潮州嶺東仏学院	
1610	漢	雑	人海燈	第2巻第7期	1935	3	1		潮州嶺東仏学院	
1611	漢	雑	人海燈	第2巻第8期	1935	3	15		潮州嶺東仏学院	
1612	漢	雑	人海燈	第2巻第9期	1935	4	1		潮州嶺東仏学院	
1613	漢	雑	人海燈	第2巻第9期	1935	4	1		潮州嶺東仏学院	
1614	漢	雑	人海燈	第2巻第10期	1935	4	15		潮州嶺東仏学院	
1615	漢	雑	人海燈	第2巻第21・22期合刊	1935	10	15		人海燈社	
1616	漢	雑	人海燈	第2巻第24期	1935	11	15		人海燈社	
1617	漢	雑	人海燈	第3巻第5期	1936	5	1		人海燈社	
1618	漢	雑	人海燈	第3巻第6期	1936	6	1		人海燈社	
1619	漢	雑	人海燈	第3巻第7期	1936	7	1		人海燈社	
1620	漢	雑	人海燈	第3巻第8期	1936	8	1		人海燈社	
1621	漢	雑	人海燈	第3巻第8期	1936	8	1		人海燈社	
1622	漢	雑	人海燈	第3巻第9期	1936	9	1		人海燈社	
1623	漢	雑	人海燈	第3巻第10期	1936	10	1		人海燈社	
1624	漢	雑	人海燈	第3巻第11期	1936	11	1		人海燈社	
1625	漢	雑	人海燈	第4巻第1期	1937	1	1		人海燈社	
1626	漢	雑	人海燈	第4巻第2期	1937	2	1		人海燈社	
1627	漢	雑	人海燈	第4巻第2期	1937	2	1		人海燈社	
1628	漢	雑	人海燈	第4巻第3期	1937	3	1		人海燈社	
1629	漢	雑	人海燈	第4巻第4期	1937	4	1		人海燈社	
1630	漢	雑	人海燈	第4巻第4期	1937	4	1		人海燈社	

通番	言語	分類	書籍名	書籍名補足	年	月	日	著・述・編・訳者	出版・発行元	備考
1631	漢	雑	人海燈	第4巻第5期	1937	5	1		人海燈社	
1632	漢	雑	人海燈	第4巻第5期	1937	5	1		人海燈社	
1633	漢	雑	人海燈	第4巻第6期	1937	6	1		浙江寧波慈北鳴鶴場金仙寺	
1634	漢	雑	人海燈	第4巻第6期	1937	6	1		浙江寧波慈北鳴鶴場金仙寺	
1635	漢	雑	人海燈	第4巻第7期	1937	7	1		浙江寧波慈北鳴鶴場金仙寺	
1636	漢	雑	人海燈	第4巻第7期	1937	7	1		浙江寧波慈北鳴鶴場金仙寺	
1637	漢	雑	人海燈	第4巻第8期	1937	8	1		浙江寧波慈北鳴鶴場金仙寺	
1638	漢	雑	人海燈	第4巻第8期	1937	8	1		浙江寧波慈北鳴鶴場金仙寺	
1639	漢	雑	人海燈	第4巻第8期	1937	8	1		浙江寧波慈北鳴鶴場金仙寺	
1640	漢	雑	人海燈	第4巻第8期	1937	8	1		浙江寧波慈北鳴鶴場金仙寺	
1641	漢	雑	人海燈	第4巻第8期	1937	8	1		浙江寧波慈北鳴鶴場金仙寺	
1642	漢	雑	人間覚	第1巻第1期	1936	8	5		中国仏学会厦門市分会	
1643	漢	雑	人間覚	第1巻第2期	1936	8	20		中国仏学会厦門市分会	
1644	漢	雑	人間覚	第1巻第3期	1936	9	5		中国仏学会厦門市分会	
1645	漢	雑	人間覚	第1巻第5期	1936	10	5		中国仏学会厦門市分会	
1646	漢	雑	人間覚	第1巻第6期	1936	10	20		中国仏学会厦門市分会	
1647	漢	雑	人間覚	第1巻第7期	1936	11	5		中国仏学会厦門市分会	
1648	漢	雑	人間覚	第1巻第7期	1936	11	5		中国仏学会厦門市分会	
1649	漢	雑	人間覚	第1巻第8期	1936	11	20		中国仏学会厦門市分会	
1650	漢	雑	人間覚	第1巻第9期	1936	12	5		中国仏学会厦門市分会	
1651	漢	雑	人間覚	第1巻第10期	1936	12	20		中国仏学会厦門市分会	
1652	漢	雑	人間覚	第1巻第10期	1936	12	20		中国仏学会厦門市分会	
1653	漢	雑	人間覚	第2巻第1・2期合刊	1937	1	20		中国仏学会厦門市分会	
1654	漢	雑	人間覚	第2巻第1・2期合刊	1937	1	20		中国仏学会厦門市分会	
1655	漢	雑	人間覚	第2巻第3・4期合刊	1937	2	20		中国仏学会厦門市分会	
1656	漢	雑	人間覚	第2巻第3・4期合刊	1937	2	20		中国仏学会厦門市分会	
1657	漢	雑	人間覚	第2巻第5期	1937	3	5		中国仏学会厦門市分会	
1658	漢	雑	人間覚	第2巻第6期	1937	3	20		中国仏学会厦門市分会	
1659	漢	雑	人間覚	第2巻第7期	1937	4	5		中国仏学会厦門市分会	
1660	漢	雑	人間覚	第2巻第7期	1937	4	5		中国仏学会厦門市分会	
1661	漢	雑	人間覚	第2巻第8期	1937	4	20		中国仏学会厦門市分会	
1662	漢	雑	人間覚	第2巻第8期	1937	4	20		中国仏学会厦門市分会	
1663	漢	雑	人間覚	第2巻第9期	1937	5	5		中国仏学会厦門市分会	
1664	漢	雑	人間覚	第2巻第9期	1937	5	5		中国仏学会厦門市分会	
1665	漢	雑	人間覚	第2巻第10期	1937	5	12		中国仏学会厦門市分会	
1666	漢	雑	人間覚	第2巻第10期	1937	5	12		中国仏学会厦門市分会	
1667	漢	雑	人間覚	第2巻第11期	1937	6	5		中国仏学会厦門市分会	
1668	漢	雑	人間覚	第2巻第11期	1937	6	5		中国仏学会厦門市分会	

通番	言語	分類	書籍名	書籍名補足	年	月	日	著・述・編・訳者	出版・発行元	備考
1669	漢	本	人而不如鳥乎		1928					
1670	漢	本	人天界説						上海仏学書局	
1671	漢	本	仁山法師文集		1934			仁山		
1672	日	本	根津先生伝記編纂資料蒐集目録／昭和四年五月現在		1929	5		根津一（東亜同文書院院長）		
1673	漢	雑	念仏救度中陰法	仏学小叢書					上海仏学書局	
1674	日	本	念仏の根源地石壁山玄中寺略史		1942	9	20	道端良秀述	石壁玄中寺奉賛会	
1675	漢	本	念仏儀規							
1676	漢	本	念仏儀規							
1677	日	本	念仏行者 十種の心得		1895	12	8			
1678	漢	本	念仏人随筆		1936	7	28	曙清		
1679	漢	本	念仏須知		1941	11		苦行居士		法蔵館
1680	漢	本	能断金剛般若波羅蜜多経／般若波羅蜜多心経							
1681	漢	本	能断金剛般若波羅蜜多経冠科読本							
1682	漢	本	破音字挙例		1923	12		定海馬瀛		
1683	漢	本	白衣大士神呪		1928			瀏陽邵慧円		
1684	漢	本	白衣大士神咒							
1685	漢	本	白尊者開示録						迦音社出版部	
1686	漢	冊	破除迷信談、求達真和平！	世界祈祷和平会(南京門東意思観音後南京仏教居士林)						
1687	漢	本	八識規矩貫珠解					優婆塞幻修		
1688	漢	本	八識規矩貫珠解					優婆塞幻修	世界仏教居士林	
1689	漢	本	八識規矩釋論					亀山白衣王恩洋		
1690	漢	本	華岡仏学学報／第一巻／第一期		1968	8	26			
1691	日	地	哈爾浜市街地図			2	20			
1692	日	本	バンド南京路の土地家屋経済	支那研究第十八号別刷	1928	12			上海商工会議所内金曜会	
1693	漢	本	反宗教聲中之仏教辨		1931	5			上海商工会議所内金曜会	
1694	漢	本	反宗教聲中之仏教辨		1931	5				
1695	漢	本	班禅国師伝授時輪金剛法会法開示録							
1696	漢	本	般若心経秘鍵略註						文求堂書店	
1697	漢	本	般若波羅密多心経講義		1932	12		圓瑛		
1698	漢	本	般若波羅密多心経述記					太虚		
1699	漢	本	般若波羅密多心経略賛		1930	5			上海仏学局	
1700	漢	本	般若波羅蜜多心経							経本
1701	漢	本	般若波羅蜜多心経							経本
1702	漢	本	挽回世道人心浅説		1928	11		上海金智勉		
1703	漢	本	挽回世道人心浅説		1928	11		上海金智勉		
1704	漢	本	班禅国師伝授時輪金剛法開示録							
1705	日	冊	秘海洋政策私見		1924	10		宮地民三郎		
1706	日	本	光のかげ		1929	11	20			
1707	漢	本	秘蔵寶鑰		1921	10				

通番	言語	分類	書籍名	書籍名補足	年	月	日	著・述・編・訳者	出版・発行元	備考
1708	漢	本	白話近代名人軼事		1923	2	21	張廷彦著		
1709	漢	本	百喩経浅説		1928	10		胡寄塵	世界仏教居士林	
1710	漢	本	表了解尺先生家庭四訓		1922					
1711	漢	本	表了解尺先生家庭四訓		1923					
1712	漢	本	表了解尺先生家庭四訓		1924					
1713	漢	本	表了解尺先生家庭四訓		1925					
1714	漢	本	廟産興学促進会宣言駁議	明道、大悲、弘傘、王一定、鐘康侯、許止浄						
1715	漢	雑	頻伽音	第5期	1934	1				
1716	漢	雑	頻伽音	第6期	1937	7	15			
1717	漢	本	閩院詩鐘	第2集	1943	1	1			
1718	漢	本	閩院詩刊	第2集	1942	2	26			
1719	漢	本	閩院詩刊	第3集	1942	4	25			
1720	日	冊	夫婦の心得		1896	2	21		法蔵館	
1721	日	雑	風俗研究	162号		9	15			
1722	漢	本	普勧加入対英備高発願文							
1723	日	本	普勧布施『仏化新青年会』十大功徳文	附：仏化新青年会在国内外之概状		9			仏化新青年会	
1724	日	本	福田会沿革略史		1909	5	28	中里日静	福田会	福田会
1725	漢	本	普賢行願品講座		1931	4				
1726	漢	本	普賢行願品十大願講義							
1727	漢	通	藤井静宣宛書簡／根津先生伝記編纂感謝			4	20			
1728	日	新	不二タイムス							昭和15年1月10日 など バラ
1729	日	冊	婦人の鑑		1896	2	6			
1730	漢	本	武昌革命真史様本	曹亜伯						
1731	漢	本	武羅佐岐	第15巻 第6号						
1732	漢	雑	仏化基督教		1924	3				
1733	漢	雑	仏化季刊		1925	7	5			
1734	漢	新	仏学	第1期	1935	11	19			
1735	漢	新	仏学	第4期	1935	12	10			
1736	漢	新	仏学	時輪金剛法会専号／4巻9号		2	28			
1737	漢	本	仏学易解							
1738	漢	本	仏学救劫編	下冊						
1739	漢	本	仏学救劫編	上冊						
1740	漢	雑	仏学故事叢書	難度能度		10	10		上海仏学書局	
1741	漢	本	仏学在今後人世之意義		1933	5		太虚	上海仏学書局	
1742	漢	冊	仏学書局第二次股東大会記録 二十年一月十一日		1931	1	11		上海仏学書局	
1743	漢	冊	仏学書目	中華民国二十三年一月第五次重訂	1934	4	1			
1744	漢	冊	仏学書目	中華民国二十三年一月第五次重訂	1934	4	1			

通番	言語	分類	書籍名	書籍名補足	年	月	日	著・述・編・訳者	出版・発行元	備考
1745	漢	本	仏学常識易知録		1934	4	8	會泉	仙頭嶺東仏教総会	
1746	漢	本	仏学是人人所必需的学問			12	1		新嘉坡南洋商報印	
1747	漢	本	仏学導言							
1748	日	本	仏教の十二原理							
1749	日	本	仏教の発達と「新鎌倉」の創唱							
1750	日	本	仏教より見たる国体明徴	名古屋仏青叢書第一輯	1936	4	8		新嘉坡源順街南洋印務公司	
1751	日	本	仏教学と仏教史観		1933	1				
1752	漢	本	仏教研究法		1926	11		呂澂		
1753	漢	本	仏教書簡			11				
1754	漢	本	仏教本来面目		1932	9		守培		
1755	漢	本	仏子必読		1935	4	8			
1756	漢	冊	仏慈大薬股份有限公司創辨縁起及章程							
1757	漢	本	仏爾雅							
1758	漢	本	仏乗宗要							
1759	漢	本	仏乗宗要論		1930	8		太虚		
1760	日	本	仏誕二千五百年記念講演集		1934	7	5			
1761	漢	本	仏法僧義		1935	10				
1762	漢	本	仏法與科学之比較研究		1933	4		王李同		
1763	漢	本	仏與人					王弘願講演		
1764	日	本	昭和12年 仏教年鑑 特輯・現代宗教批判号	仏教年鑑社	1936	12	20			
1765	漢	本	普通尺牘文例集 第一輯		1929	3		東亜同文書院編		
1766	日	本	福建仏教の進級両派			6				
1767	漢	雑	仏音	3-1／東亜仏教大会専号	1926	1			閩南仏化新青年会／厦門	
1768	漢	雑	仏音	3-1	1926	1			閩南仏化新青年会／厦門	
1769	漢	雑	仏音	3-2	1926	2			閩南仏化新青年会／厦門	
1770	漢	雑	仏音	3-4	1926	4			閩南仏化新青年会／厦門	
1771	漢	雑	仏音	3-6	1926	6			閩南仏化新青年会／厦門	
1772	漢	雑	仏音	3-7.8	1926	7			閩南仏化新青年会／厦門	
1773	漢	雑	仏音	第3年第1期					閩南仏化新青年会／厦門	
1774	漢	本	仏化基督教	張仲如	1932	3			仏化新青年会／北京	
1775	漢	雑	仏化月刊	51					広済寺仏教臨時救済会	北平仏教臨時救済報告専号
1776	漢	雑	仏化月刊	51						
1777	漢	雑	仏化月刊	52						
1778	漢	雑	仏化周刊	41	1928	2	26			
1779	漢	雑	仏化周刊	42	1928	3	4			
1780	漢	雑	仏化周刊	43	1928	3	20			
1781	漢	雑	仏化周刊	44	1928	3	18			
1782	漢	雑	仏化周刊	45	1928	3	25			

通番	言語	分類	書籍名	書籍名補足	年	月	日	著・述・編・訳者	出版・発行元	備考
1783	漢	雑	仏化周刊	46	1928	4	1			
1784	漢	雑	仏化周刊	47	1928	4	8			
1785	漢	雑	仏化周刊	48	1928	4	15			
1786	漢	雑	仏化新青年	第1巻第2号	1923	3	30		仏化新青年会／北京	
1787	漢	雑	仏化新青年	第1巻第3号	1923	5	23		仏化新青年会／北京	
1788	漢	雑	仏化新青年	第1巻第4号	1923	7	23		仏化新青年会／北京	
1789	漢	雑	仏化新青年	第1巻第5号	1923	8	11		仏化新青年会／北京	
1790	漢	雑	仏化新青年	第1巻第7号	1923	10	10		仏化新青年会／北京	
1791	漢	雑	仏化新青年	第1巻第8号	1923	11	11		仏化新青年会／北京	
1792	漢	雑	仏化新青年	第1巻第9・10号合	1923	12	17		仏化新青年会／北京	
1793	漢	雑	仏化新青年	第1巻第11・12号合	1924	1	15		仏化新青年会／北京	
1794	漢	雑	仏化新青年	第2巻第1号	1924	5	4		仏化新青年会／北京	
1795	漢	雑	仏化新青年	第2巻第1号	1924	5	4		仏化新青年会／北京	
1796	漢	雑	仏化新青年	第2巻第2号	1924	6	2		仏化新青年会／北京	
1797	漢	雑	仏化新青年	第2巻第2号	1924	6	2		仏化新青年会／北京	
1798	漢	雑	仏化新青年	第2巻第3号	1924	7	2		仏化新青年会／北京	
1799	漢	雑	仏化新青年	第2巻第3号	1924	7	2		仏化新青年会／北京	
1800	漢	雑	仏化新青年	第2巻第4号	1924	8	1		仏化新青年会／北京	
1801	漢	雑	仏化新青年	第2巻第4号	1924	8	1		仏化新青年会／北京	
1802	漢	雑	仏化新青年	第2巻第5・6号合	1924	8	30		仏化新青年会／北京	
1803	漢	雑	仏化新青年	第2巻第5・6号合	1924	8	30		仏化新青年会／北京	
1804	漢	雑	仏化新青年	第2巻第5・6号合	1924	8	30		仏化新青年会／北京	
1805	漢	雑	仏化新青年	第2巻第7・8号合	1924	10	10		仏化新青年会／北京	
1806	漢	雑	仏化新青年会簡章						仏化新青年会／北京	
1807	漢	雑	仏化新青年会対于世界人類同胞所員的八大使命説明書						名古屋仏教青年連盟出版部	
1808	漢	雑	仏化青年	第5期、聖誕専刊					星州源順街南洋印務公司	
1809	漢	雑	仏化青年／菩提	第5期	1928	9	13			
1810	漢	雑	仏化青年／菩提	第5期	1928	9	13			
1811	漢	雑	仏化之栞	第12号		3			仏化新青年会／北京	
1812	漢	雑	仏化之栞	第13号					仏化新青年会／北京	
1813	漢	雑	仏化之栞	第14号					仏化新青年会／北京	
1814	漢	雑	仏化之栞	第15号					仏化新青年会／北京	
1815	漢	雑	仏化之栞	第16号					仏化新青年会／北京	
1816	漢	雑	仏化之栞	第17号					仏化新青年会／北京	
1817	漢	本	仏家心理学		1934	5		慮徳元		
1818	漢	本	仏学易解		1926	7				
1819	漢	本	仏学院第一班同学録							
1820	漢	本	仏学救劫編	上冊						
1821	漢	本	仏学救劫編	下冊						
1822	漢	本	仏学叢書／仏典汎論	呂澂	1925	10				
1823	漢	雑	仏学叢報	4	1913	2		商務印書館		

通番	言語	分類	書籍名	書籍名補足	年	月	日	著・述・編・訳者	出版・発行元	備考
1824	漢	雑	仏学叢報	5	1913	3				
1825	漢	雑	仏学叢報	6	1913	5				
1826	漢	雑	仏学叢報	7	1913	6				
1827	漢	雑	仏学叢報	8	1913	10				
1828	漢	雑	仏学叢報	11	1914	5				
1829	漢	本	仏学的将来		1935	11		太虚、厦門大学講演、芝峰記録		
1830	漢	本	仏学之面面観		1930	2		興周　　王兆熊		
1831	漢	雑	仏学半月刊	22	1931	9	1		仏学半月刊社	
1832	漢	雑	仏学半月刊	23	1931	9	16		仏学半月刊社	
1833	漢	雑	仏学半月刊	23	1931	9	16		仏学半月刊社	
1834	漢	雑	仏学半月刊	25	1931	10	16		仏学半月刊社	
1835	漢	雑	仏学半月刊	25	1931	10	16		仏学半月刊社	
1836	漢	雑	仏学半月刊	46	1933	1	1		仏学半月刊社	
1837	漢	雑	仏学半月刊	75	1934	3	16		仏学半月刊社	
1838	漢	雑	仏学半月刊	76	1934	3	16		仏学半月刊社	
1839	漢	雑	仏学半月刊	77	1934	4	16		仏学半月刊社	
1840	漢	雑	仏学半月刊	77	1934	4	16		仏学半月刊社	
1841	漢	雑	仏学半月刊	77	1934	4	16		仏学半月刊社	
1842	漢	雑	仏学半月刊	77	1934	4	16		仏学半月刊社	
1843	漢	雑	仏学半月刊	77	1934	4	16		仏学半月刊社	
1844	漢	雑	仏学半月刊	77	1934	4	16		仏学半月刊社	
1845	漢	雑	仏学半月刊	77	1934	4	16		仏学半月刊社	
1846	漢	雑	仏学半月刊	78／時輪金剛法会専号						
1847	漢	雑	仏学半月刊	78／時輪金剛法会専号						
1848	漢	雑	仏学半月刊	78／時輪金剛法会専号						
1849	漢	雑	仏学半月刊	78／時輪金剛法会専号						
1850	漢	雑	仏学半月刊	78／時輪金剛法会専号						
1851	漢	雑	仏学半月刊	78／時輪金剛法会専号						
1852	漢	雑	仏学半月刊	78／時輪金剛法会専号						
1853	漢	雑	仏学半月刊	78／時輪金剛法会専号						
1854	漢	雑	仏学半月刊	78／時輪金剛法会専号						
1855	漢	雑	仏学半月刊	78／時輪金剛法会専号						
1856	漢	雑	仏学半月刊	79	1934	5	16		仏学半月刊社	
1857	漢	雑	仏学半月刊	79	1934	5	16		仏学半月刊社	
1858	漢	雑	仏学半月刊	80	1934	6	1		仏学半月刊社	
1859	漢	雑	仏学半月刊	80	1934	6	1		仏学半月刊社	
1860	漢	雑	仏学半月刊	85	1934	8	16		仏学半月刊社	
1861	漢	雑	仏学半月刊	86	1934	9	1		仏学半月刊社	
1862	漢	雑	仏学半月刊	87	1934	9	16		仏学半月刊社	

通番	言語	分類	書籍名	書籍名補足	年	月	日	著・述・編・訳者	出版・発行元	備考
1863	漢	雑	仏学半月刊	88	1934	10	1	仏学半月刊社		
1864	漢	雑	仏学半月刊	89	1934	10	16	仏学半月刊社		
1865	漢	雑	仏学半月刊	90	1934	11	1	仏学半月刊社		
1866	漢	雑	仏学半月刊	91	1934	11	16	仏学半月刊社		
1867	漢	雑	仏学半月刊	92	1934	12	1	仏学半月刊社		
1868	漢	雑	仏学半月刊	93	1934	12	16	仏学半月刊社		
1869	漢	雑	仏学半月刊	94	1935	1	1	仏学半月刊社		
1870	漢	雑	仏学半月刊	95	1935	1	16	仏学半月刊社		
1871	漢	雑	仏学半月刊	97	1935	2	16	仏学半月刊社		
1872	漢	雑	仏学半月刊	98	1935	3	1	仏学半月刊社		
1873	漢	雑	仏学半月刊	99	1935	3	16	仏学半月刊社		
1874	漢	雑	仏学半月刊	100	1935	4	1	仏学半月刊社		
1875	漢	雑	仏学半月刊	101	1935	4	16	仏学半月刊社		
1876	漢	雑	仏学半月刊	101	1935	4	16	仏学半月刊社		
1877	漢	雑	仏学半月刊	101	1935	4	16	仏学半月刊社		
1878	漢	雑	仏学半月刊	102	1935	5	1	仏学半月刊社		
1879	漢	雑	仏学半月刊	102	1935	5	1	仏学半月刊社		
1880	漢	雑	仏学半月刊	102	1935	5	1	仏学半月刊社		
1881	漢	雑	仏学半月刊	118	1936	1	1	仏学半月刊社		
1882	漢	雑	仏学半月刊	118	1936	1	1	仏学半月刊社		
1883	漢	雑	仏学半月刊	119	1936	1	16	仏学半月刊社		
1884	漢	雑	仏学半月刊	120	1936	2	1	仏学半月刊社		
1885	漢	雑	仏学半月刊	120	1936	2	1	仏学半月刊社		
1886	漢	雑	仏学半月刊	121	1936	2	16	仏学半月刊社		
1887	漢	雑	仏学半月刊	123	1936	3	16	仏学半月刊社		
1888	漢	雑	仏学半月刊	125	1936	4	16	仏学半月刊社		
1889	漢	雑	仏学半月刊	126	1936	5	1	仏学半月刊社		
1890	漢	雑	仏学半月刊	129	1936	6	16	仏学半月刊社		
1891	漢	雑	仏学半月刊	130	1936	7	1	仏学半月刊社		
1892	漢	雑	仏学半月刊	131	1936	7	16	仏学半月刊社		
1893	漢	雑	仏学半月刊	132	1936	8	1	仏学半月刊社		
1894	漢	雑	仏学半月刊	132	1936	8	1	仏学半月刊社		
1895	漢	雑	仏学半月刊	133	1936	8	16	仏学半月刊社		
1896	漢	雑	仏学半月刊	134	1936	9	1	仏学半月刊社		
1897	漢	雑	仏学半月刊	135	1936	9	16	仏学半月刊社		
1898	漢	雑	仏学半月刊	137	1936	10	16	仏学半月刊社		
1899	漢	雑	仏学半月刊	143	1937	1	16	仏学半月刊社		
1900	漢	雑	仏学半月刊	149	1937	4	16	仏学半月刊社		
1901	漢	雑	仏学半月刊	150	1937	5	1	仏学半月刊社		
1902	漢	雑	仏学半月刊	152	1937	6	1	仏学半月刊社		
1903	漢	雑	仏学半月刊	153	1937	6	16	仏学半月刊社		
1904	漢	雑	仏学半月刊	157	1938	5	16	仏学半月刊社		
1905	漢	雑	仏学半月刊	158	1938	6	1	仏学半月刊社		
1906	漢	雑	仏学半月刊	158	1938	6	1	仏学半月刊社		
1907	漢	雑	仏学半月刊	159	1938	6	16	仏学半月刊社		
1908	漢	雑	仏学半月刊	160	1938	7	1	仏学半月刊社		
1909	漢	雑	仏学半月刊	161	1938	7	16	仏学半月刊社		

通番	言語	分類	書籍名	書籍名補足	年	月	日	著・述・編・訳者	出版・発行元	備考
1910	漢	雑	仏学半月刊	162	1938	8	1	仏学半月刊社		
1911	漢	雑	仏学半月刊	163	1938	8	16	仏学半月刊社		
1912	漢	雑	仏学半月刊	164	1938	9	1	仏学半月刊社		
1913	漢	雑	仏学半月刊	165	1938	9	16	仏学半月刊社		
1914	漢	雑	仏学半月刊	166	1938	10	1	仏学半月刊社		
1915	漢	雑	仏学半月刊	167	1938	10	16	仏学半月刊社		
1916	漢	雑	仏学半月刊	168	1938	11	1	仏学半月刊社		
1917	漢	雑	仏学半月刊	169	1938	11	16	仏学半月刊社		
1918	漢	雑	仏学半月刊	174	1939	2	1	仏学半月刊社		
1919	漢	雑	仏学半月刊	174	1939	2	1	仏学半月刊社		
1920	漢	雑	仏学半月刊	224	1941	3	1	仏学半月刊社		
1921	漢	雑	仏学半月刊	229	1941	5	16	仏学半月刊社		
1922	漢	雑	仏学半月刊	230	1941	6	1	仏学半月刊社		
1923	漢	雑	仏学半月刊	231	1941	6	16	仏学半月刊社		
1924	漢	雑	仏学半月刊	231	1941	6	16	仏学半月刊社		
1925	漢	雑	仏学半月刊	232	1941	7	1	仏学半月刊社		
1926	漢	雑	仏学半月刊	233	1941	7	16	仏学半月刊社		
1927	漢	雑	仏学半月刊	234	1941	8	1	仏学半月刊社		
1928	漢	雑	仏学半月刊	235	1941	8	16	仏学半月刊社		
1929	漢	雑	仏学半月刊	236	1941	9	1	仏学半月刊社		
1930	漢	雑	仏学半月刊	237	1941	9	16	仏学半月刊社		
1931	漢	雑	仏学半月刊	238	1941	10	1	仏学半月刊社		
1932	漢	雑	仏学半月刊	241	1941	11	16	仏学半月刊社		
1933	漢	雑	仏学半月刊	242	1941	12	1	仏学半月刊社		
1934	漢	雑	仏学半月刊	243	1941	12	16	仏学半月刊社		
1935	漢	雑	仏学半月刊	244	1941	12	16	仏学半月刊社		
1936	漢	雑	仏学半月刊	245	1942	1	1	仏学半月刊社		
1937	漢	雑	仏学半月刊	246	1942	1	1	仏学半月刊社		
1938	漢	雑	仏学半月刊	247	1942	1	16	仏学半月刊社		
1939	漢	雑	仏学半月刊	247	1942	2	16	仏学半月刊社		
1940	漢	雑	仏学半月刊	249	1942	2	16	仏学半月刊社		
1941	漢	雑	仏学半月刊	250	1942	3	1	仏学半月刊社		
1942	漢	雑	仏学半月刊	248	1942	3	1	仏学半月刊社		
1943	漢	雑	仏学半月刊	252	1942	5	1	仏学半月刊社		
1944	漢	雑	仏学半月刊	252	1942	5	1	仏学半月刊社		
1945	漢	雑	仏学半月刊	253	1942	5	16	仏学半月刊社		
1946	漢	雑	仏学半月刊	243	1942	11	16	仏学半月刊社		
1947	漢	雑	仏学半月刊	244	1942	12	1	仏学半月刊社		
1948	漢	雑	仏学半月刊　第三巻合訂本　下冊	58期至39期止	1933			仏学半月刊社	上海仏学書局	
1949	漢	雑	仏学半月刊　第三巻合訂本　上冊	46期至57期止	1933			仏学半月刊社	上海仏学書局	
1950	漢	雑	仏学半月刊　第二巻合訂本	第25期至45期	1931			仏学半月刊社	上海仏学書局	
1951	漢	雑	仏学略談	范古農播音演講		5				
1952	ハングル	雑	仏教	6・7月合号					仏教社（ソウル）	
1953	日	本	仏教の国際化と満洲仏教政策	第一輯						
1954	漢	本	仏教為世界之希望					包楽登		

通番	言語	分類	書籍名	書籍名補足	年	月	日	著・述・編・訳者	出版・発行元	備考
1955	漢	本	仏教為世界之希望					包楽登		
1956	漢	雑	仏教一線之曙光							
1957	漢	本	仏教概論		1930	6				
1958	日	冊	仏教関係国宝絵画特別展覧会陳列品解説		1925	10	16		東京帝室博物館	
1959	漢	本	仏教儀式須知		1934	3				
1960	漢	雑	仏教興仏学	第1期	1935	11	15			
1961	漢	雑	仏教興仏学	第2巻第13期	1936	12	1			
1962	漢	雑	仏教興仏学	第2巻14期	1937	2	1			
1963	漢	雑	仏教興仏学	第2巻・17期	1937	5	1		武昌菩提精舎	
1964	漢	本	仏教月報	第1巻合訂本	1936	4	1		仏教月報社（天津）	
1965	漢	雑	仏教月報	第2巻第1.2.3号	1937	4	1		仏教月報社（天津）	
1966	漢	雑	仏教月報	第2巻第4号	1937	5	1		仏教月報社（天津）	
1967	漢	雑	仏教月報	第2巻第5号	1937	6	1		仏教月報社（天津）	
1968	漢	雑	仏教月報	第2巻第6号	1937	7	1		仏教月報社（天津）	
1969	日	雑	仏教研究	第2巻第2号／上宮御製疏研究号	1921	4	25			
1970	漢	雑	仏教公論	第1期・創刊特大号	1936	8	15		厦門南普陀寺仏教公論社	
1971	漢	雑	仏教公論	第1巻第4号	1936	11	15		厦門南普陀寺仏教養正院	
1972	漢	雑	仏教公論	第1巻第11号	1937	6	15		厦門南普陀寺仏教公論社	
1973	漢	雑	仏教公論	第1巻第12号	1937	7	15		厦門南普陀寺仏教公論社	
1974	日	本	仏教史概論					小野玄妙		
1975	日	本	仏教思想		1933	4	20			
1976	日	本	仏教十二宗綱要	上				小栗栖香頂		東洋哲学及宗教概要
1977	漢	本	仏教初学課本註解					楊仁山		
1978	漢	本	仏教初学課本註解	三版				楊仁山		
1979	漢	本	仏教書簡	甲編	1935	10		高観如		
1980	漢	雑	仏教女衆	第1巻第1期	1934	3				
1981	漢	雑	仏教浄業社縁起							
1982	日	新	仏教新聞	創刊号〜（1935年4月10日＋5月1〜30日＋8月11日、1937年2月1〜28日）		1				
1983	日	冊	仏教青年会調査表		1934	7	25			
1984	日	冊	仏教青年会調査表		1934	7	25			
1985	日	雑	仏教青年会連盟大会紀要		1937	10	22			
1986	漢	本	仏教大年表		1909	12	15	望月信亨		
1987	漢	本	仏教日用文件大全		1924	10		瞿勝東		
1988	漢	雑	仏教評論	1巻1号	1931	1				
1989	漢	雑	仏教評論	1巻2号	1931	4				
1990	漢	雑	仏教評論	1巻3号	1931	7				
1991	漢	雑	仏教評論	1巻3号	1931	7				

通番	言語	分類	書籍名	書籍名補足	年	月	日	著・述・編・訳者	出版・発行元	備考
1992	漢	雑	仏教復興	第9号					震旦密教重興会	
1993	月	雑	仏教文学研究／日本文学と外来思潮との交渉（1）		1934	9		和辻哲郎		
1994	日	雑	仏教文学研究／特に法儀の文学について		1934	9	15	筑土鈴寛		
1995	漢	雑	仏教文芸	第1巻第3期	1944	2	1		仏教文芸月刊社	南京
1996	漢	本	仏教問答　仏教問答選録		1927	4		第4版		
1997	日	本	仏教連合会		1926	6	1			規則、職員使命、支部ほか
1998	漢	雑	仏光	第4期						
1999	漢	雑	仏事報	民国丙寅年八月中旬						
2000	漢	雑	仏慈大薬廠股份有限公司改良国薬計画書	附章程						
2001	漢	本	仏乗宗要		1938	6		高観如		
2002	漢	本	仏心叢刊	第1期	1922	1	5			
2003	漢	本	仏説阿弥陀経講義		1931	7		圓瑛		
2004	漢	本	仏説阿弥陀経講義		1932	10		圓瑛		
2005	漢	本	仏説因縁僧護経							
2006	漢	本	仏説十善業道経		1933	11				
2007	漢	本	仏説十善業道経講要		1934	4		太虚講述	岩波書店	
2008	漢	本	仏説十善業道経講要						東亜同文書院	
2009	漢	本	仏説大乗稲芋経							
2010	漢	本	仏説大無量寿経荘厳清浄平等覚経							
2011	漢	本	仏説八大人覚経講義		1935	10		圓瑛		
2012	漢	本	仏説無量寿経／付送亡義／臨終舟■要語							
2013	漢	本	仏説盂蘭盆経解義							
2014	漢	本	仏法引道論			3				
2015	漢	本	仏法善生経講録		1934	11		太虚		
2016	漢	本	仏法導論		1932	10				
2017	漢	本	仏法導論		1932	10				
2018	漢	本	仏法与科学之比較研究		1932	11		王李同		
2019	漢	本	仏学初学課本註解					楊仁山	世界仏教居士林	
2020	日	本	仏教辞典		1938			宇井伯寿	東成出版社	
2021	漢	本	仏説無常経	附送亡儀臨終舟楫要語					世界仏教居士林	第4版
2022	漢	本	奮門	第1巻第1号	1923	10	15			
2023	漢	本	文明書局春季十簾価							
2024	漢	冊	文化建設與仏学		1935	11				
2025	漢	冊	平安城		1939	1	10		北京市第一社会教育区新民教育館劇曲研究会	
2026	日	冊	北京覚生女子中学校開校典礼記念							
2027	漢	雑	北京直隷書局図書目録						北平仏教会	
2028	漢	雑	北京仏教会月刊	1月12日	1935	10				
2029	漢	雑	北京仏教会月刊	2月12日	1936	10			上海商工会議所内金曜会	

通番	言語	分類	書籍名	書籍名補足	年	月	日	著・述・編・訳者	出版・発行元	備考
2030	漢	雑	北京仏教会修正簡章			12				
2031	漢	本	北京龍泉孤児院十八週年報告書						北平仏教会	
2032	漢	本	闢耶篇		1938	5		聶其杰		
2033	漢	本	闢耶篇		1928	5				
2034	漢	本	宝鐸集						仏慈放生会	
2035	漢	本	奉迎東来観音紀念冊							
2036	日	雑	奉公	第33年 第280号5月号	1926	5	11		奉公会	
2037	漢	雑	宝慈月刊	第4年第34期						
2038	漢	本	放生儀規		1926	6				
2039	漢	本	放生殺生現報録	戒殺放生叢書甲編之四	1922	11		江慎修	世界仏教居士林	
2040	漢	本	放生殺生現報録		1925	9		江慎修	世界仏教居士林	
2041	漢	本	放生殺生現報録					江慎修	世界仏教居士林	再版本
2042	漢	本	放生殺生現報録					江慎修	世界仏教居士林	再版本
2043	漢	本	方生儀規		1929	6				
2044	漢	本	方等八経					唐駝■		
2045	漢	本	法縁血縁							
2046	漢	雑	法苑	創刊号	1927					
2047	漢	本	法味		1931	5			世界仏教居士林	
2048	漢	本	法門無量							
2049	日	本	暴戻なる排日貨の実情	第1号	1929	1	10	金曜会（上海日本商工会議所内）		
2050	漢	本	北平法源寺道階長老追悼会啓							藤井靜宣宛郵便封筒入り
2051	漢	本	北平金卍字会招収保送識工広告							
2052	漢	雑	北平仏教会月刊	第1年第12期						
2053	漢	雑	北平仏教会月刊	第2年第13期						
2054	日	本	北平報告書等							
2055	日	本	北平報告等原稿			8	15			
2056	漢	本	北平龍泉孤児院報告書							
2057	漢	雑	北平仏化月刊	28	1935	5		張家口居士林		
2058	漢	雑	北平仏化月刊	29	1935	6		南口居士林・張家口居士林・北平仏化居士会		
2059	漢	雑	北平仏化月刊	31	1935	8		南口居士林・張家口居士林・北平仏化居士会		
2060	漢	雑	北平仏化月刊	33	1935	10		南口居士林・張家口居士林・北平仏化居士会		
2061	漢	雑	菩提心戒釋義			9	1		南満洲鉄道株式会社東亜経済調査局	
2062	漢	本	法華経安楽行品科註		1931	6				
2063	漢	本	法華経安楽行品科註							
2064	日	雑	本邦食糧問題と肥料／経済資料	第11巻第4号	1925	4	1	満鉄東亜経済調査局		バラ
2065	漢	本	曼殊大師全集						上海新文化書社	
2066	漢	本	曼殊大師全集						上海新文化書社	

通番	言語	分類	書籍名	書籍名補足	年	月	日	著・述・編・訳者	出版・発行元	備考
2067	漢	本	曼殊大師全集						上海新文化書社	
2068	日	本	満州帝国皇帝陛下御訪日と建国神廟御創建	日満中央協会	1941	3	28			
2069	日	本	満洲地名索引							
2070	日	本	満蒙							
2071	日	本	満蒙と満鉄		1926	3	25			
2072	日	本	満洲国立図書館の保有せる文化的資料と其の価値		1928	5		水野梅曉		
2073	漢	本	弥陀義疏擷録		1935	2				
2074	漢	本	密教学院規程							
2075	漢	本	密教綱要	乾						
2076	漢	本	密教綱要	坤					上海仏学院	
2077	漢	冊	密宗安心鈔		1931	4				
2078	漢	本	密宗要義		1929	6		程宅安著	上海仏学院	
2079	漢	雑	微妙声	第3期	1937	1	15	微妙声月刊社	仏学書局	
2080	漢	雑	微妙声	第4期	1937	2	15	微妙声月刊社	仏学書局	
2081	漢	雑	微妙声	第5期	1937	3	15	微妙声月刊社	仏学書局	
2082	漢	雑	微妙声	第5期	1937	3	15	微妙声月刊社	仏学書局	
2083	漢	雑	微妙声	第6期	1937	4	15	微妙声月刊社	仏学書局	
2084	漢	雑	微妙声	第6期	1937	4	15	微妙声月刊社	仏学書局	
2085	漢	雑	微妙声	第6期	1937	4	15	微妙声月刊社	仏学書局	
2086	漢	雑	微妙声	第7期	1937	5	15	微妙声月刊社	仏学書局	
2087	漢	雑	微妙声	第7期	1937	5	15	微妙声月刊社	仏学書局	
2088	漢	雑	微妙声	第8期	1937	6	15	微妙声月刊社	仏学書局	
2089	漢	雑	微妙声	第8期	1937	6	15	微妙声月刊社	仏学書局	
2090	漢	本	妙法輪	創刊号	1943	1	10	上海仏学院主編	上海仏学院	
2091	漢	本	妙法輪	創刊号	1943	1	10	上海仏学院主編	上海仏学院	
2092	漢	本	妙法輪		1943	5	10	上海仏学院主編	上海仏学院	
2093	漢	本	妙法蓮華経観世音菩薩普門品附講義図証		1936	6	1			
2094	漢	本	妙法蓮華経観世音菩薩普門品図証		1929	5				
2095	漢	本	妙法蓮華経弘傳序請義		1932	12				
2096	漢	本	妙法蓮華経弘傳序浅釋	宝静法師叢書之一	1933	3			仏学書局	
2097	漢	本	妙法蓮華経弘傳序浅釋			5		圓瑛		
2098	漢	本	明聖経							
2099	日	冊	明如上人御法語		1896	1	17			
2100	漢	本	民国九年度 中華民国基督教青年会成績報告		1920					
2101	漢	本	民衆学校課本			2	10			
2102	漢	本	民衆学校課本	第一／二冊合訂本						
2103	漢	本	民衆学校課本	第三／四冊合訂本						
2104	漢	冊	明清資料整理会要件陳列室目録		1925	12	17			
2105	日	冊	民意より見たる支那現勢力の鳥瞰		1925	7	24	水野梅曉		
2106	漢	冊	無錫		1935	3				観光案内

通番	言語	分類	書籍名	書籍名補足	年	月	日	著・述・編・訳者	出版・発行元	備考
2107	日	本	無政府主義者絶滅案					根津一		
2108	日	本	無政府主義者絶滅案					根津一		
2109	漢	本	名山正弘集							
2110	漢	本	名山遊記		1934	5		何張蓮覚		
2111	漢	本	名山遊訪記	上冊	1935	5		高鶴年	上海仏学書局	
2112	漢	本	名山遊訪記	下冊	1935	5		高鶴年	上海仏学書局	
2113	漢	雑	名著月報	第87号						
2114	漢	本	蒙蔵仏教史	上冊				妙舟		
2115	漢	本	蒙蔵仏教史	下冊				妙舟		
2116	漢	雑	文字同盟	第9号						
2117	漢	雑	文字同盟	第10号		1	15		世界仏教居士林	
2118	漢	雑	文字同盟	第11号						
2119	漢	雑	文字同盟	第13号	1928	4	15			
2120	漢	雑	文字同盟	第14号	1928	5	15			
2121	漢	雑	文字同盟	第15号						
2122	漢	本	以大同的道徳教育造成和平世界					太虚	仏化教育社	英語
2123	漢	本	薬師如来本願功徳経消炎除難軌合冊		1938					
2124	漢	本	薬師疏瑠光七仏本願功徳経懺法							
2125	漢	本	唯識者何		1928	11				藤井靜宣「世間苦海…」18年8月15日の墨書き有り
2126	漢	本	唯識三十論紀聞					太虚		
2127	漢	本	唯識三十論紀聞					太虚		
2128	漢	本	唯識三十論紀聞					太虚		
2129	漢	本	唯識三十論記							
2130	漢	本	唯識三十頌増譯							
2131	漢	本	唯識方便談	第1輯					重慶仏教密乗団出版	
2132	漢	本	唯識方便談	第2輯						
2133	漢	本	唯識抉択談	欧陽竟無先生講演						
2134	漢	本	唯識抉択談	欧陽竟無先生講演						
2135	漢	本	唯識者何					三時学会		
2136	漢	本	唯識者何					三時学会		三時学会章程の書き込み有り
2137	漢	本	有正書局印名画碑帖書籍目録		1929	3				
2138	漢	本	遊庵歌集							
2139	日	新	夕刊中部日本新聞							バラ
2140	漢	本	瑜伽師地論戒品							
2141	漢	本	雪鴻軒尺■							
2142	漢	本	幼稚園読本	第1冊	1930	4		沈百英		
2143	漢	本	幼稚園読本	第4冊	1930	4		沈百英		
2144	漢	雑	揚善半月刊	27期	1934	8	1			
2145	漢	本	楊棣棠論説集						上海仏学書局発行	
2146	漢	雑	羅漢菜	21期	1941	3		羅漢菜雑誌社編		

通番	言語	分類	書籍名	書籍名補足	年	月	日	著・述・編・訳者	出版・発行元	備考
2147	漢	雑	羅漢菜	22期	1941	5		羅漢菜雑誌社編		
2148	漢	雑	羅漢菜	25期	1941	8		羅漢菜雑誌社編		
2149	漢	雑	羅漢菜	29期	1942	2		羅漢菜雑誌社編		
2150	漢	雑	羅漢菜	29期	1942	2		羅漢菜雑誌社編		
2151	漢	雑	羅漢菜	29期	1942	2		羅漢菜雑誌社編		
2152	漢	雑	羅漢菜	30期	1942	4		羅漢菜雑誌社編		
2153	漢	本	楽生集	戒殺放生叢書甲編之六				耕塢臥松子	世界仏教居士林	
2154	日	本	陸軍備の充実と其の精神		1936	11	5			
2155	漢	本	龍舒浄土文		1933	6			広州楞厳学社	
2156	漢	本	旅行者言		1936	12				
2157	漢	本	旅行常識問答		1930	1	10		広州楞厳学社	
2158	漢	本	両部曼荼羅通解胎蔵界上		1920	11		震旦密教重興会専刊		
2159	漢	本	両部曼荼羅通解胎蔵界下		1920	11		震旦密教重興会専刊		
2160	漢	本	霊山正弘集		1942	1				
2161	漢	雑	霊泉通信	7期合刊						
2162	漢	本	楞伽阿抜多羅宝経義記							
2163	漢	本	楞伽阿抜多羅宝経義記							
2164	漢	本	楞厳経／科会・指要・表解合刊	仏学研究第二集				李栄祥		
2165	漢	本	楞厳経白話講要	李圓浄居士	1936	2			震旦密教重興会	
2166	漢	雑	楞厳特刊	第7期	1926	8				
2167	漢	雑	楞厳特刊	第8期	1926	9				
2168	日	冊	霊仏の由来		1936	2	25			
2169	漢	本	歴史感応統紀	上冊				彭澤許止浄		
2170	漢	本	歴史感応統紀	上冊				彭澤許止浄		
2171	漢	本	歴史感応統紀	下冊				彭澤許止浄		
2172	漢	本	歴史感応統紀	下冊				彭澤許止浄		
2173	漢	本	歴史感応統紀	第1巻						
2174	漢	本	歴史感応統紀	第2巻						
2175	漢	本	歴史感応統紀	第3巻						
2176	漢	本	歴史感応統記	第4巻						
2177	漢	本	列代名人趣事		1931	3	3	林蘭編		
2178	漢	本	蓮宗正伝	付法雨涓滴録		11				
2179	漢	本	蓮宗正伝	付法雨涓滴録						
2180	漢	本	蓮池大師戒殺放生文図説							
2181	漢	冊	蓮池大師戒殺放生彙録	戒殺放生叢書甲編之五	1933	11		雲棲蓮池大師		
2182	漢	冊	蓮池大師戒殺放生彙録	戒殺放生叢書甲編之五	1933	11		雲棲蓮池大師		
2183	漢	本	蓮池大師集		1934	11			宗学研究会	
2184	日	本	蓮如上人研究	宗学研究特輯号	1932	8	25			
2185	日	本	連盟脱退後の委任統治南洋はどうなる？		1933	4	1		拓殖新報社	
2186	日	冊	老梅樹		1926				世界仏教居士林	
2187	漢	本	呂祖救劫度人心経彙編							
2188	漢	本	呂祖註■金剛心経							
2189	漢	本	呂祖註■金剛心経							

通番	言語	分類	書籍名	書籍名補足	年	月	日	著・述・編・訳者	出版・発行元	備考
2190	漢	本	論仏書稿	再版				弘道居士香山楊棣棠	世界仏教居士林	
2191	漢	本	論仏書稿	第1集				弘道居士香山楊棣棠	世界仏教居士林	
2192	漢	本	論仏書稿	第1集				弘道居士香山楊棣棠	世界仏教居士林	
2193	漢	本	論仏書稿	第2集				弘道居士香山楊棣棠	世界仏教居士林	
2194	漢	本	和平之音		1941	12				
2195	漢	本	和平之音		1941	12				
2196	日	本	我等が先祖の信仰		1926	3	1			
2197	漢	本	■塊堂詩草		1931	2				
2198	漢	本	■学理来研究迷信損						震旦密教重興会	
2199	漢	本	■山灯影			3				
2200	漢	本	■体文安経			11	15			
2201	漢	本	■味							
2202	漢	本	到普陀去					友声旅行団		
2203	漢	本	儵游浪語摘要		1931	7			安徽省仏教会	
2204	英	本	An Appeal To The Second World Buddist conference			8	31			
2205	英	本	CHINA DIGEST		1931	7	4			
2206	英	本	CHINA DIGEST		1931	7	4			
2207	英	本	china digest		1931	7	4			
2208	英	本	ELEMENTARY PRINCIPLES OF BUDDHISM BY FRANCIS STORY						The Rangoon Universty Buddhist Association	
2209	英	本	ELEMENTARY PRINCIPLES OF BUDDHISM BY FRANCIS STORY							
2210	英	本	Religious activities of the Burma Buddhist Women in the Union Burma.							
2211	英	本	Supplement to My View of Religion		1926			C. C. NIEH		
2212	英	本	The Gospel in Many Tongues		1933					
2213	英	本	THE TWO BHUDDHIST BOOKS MAHAYANA					Upasika Chihmann (Miss P. C. Lee Of China)		
2214	英	本	Warld Fellowship of Buddists Second Conference Tokyo Japan			12	15			
2215	漢	紙			1935			朱石		手書き
2216	漢	紙				4	5	藤井靜宣		手書き、無超と趙に対しで仏誕生会の案内

書簡・メモ目録

広中一成・長谷川怜

凡例

- リストの各項目の詳細は以下のとおりである。
  親番号―その史料が保管されている箱に便宜的に付された番号。
  枝番号―その史料が入っている封筒に便宜的に付された番号。
  言語―その史料でおもに使われている言語。日は日本語、漢は中国語、英は英語。
  分類―史料の種類。手―草稿や書簡など手書き史料、雑―雑誌、または雑誌記事、印―書籍や雑誌を除く印刷物、新―新聞、書―書籍、写―写真。
  号数―雑誌史料に付されている刊行号数。
  作成者―その史料の作成者、雑誌記事の作者、書籍著者、書簡の差出人について、明らかな場合のみ、資料に記載された作成者名をそのまま記した。
  年／月／日―その史料の作成年月日、雑誌・書籍の発行年月日、書簡の差出年月日について、明らかな場合のみ記した。
  簿冊／出版社―スクラップブックなど、冊子体としてまとめられている史料、雑誌や書籍の出版社。
  備考―その史料の補足的情報。
- 史料が収録されたスクラップブックの表題については、見やすさを考慮し、リストで簡便なものに直した。なお、各スクラップブックの表紙に記された表題は以下のとおりである。スクラップブック03と08は表題がなく、スクラップブック06は、収録されている新聞の紙名が羅列されている。
  スクラップブック01―昭和十一年一月八日ヨリ二月一日迄第一冊　上海滞在篇①　葱嶺道人
  スクラップブック02―昭和十一年二月一―十五　上海滞在篇　第二冊②　葱嶺道人
  スクラップブック03― SCRAPBOOK
  スクラップブック04―昭和十年十月乃至同十一年二月『南支台湾旅行』②　藤井草宣
  スクラップブック05―自昭和九年夏昭和十年夏　第二回汎太平洋仏教大会より日華仏教学会へ
  スクラップブック06―仏教タイムス　中部新聞社　朝日新聞　毎日新聞　東三新聞　第二回世界仏教徒会議　NIPON TIMES　中外日報　文化時報　教界時報
  スクラップブック07―ブラジル国サンパウロ市南米開教監督　藤井晋赴任記念　昭和36.12.6.切抜帖　昭和36.12.17（藤村並伊良湖写真他）
  スクラップブック08― ScrapBook
- 史料中の旧字体は原則として新字体に直した。
- 史料中の判読不明な文字は■とした。

通番	親番号	枝番号	言語	分類	表題	号数	作成者	年	月	日	簿冊／出版社	備考
1	1	1	日	新	近代支那仏教界の三傑僧を語る（上）			1936	1		スクラップブック01	
2	1	1	日	新	近代支那仏教界の三傑僧を語る（中）			1936			スクラップブック01	
3	1	1	日	新	近代支那仏教界の三傑僧を語る（下）			1936			スクラップブック01	
4	1	1	日	新	能楽の美		高須光治				スクラップブック01	
5	1	1	日	手	〔葉書〕		今橋				スクラップブック01	藤井草宣宛
6	1	1	日	新	メキシコに輝かすわが国漁業の粋				1	15	スクラップブック01	
7	1	1	日	手	〔僧侶名などメモ〕						スクラップブック01	
8	1	1	日	雑	『日華仏教』第1巻第1号	第1巻第1号	日華仏教学会	1936	1	5	スクラップブック01	
9	1	1	日	手	別院創立御消息						スクラップブック01	
10	1	1	日	手	〔書簡〕		上海紡織株式会社同志会文芸部	1936	1	19	スクラップブック01	藤井草宣宛
11	1	1	日	手	支那に於ける仏教の現状						スクラップブック01	
12	1	1	日	印	マハヤナ会例会		マハヤナ会	1936	1	23	スクラップブック01	
13	1	1	漢	手	〔書簡〕		張茂去				スクラップブック01	藤井草宣宛
14	1	1	日	新	日支仏教の提携　一大暗影を投ずる台湾の不詳事件		教学新聞		12	1	スクラップブック01	
15	1	1	日	手	〔賀状〕						スクラップブック01	
16	1	1	日	手	〔書簡〕		福田宏一				スクラップブック01	藤井草宣宛
17	1	1	日	手	〔書簡〕		廈門南普陀閩南仏学院徴隆		1	2	スクラップブック01	藤井草宣宛
18	1	1	漢	印	陰丹士林色布						スクラップブック01	
19	1	1	日	新	小野玄妙博士に贈る		中外日報			27	スクラップブック01	
20	1	1	日	手	〔書簡〕		好村春基	1936	1	12	スクラップブック01	藤井草宣宛
21	1	1	日	手	〔書簡〕		藤井草宣		1	25	スクラップブック01	斎藤利助宛
22	1	1	日	手	〔書簡〕		神田恵雲	1936	1	17	スクラップブック01	藤井草宣宛
23	1	1	漢	印	移転啓事		東本願寺廈門東教堂	1935			スクラップブック01	
24	1	1	漢	雑	『家庭修養雑誌　敬仏』		廈門敬仏会	1936	1	1	スクラップブック01	
25	1	1	日	手	〔封筒〕		神田恵雲		1	17	スクラップブック01	藤井草宣宛
26	1	1	漢	手	〔書簡〕		江蘇淮陰覚津寺		1	16	スクラップブック01	藤井草宣宛
27	1	1	英	手	〔書簡〕						スクラップブック01	
28	1	1	日	手	〔メモ〕						スクラップブック01	
29	1	1	日	新	日本天台史			1936	1	18	スクラップブック01	
30	1	1	日	新	南支の仏教（一）		藤井草宣				スクラップブック01	
31	1	1	日	新	南支の仏教（二）		藤井草宣				スクラップブック01	
32	1	1	日	新	南支の仏教（三）		藤井草宣				スクラップブック01	
33	1	1	日	手	〔書簡〕		藤井草宣				スクラップブック01	神田恵雲宛
34	1	1	日	印	名刺						スクラップブック01	
35	1	1	漢	印	仏学書局　仏化唱片						スクラップブック01	
36	1	1	日	印	名刺						スクラップブック01	
37	1	1	漢	手	〔領収書〕		上海仏学書局	1936	1	29	スクラップブック01	

通番	親番号	枝番号	言語	分類	表題	号数	作成者	年	月	日	簿冊／出版社	備考
38	1	2	日	手	〔書簡〕		酒井のぶ		12	16	スクラップブック02	藤井しづ枝宛
39	1	2	日	手	〔書簡〕		酒井のぶ	1935	11	23	スクラップブック02	藤井静枝宛
40	1	2	日	手	〔書簡〕		藤井草宣	1936	1	8	スクラップブック02	藤井しづ枝宛
41	1	2	日	手	〔書簡〕		藤井草宣	1935	5	30	スクラップブック02	藤井しづ枝宛
42	1	2	日	手	〔書簡〕		藤井	1935	5	24	スクラップブック02	藤井靜宣宛
43	1	2	日	手	〔書簡〕		藤井	1935	5	14	スクラップブック02	藤井静枝宛
44	1	2	日	手	〔書簡〕		藤井	1936	2	16	スクラップブック02	藤井しづ枝宛
45	1	2	日	手	〔書簡〕		藤井靜宣		11	28	スクラップブック02	藤井しづ枝宛
46	1	2	日	手	〔書簡〕		藤井草宣	1935	11	10	スクラップブック02	藤井徳子宛
47	1	2	日	手	〔書簡〕		福田宏一	1936	1	6	スクラップブック02	藤井草宣宛
48	1	2	日	手	〔書簡〕		秋田法隆	1935	12	14	スクラップブック02	淨圓寺宛
49	1	2	日	手	〔書簡〕		藤井	1935	12	25	スクラップブック02	藤井静枝宛
50	1	2	日	手	〔書簡〕		藤井	1935	12	13	スクラップブック02	藤井静枝宛
51	1	2	日	手	〔書簡〕		藤井	1935	12	13	スクラップブック02	藤井静枝宛
52	1	2	日	手	〔書簡〕		藤井草宣	1935	10	31	スクラップブック02	藤井徳子、藤井福子宛
53	1	2	日	手	〔書簡〕		藤井草宣	1935	11	10	スクラップブック02	藤井福子宛
54	1	2	日	手	〔書簡〕		藤井靜宣	1936	2	27	スクラップブック02	藤井しづ枝宛
55	1	2	日	手	〔書簡〕		藤井靜宣	1936	1	27	スクラップブック02	藤井しづ枝宛
56	1	2	日	手	〔書簡〕		大田力	1935	10	3	スクラップブック02	藤井草宣宛
57	1	2	日	手	〔書簡〕		藤井靜宣	1935	5	21	スクラップブック02	藤井静枝宛
58	1	2	日	手	〔書簡〕		藤井靜宣	1935	5	21	スクラップブック02	藤井静枝宛
59	1	2	日	手	〔書簡〕		沢田代		12	11	スクラップブック02	御院主宛
60	1	2	日	手	〔書簡〕		藤井草宣		12	16	スクラップブック02	藤井静枝宛
61	1	2	漢	印	遊霊鷲山観音現夢救劫記						スクラップブック02	
62	1	2	日	手	〔書簡〕						スクラップブック02	
63	1	2	日	手	内台連絡船定期表		大阪商船株式会社	1935			スクラップブック02	
64	1	2	日	新	初期の東本願寺別院と上海邦人の教育事業		藤井草宣	1936	12	11	スクラップブック02	『上海日報』
65	1	2	日	新	上海別院と初期上海の邦人教育事業		髙西賢正				スクラップブック02	
66	1	2	日	手	〔メモ〕						スクラップブック02	
67	1	2	漢	手	寧波雪竇山紹興遊覧		日華旅行社	1936			スクラップブック02	
68	1	2	日	手	〔俳句短冊〕						スクラップブック02	
69	1	2	日	手	〔メモ〕						スクラップブック02	
70	1	2	日	新	通俗学術大講演						スクラップブック02	
71	1	2	日	新	暹羅視察団						スクラップブック02	
72	1	2	日	新	同朋青年会講演大会						スクラップブック02	
73	1	2	日	新	足跡全中国に遍く 仏教の秘奥を探る						スクラップブック02	
74	1	2	日	手	〔メモ〕				2	10	スクラップブック02	
75	1	2	日	新	藤井師の講演						スクラップブック02	
76	1	2	日	印	江南の勝地と仏教の関係人		日華旅行社		2	9	スクラップブック02	
77	1	2	日	印	無錫観梅太湖遊覧団体大募集		日華旅行社	1936	2	4	スクラップブック02	

通番	親番号	枝番号	言語	分類	表　題	号数	作成者	年	月	日	簿冊／出版社	備考
78	1	2	日	新	呉淞江が氷結した話				2	7	スクラップブック02	
79	1	2	日	印	第一回通俗学術講演大会		日華旅行社	1936			スクラップブック02	
80	1	2	日	手	〔メモ〕						スクラップブック02	
81	1	2	日	手	〔メモ〕						スクラップブック02	
82	1	2	日	手	〔メモ〕						スクラップブック02	
83	1	2	漢	新	日文夜校招生						スクラップブック02	
84	1	2	漢	手	〔書簡〕		上海仏学書局　観如	1936	1	8	スクラップブック02	藤井草宣宛
85	1	2	漢	手	〔賀状〕		高観如、蔡澹盧				スクラップブック02	
86	1	2	漢	手	〔封筒〕		上海仏学書局北平分局				スクラップブック02	藤井草宣宛
87	1	2	漢	手	〔書簡〕		大醒	1936	2	5	スクラップブック02	藤井草宣宛
88	1	2	日	手	〔書簡〕		好林春基	1936	2	5	スクラップブック02	藤井草宣宛
89	1	2	日	印	〔請願書〕		日華仏教学会　柴田一能	1936			スクラップブック02	
90	1	2	漢	手	〔書簡〕		窺諦和南		2	2	スクラップブック02	藤井草宣宛
91	1	2	漢	手	〔封筒〕		塩城建陽西方庵		2	20	スクラップブック02	藤井草宣宛
92	1	2	日	手	〔メモ〕						スクラップブック02	
93	1	2	日	手	〔書簡〕		神田恵雲	1936	2	1	スクラップブック02	藤井草宣宛
94	1	2	漢	雑	『敬仏』	第2巻第2号	廈門敬仏会	1936	2	1	スクラップブック02	
95	1	2	日	手	〔書簡〕		藤井草宣	1936	2	12	スクラップブック02	神田恵雲宛
96	1	2	日	手	〔メモ〕						スクラップブック02	
97	1	2	日	手	〔メモ〕						スクラップブック02	
98	1	2	日	手	〔メモ〕						スクラップブック02	
99	1	2	日	手	〔メモ〕						スクラップブック02	
100	1	2	日	手	〔メモ〕						スクラップブック02	
101	1	2	日	手	〔メモ〕						スクラップブック02	
102	1	2	日	手	〔メモ〕						スクラップブック02	
103	1	2	日	印	〔藤井草宣講演チラシ〕		同朋青年会	1936	2	11	スクラップブック02	
104	1	2	日	手	〔書簡〕		福田宏一				スクラップブック02	藤井草宣宛
105	1	2	日	手	〔書簡〕			1936	1	27	スクラップブック02	藤井草宣宛
106	1	2	日	手	〔メモ〕						スクラップブック02	
107	1	2	日	印	〔写真〕						スクラップブック02	
108	1	2	日	手	〔メモ〕						スクラップブック02	
109	1	2	日	手	〔メモ〕						スクラップブック02	
110	1	2	日	印	〔特別講演会の御案内〕		神富仏教青年会　宮部正	1936	3	12	スクラップブック02	
111	1	2	日	印	〔牟呂校区　大追弔法要のご案内〕		豊橋仏教会牟呂吉田分会　伊藤徳隣	1936	3	1	スクラップブック02	
112	1	2	漢	印	八続清夜斎詩稿二十首		今関天彭				スクラップブック02	
113	1	2	漢	手	〔領収書〕		上海仏学書局	1936	2	13	スクラップブック02	

通番	親番号	枝番号	言語	分類	表　題	号数	作成者	年	月	日	簿冊／出版社	備考
114	1	3	日	新	語源中毒にまでかゝった言海の老博士			1926	4	3	スクラップブック03	『東京朝日新聞』記事
115	1	3	日	新	日本歌謡史を読む		山田孝雄	1926	3	1	スクラップブック03	『東京日日新聞』記事
116	1	3	日	新	支那学の羅針　鈴木博士の「支那文学研究」		東池一郎				スクラップブック03	
117	1	3	日	新	小野翁一生の業績「天文要覧」を読む		新城新蔵				スクラップブック03	
118	1	3	日	新	白鳥博士の還暦記念　東洋史叢論を読む		富桑駒吉	1926	3	21	スクラップブック03	『東京朝日新聞』記事
119	1	3	日	新	続南蛮広記を推奨す		村上直次郎	1926	1	18	スクラップブック03	『東京朝日新聞』記事
120	1	3	日	新	志賀直哉氏選「座右宝」に就て		犬養健				スクラップブック03	
121	1	3	日	新	蘇峰先生と近世日本国民史		並木仙太郎				スクラップブック03	
122	1	3	日	新	明治文化の記念塔『鼎軒田口卯吉全集』の刊行						スクラップブック03	
123	1	3	日	新	明治史実外交秘話　桜雲閣主人小松氏の著を読む		永原茂樹				スクラップブック03	
124	1	3	日	新	新刊雑記　紙ナイフ　支那問題の解説						スクラップブック03	
125	1	3	日	新	新刊雑記　紙ナイフ　出雲の玉造						スクラップブック03	
126	1	3	日	新	秋月博士著「朱子研究」を評す　特に読書に関する朱子の所説を抄出して		宇野哲人				スクラップブック03	
127	1	3	日	新	「新編支那年鑑」を薦む		稲原勝治				スクラップブック03	
128	1	3	日	新	暉峻君の新著「社会衛生学」に就て		横手千代之助	1927	6	27	スクラップブック03	『東京日日新聞』記事
129	1	3	日	新	藤井教授著『米国政党の観測』を読む		信夫淳平	1927	6	6	スクラップブック03	『東京日日新聞』記事
130	1	3	日	新	老子の研究―竹内教授の新著		大西斎	1927	9	9	スクラップブック03	『東京朝日新聞』記事
131	1	3	日	新	松岡静雄氏著『ミクロネシア民族誌』		安成三郎	1927	9	9	スクラップブック03	『東京朝日新聞』記事
132	1	3	日	新	竹内教授の『老子の研究』		前田周平				スクラップブック03	
133	1	3	日	新	『三階教の研究』　矢吹博士十年の研究		椎尾辯匡	1927	7	1	スクラップブック03	
134	1	3	日	新	『歴史学及歴史教育の本質』中川君の著		中村久四郎				スクラップブック03	
135	1	3	日	新	阿波の狸		水守亀之助				スクラップブック03	
136	1	3	日	新	穂積博士と民法読本		下村宏	1927	6	10	スクラップブック03	『東京朝日新聞』記事
137	1	3	日	新	『受胎告知』―矢代君の宗教芸術論―		関口泰				スクラップブック03	
138	1	3	日	新	神話学の自律―中島悦次の『神話』―		土田杏村				スクラップブック03	
139	1	3	日	新	クーデンホーフの名著『汎ヨーロッパ』		神川彦松				スクラップブック03	
140	1	3	日	新	文化移植時代　洋書渡来の順序　滑稽もあり愛嬌もあった		内田魯庵	1927	6	27	スクラップブック03	『東京日日新聞』記事
141	1	3	日	新	旧佐伯文庫所蔵　繆仙武羅古『窮理書』		武藤長蔵				スクラップブック03	
142	1	3	日	新	河原田稼吉氏著『労働行政要綱』		氷室吉平				スクラップブック03	
143	1	3	日	新	蔵書票の話　その起源は十五世紀　愛書家の趣味さまざま			1927	6	20	スクラップブック03	『東京日日新聞』記事
144	1	3	日	新	神道の神とは何　加藤博士の英文「神道研究」（上）		力丸慈円				スクラップブック03	
145	1	3	日	新	心理的に観た神　加藤博士の英文『神道研究』（下）		力丸慈円				スクラップブック03	

通番	親番号	枝番号	言語	分類	表題	号数	作成者	年	月	日	簿冊／出版社	備考
146	1	3	日	新	大森憲太博士の『脚気』を読む　近来稀に見るの好著		遠山椿吉	1927	6	20	スクラップブック03	『東京日日新聞』記事
147	1	3	日	新	極東芸術の粋『支那仏教史蹟』完成を見るに方りて		小野玄妙				スクラップブック03	
148	1	3	日	新	愛書家の話（二）		山田珠樹	1927	6	6	スクラップブック03	『東京日日新聞』記事
149	1	3	日	新	『大阪毎日新聞』			1927	1	4	スクラップブック03	
150	1	3	日	新	『教学新聞』			1943	1	9	スクラップブック03	
151	1	3	日	新	『教学新聞』			1943	1	18	スクラップブック03	
152	1	3	日	新	『上海日報』			1931	7	8	スクラップブック03	
153	1	3	日	新	『上海日報』			1931	10	10	スクラップブック03	
154	1	3	日	新	〔書簡〕		井沢勝什	1936	11	11	スクラップブック03	
155	1	3	日	新	国家学会雑誌						スクラップブック03	新聞広告
156	1	3	日	新	丁酉倫理会　倫理講演集						スクラップブック03	新聞広告
157	1	3	日	新	国語と国文学						スクラップブック03	新聞広告
158	1	3	日	新	宗教研究						スクラップブック03	新聞広告
159	1	3	日	新	新小説						スクラップブック03	新聞広告
160	1	3	日	新	国華						スクラップブック03	新聞広告
161	1	3	日	印	申込書						スクラップブック03	雑誌購読の申し込み書
162	1	3	日	印	東京雑誌会　会主稲井治作行						スクラップブック03	雑誌購読の申し込み書
163	1	3	日	新	東洋人種学叢書　極東民族第1巻						スクラップブック03	新聞広告
164	1	3	日	新	文学博士　谷本富著（新刊）教育と宗教						スクラップブック03	新聞広告
165	1	3	日	手	〔メモ〕						スクラップブック03	新聞広告
166	1	3	日	新	西村真次著　飛鳥寧楽時代						スクラップブック03	新聞広告
167	1	3	日	新	露西亜物語						スクラップブック03	新聞広告
168	1	3	日	新	蓮月尼全集						スクラップブック03	新聞広告
169	1	3	日	手	〔メモ〕						スクラップブック03	
170	1	3	日	新	小金井艮精著　人類学研究						スクラップブック03	新聞広告
171	1	3	日	新	西洋又南洋						スクラップブック03	新聞広告
172	1	3	日	新	明治維新　神仏分離史料						スクラップブック03	新聞広告
173	1	3	日	新	一糸和尚遺墨集						スクラップブック03	新聞広告
174	1	3	日	新	支那文学大観						スクラップブック03	新聞広告
175	1	3	日	新	太田水穂著　紀記歌集講義						スクラップブック03	新聞広告
176	1	3	日	新	服部宇之吉著　支那の国民性と思想						スクラップブック03	新聞広告
177	1	3	日	新	研究に全力を捧げて（二）三田の『史学』―故田中博士のかたみ―						スクラップブック03	
178	1	3	日	新	研究に全力を捧げて（一）老古学雑誌―会長は三宅米吉博士―						スクラップブック03	
179	1	3	日	新	研究に全力を捧げて（四）若き『人文地理』れ黎明期にある斯学の先駆者						スクラップブック03	
180	1	3	日	新	研究に全力を捧げて（九）日本民族の学　その処女林を拓く雑誌『民族』						スクラップブック03	
181	1	3	日	新	庫倫紀行　乾獺子（一）		牧寿雄				スクラップブック03	

通番	親番号	枝番号	言語	分類	表題	号数	作成者	年	月	日	簿冊／出版社	備考
182	1	3	日	新	庫倫紀行　乾獺子（二）		牧寿雄				スクラップブック03	
183	1	3	日	新	庫倫紀行　乾獺子（四）		牧寿雄				スクラップブック03	
184	1	3	日	新	庫倫紀行　乾獺子（完）		牧寿雄				スクラップブック03	
185	1	3	日	新	支那仏教史講話						スクラップブック03	新聞広告
186	1	3	日	新	朱子研究						スクラップブック03	
187	1	3	日	新	岡書院						スクラップブック03	
188	1	3	日	新	古代法律						スクラップブック03	
189	1	3	日	新	三階教之研究			1927	6	10	スクラップブック03	
190	1	3	日	新	楽浪文化の遺物（一）古墳群発掘の調査完成す		関野貞				スクラップブック03	『東京日日新聞』記事
191	1	3	日	新	猩紅熱の予防注射（中）		谷口腆二	1927	6	12	スクラップブック03	『東京日日新聞』記事
192	1	3	日	新	楽浪文化の遺物（二）古墳群発掘の調査完成す		関野貞	1927	6	12	スクラップブック03	『東京日日新聞』記事
193	1	3	日	新	銅鐸の研究　資料篇並図録　梅原末治の好著		原田淑人	1927	7	18	スクラップブック03	『東京日日新聞』記事
194	1	3	日	新	研究に全力を捧げて（三）『江戸時代文化』―学閥から放たれた自由さ―						スクラップブック03	
195	1	3	日	新	論壇　対支政策の難関			1927	8	20	スクラップブック03	『日本』記事
196	1	3	日	新	論壇　産児制限		若宮生	1927	8	7	スクラップブック03	『日本』記事
197	1	3	日	新	学界新風景（27）老古学の黎明期その群雄轄拠時代		一記者				スクラップブック03	
198	1	3	日	新	学界新風景（28）協同研究への傾向		一記者				スクラップブック03	
199	1	3	日	新	学界新風景（29）心理学界一瞥　道草『教授停年論』		一記者				スクラップブック03	
200	1	3	日	新	通俗講話　洞窟の様々（一）江の島弁天の岩屋		脇水鐵五郎	1927	7	5	スクラップブック03	『東京日日新聞』記事
201	1	3	日	新	学界新風景（30）顛落から再起へ心理学界の新機運		一記者	1927	7	5	スクラップブック03	『東京日日新聞』記事
202	1	3	日	新	通俗講話　洞窟の様々（二）江の島弁天の洞窟		脇水鐵五郎	1927	7	6	スクラップブック03	『東京日日新聞』記事
203	1	3	日	新	学界新風景（31）旧社会学の破滅建部遯吾博士の時代		一記者	1927	7	6	スクラップブック03	『東京日日新聞』記事
204	1	3	日	新	通俗講話　洞窟の様々（三）江の島弁天の洞窟と手石の弥陀の岩屋		脇水鐵五郎	1927	7	7	スクラップブック03	『東京日日新聞』記事
205	1	3	日	新	学界新風景（32）社会学の新生　高田保馬博士の出現		一記者	1927	7	7	スクラップブック03	『東京日日新聞』記事
206	1	3	日	新	通俗講話　洞窟の様々（四）手石の弥陀の岩屋と大門式波蝕洞窟		脇水鐵五郎	1927	7	8	スクラップブック03	
207	1	3	日	新	学界新風景（33）社会学徒の新鋭官公私大学の人々		一記者	1927	7	8	スクラップブック03	
208	1	3	日	新	学界新風景（34）転換期の美学　大塚博士の藝術論（二）		一記者				スクラップブック03	
209	1	3	日	新	学界新風景（4）印度哲学の分野仏教研究の礎石						スクラップブック03	
210	1	3	日	新	学界新風景（5）仏教研究の諸流先駆した人々の話						スクラップブック03	
211	1	3	日	新	学界新風景（6）印哲界の瞥見　第一線の人々（一）						スクラップブック03	
212	1	3	日	新	学界新風景（7）印哲界の双龍　第一線の人々（二）						スクラップブック03	

通番	親番号	枝番号	言語	分類	表題	号数	作成者	年	月	日	簿冊／出版社	備考
213	1	3	日	新	学界新風景（14）史学界の先達 異色ある学者坪井文学博士						スクラップブック03	
214	1	3	日	新	学界新風景（15）国史学の新星 平泉澄博士その他						スクラップブック03	
215	1	3	日	新	満鮮見聞記（二）小盗児市場と浴場		水島爾保布				スクラップブック03	
216	1	3	日	新	学界新風景（20）映えぬ西洋史学 新人は皆文化史へ		一記者				スクラップブック03	
217	1	3	日	新	満洲見聞記（七）奉天		水島爾保布				スクラップブック03	
218	1	3	日	新	学界新風景（19）東洋学の三人男 隠れた学者石浜氏		一記者				スクラップブック03	
219	1	3	日	新	学界新風景（18）東洋史学の中心 人材に富む京都大学		一記者				スクラップブック03	
220	1	3	日	新	学界新風景（17）探究途上の挿話 漁夫の利を占められた話						スクラップブック03	
221	1	3	日	新	満洲見聞記（四）娘々祭		水島爾保布				スクラップブック03	
222	1	3	日	新	学界新風景（15）言語学の天才 ネフスキー氏ことども						スクラップブック03	
223	1	3	日	新	学界新風景（11）新研究が生む 論戦 古事記問題						スクラップブック03	
224	1	3	日	新	学界新風景（8）高楠博士の挿話 学界に立つ一つの巨木						スクラップブック03	
225	1	3	日	新	学界新風景（9）支那哲学の行方 銀座街頭の孔子様						スクラップブック03	
226	1	3	日	新	学界新風景（10）国文学の近況 新人折口信夫氏						スクラップブック03	
227	1	3	日	新	学界新風景（11）隠れたる碩学 国語学の山田孝雄氏						スクラップブック03	
228	1	3	日	新	学界新風景（16）東洋史学の双璧 白鳥、内藤両博士の並進						スクラップブック03	
229	1	3	日	新	学界新風景（22）美学界の珠玉 大塚博士の藝術論（一）		一記者				スクラップブック03	
230	1	3	日	新	満洲見聞記（九）哈爾賓		水島爾保布				スクラップブック03	
231	1	3	日	新	学界新風景（21）美術史の諸星 貧乏人には出来ぬ学問		一記者				スクラップブック03	
232	1	3	日	新	満洲見聞記（八）吉林―哈爾賓		水島爾保布				スクラップブック03	
233	1	3	日	新	日本及日本人が頼つて以て活くべき方針（上）		志賀重昂	1927	1	1	スクラップブック03	『大阪毎日新聞』記事
234	1	3	日	新	太平洋を中心に 科学者の提携 太平洋問題解決の鍵である		エッチ・トーリー				スクラップブック03	
235	1	3	日	新	太平洋文化の均勢 国際関係の論理化		後藤新平				スクラップブック03	
236	1	3	日	新	日本主義と郷土研究者優遇の必要		小野武夫	1927	1	4	スクラップブック03	『大阪毎日新聞』記事
237	1	3	日	新	太平洋を中心に（つゞき）国際文化同盟確立さる		桜井錠二				スクラップブック03	
238	1	3	日	新	日本及日本人が頼つて以て活くべき方針（中）		志賀重昂	1927	1	3	スクラップブック03	『大阪毎日新聞』記事
239	1	3	日	新	誤れる植民地の教育政策（下）		山本美越乃				スクラップブック03	
240	1	3	日	新	春の町、春の山		吉田絃二朗	1927	1	4	スクラップブック03	『大阪毎日新聞』記事
241	1	3	日	新	日本及日本人が頼つて以て活くべき方針（下）		志賀重昂				スクラップブック03	
242	1	3	日	新	時言 マレー作戦回顧			1943	1	11	スクラップブック03	『教学新聞』記事

通番	親番号	枝番号	言語	分類	表題	号数	作成者	年	月	日	簿冊／出版社	備考
243	1	3	日	新	敬祖崇祖に就いて　山田孝雄氏に質す（二）		暁烏敏	1943	1	11	スクラップブック03	『教学新聞』記事
244	1	3	日	新	現代理学は不確実（五）仏教の世界史的意義		高楠順次郎	1943	1	11	スクラップブック03	『教学新聞』記事
245	1	3	日	新	日華同心同願を昂揚　寺院教会食糧増産へ			1943	1	11	スクラップブック03	『教学新聞』記事
246	1	3	日	新	真言宗支所長会議　岡田新内局と初顔合せ			1943	1	11	スクラップブック03	『教学新聞』記事
247	1	3	日	新	新春随想　愛国百人一首		東福義雄	1943	1	11	スクラップブック03	『教学新聞』記事
248	1	3	日	新	海外ニュース　建国新廟御造営進む			1943	1	11	スクラップブック03	『教学新聞』記事
249	1	3	日	新	護国念仏会			1943	1	11	スクラップブック03	『教学新聞』記事
250	1	3	日	新	時言　大詔奉戴日			1943	1	9	スクラップブック03	『教学新聞』記事
251	1	3	日	新	相対性原理と仏教の世界史的意義（四）		高楠順次郎	1943	1	9	スクラップブック03	『教学新聞』記事
252	1	3	日	新	敬祖崇祖に就いて　山田孝雄氏に質す（一）		暁烏敏	1943	1	9	スクラップブック03	『教学新聞』記事
253	1	3	日	新	寸鉄　北昤吉の論文　突撃性に於て偉			1943	1	9	スクラップブック03	『教学新聞』記事
254	1	3	日	新	大派　開教監督会議　太山にて開催			1943	1	9	スクラップブック03	『教学新聞』記事
255	1	3	日	新	新歳偶題		林古渓	1943	1	9	スクラップブック03	『教学新聞』記事
256	1	3	日	新	無畏城道場　明十日開場式			1943	1	9	スクラップブック03	『教学新聞』記事
257	1	3	日	新	大谷　婦人法話会　新春初会の集ひ			1943	1	9	スクラップブック03	『教学新聞』記事
258	1	3	日	新	紙友近信		岡教邃	1943	1	9	スクラップブック03	『教学新聞』記事
259	1	3	日	新	人事消息			1943	1	9	スクラップブック03	『教学新聞』記事
260	1	3	日	新	有るものはたゞ感謝　遺児は健か母は念仏三昧　新春に加藤軍神の遺家族を訪ふ			1943	1	9	スクラップブック03	『教学新聞』記事
261	1	3	日	新	本派事務開始式　光昭法主、所員を懇ろに訓戒			1943	1	9	スクラップブック03	『教学新聞』記事
262	1	3	日	新	日宗片瀬龍口寺後重　田中謙周氏に内定			1943	1	9	スクラップブック03	『教学新聞』記事
263	1	3	日	新	国際仏教の大東亜仏研所　研究員（岡本、安永両氏）を決定			1943	1	9	スクラップブック03	『教学新聞』記事
264	1	3	日	新	京都　新春騎乗会			1943	1	9	スクラップブック03	『教学新聞』記事
265	1	3	日	新	神職養成所短期講習会			1943	1	9	スクラップブック03	『教学新聞』記事
266	1	3	日	新	高階永平寺貫首　南方宗教対策を語る			1943	1	9	スクラップブック03	『教学新聞』記事
267	1	3	日	新	橿原神宮旧社殿　各神社の熱望により譲渡			1943	1	9	スクラップブック03	『教学新聞』記事
268	1	3	日	新	信仰座談会			1943	1	9	スクラップブック03	『教学新聞』記事
269	1	3	日	新	京都天龍寺　新春劈頭から錬成			1943	1	9	スクラップブック03	『教学新聞』記事
270	1	3	日	新	浅井要麟氏			1943	1	9	スクラップブック03	『教学新聞』記事
271	1	3	日	新	支那古硯ご其文藝　玉硯		坂東貫山	1931	10	10	スクラップブック03	『上海日報』記事
272	1	3	日	新	五十年前の上海　クラーク氏の「上海」とその附近のスケッチ		沢村幸夫	1931	10	10	スクラップブック03	『上海日報』記事
273	1	3	日	新	龍口法難記（十五）		望月寿天男	1931	10	10	スクラップブック03	『上海日報』記事
274	1	3	日	新	排貨に基く事態強化は中国の責任なり			1931	10	10	スクラップブック03	『上海日報』記事
275	1	3	日	新	錦州攻撃を閣議で承認			1931	10	10	スクラップブック03	『上海日報』記事

通番	親番号	枝番号	言語	分類	表題	号数	作成者	年	月	日	簿冊／出版社	備考
276	1	3	日	新	錦州市街と北寧線は爆撃を避く			1931	10	10	スクラップブック03	『上海日報』記事
277	1	3	日	新	張海鵬氏近く斎々哈爾で独立を宣言			1931	10	10	スクラップブック03	『上海日報』記事
278	1	3	日	新	中華民国の政情と思想（一）		坂西利八郎	1931	10	10	スクラップブック03	『上海日報』記事
279	1	3	日	新	冀東政府						スクラップブック03	
280	1	3	日	新	Gメン 魯迅今や亡し						スクラップブック03	
281	1	3	日	新	魯迅を悼む		山本実彦				スクラップブック03	
282	1	3	日	新	私の研究（1）スタイン氏発掘仏典		矢吹慶輝				スクラップブック03	
283	1	3	日	新	私の研究（2）支那文学に負ふ江戸時代の小説		尾上八郎				スクラップブック03	
284	1	3	日	新	支那の戦争秘話		中野江漢				スクラップブック03	
285	1	3	日	新	私の研究（4）貨幣研究に俟つ古代支那経済史		加藤繁				スクラップブック03	
286	1	3	日	新	普陀紹興遊記（四）普渡の昨今		水口生				スクラップブック03	
287	1	3	日	新	普陀紹興遊記（二）二、上海寧波間		水口生				スクラップブック03	
288	1	3	日	新	普陀紹興遊記（五）轎に乗って		水口生				スクラップブック03	
289	1	3	日	新	普陀紹興遊記（六）充澎入唐記		水口生				スクラップブック03	
290	1	3	日	新	普陀紹興遊記（七）好風時来 諸口開洋		水口生				スクラップブック03	
291	1	3	日	新	五十年前の上海「クラーク氏の上海とその附近のスケッチ」		沢村幸夫				スクラップブック03	
292	1	3	日	新	英訳「影梅庵憶誤」とその著者潘君		沢村幸夫		7	16	スクラップブック03	『上海日報』記事
293	1	3	日	新	宗教は動く―社会的批判の虚妄と暗示―		宇野円空	1930	5	21	スクラップブック03	『大陸朝日新聞』記事
294	1	3	日	新	教界最近の動き マルキストとの理論陣		柳川玄徹	1930	5	21	スクラップブック03	『大陸朝日新聞』記事
295	1	3	日	新	五十年前の上海「クラーク氏の上海とその附近のスケッチ」（下）		沢村幸夫				スクラップブック03	
296	1	3	日	新	五十年前の上海「クラーク氏の上海とその附近のスケッチ」（中）		沢村幸夫				スクラップブック03	
297	1	3	日	新	沢村幸夫著『上海風土記』を読む		田中忠夫	1931	7	8	スクラップブック03	『上海日報』記事
298	1	4	漢	手	〔草稿〕						スクラップブック04	
299	1	4	日	雑	『南瀛仏教』	14巻1号	南瀛仏教会	1936	1	1	スクラップブック04	
300	1	4	英	印	O. S. K. LINE TAKAO-SHANGHAI SERVICE SAILING SCHEBULE AND PASSAGE FARES		大阪商船会社	1935	4		スクラップブック04	
301	1	4	英	印	O. S. K. LINE TAKAO-CANTON SERVICE SAILING SCHEBULE AND PASSAGE FARES		大阪商船会社	1935	4		スクラップブック04	
302	1	4	英	印	O. S. K. LINE KEELUNG-HONKONG SERVICE SAILING SCHEBULE AND PASSAGE FARES		大阪商船会社	1935	4		スクラップブック04	
303	1	4	英	印	O. S. K. LINE KEELUNG-AMOY SERVICE SAILING SCHEBULE AND PASSAGE FARES		大阪商船会社	1935	4		スクラップブック04	
304	1	4	漢	手	〔メモ〕						スクラップブック04	

通番	親番号	枝番号	言語	分類	表題	号数	作成者	年	月	日	簿冊／出版社	備考
305	1	4	日漢	印	〔名刺〕						スクラップブック04	
306	1	4	日	手	〔メモ〕						スクラップブック04	
307	1	4	日	印	〔書類〕						スクラップブック04	
308	1	4	日	手	昭和十一年一月一日黄檗寺行キノ一行名簿						スクラップブック04	
309	1	4	漢	手	〔原稿〕		厦門東本願寺訳				スクラップブック04	
310	1	4	漢	印	三宝讃		太虚				スクラップブック04	
311	1	4	漢	手	〔封筒〕		新南旅社 閩南仏学院				スクラップブック04	
312	1	4	漢	手	〔封筒〕		南普陀寺				スクラップブック04	
313	1	4	漢	印	〔チラシ〕		南普陀寺無我堂				スクラップブック04	
314	1	4	日	印	〔仏教徒大会案内状〕		台北仏教各宗連合会、南瀛仏教会				スクラップブック04	
315	1	4	漢	手	〔書簡〕		呉瓊雲				スクラップブック04	藤井草宣宛
316	1	4	漢	手	〔書簡〕		洪雪堂, 蔡吉堂				スクラップブック04	藤井草宣宛
317	1	4	漢	手	〔草稿〕						スクラップブック04	
318	1	4	漢	手	〔書簡〕		中国仏教学会閩南分会				スクラップブック04	藤井草宣宛
319	1	4	漢	手	〔書簡〕		中国仏教学会閩南分会 蔡慧誠				スクラップブック04	藤井草宣、神田恵雲、張茂去宛
320	1	4	漢	手	〔書簡〕		蔡吉堂				スクラップブック04	藤井草宣宛
321	1	4	日	印	「清廷と仏教・殊に臨済宗」		藤井草宣				スクラップブック04	『大谷学報』第16巻第3号
322	1	4	漢	印	〔チラシ〕		厦門南普仏陀持常惺 厦門市商会主席洪鴻儒 厦門市政府市長王固磬 教育界整理処常務余超 中国仏教会閩南分会				スクラップブック04	
323	1	4	漢	印	香海仏化改進社章程						スクラップブック04	
324	1	4	日	新	藤井草宣氏　今晩講話						スクラップブック04	
325	1	4	日	新	支那人僧侶逮捕事件						スクラップブック04	
326	1	4	日	新	雑音室						スクラップブック04	
327	1	4	漢	印	〔広告〕						スクラップブック04	
328	1	4	漢	新	皇覚寺之明太祖書像						スクラップブック04	
329	1	4	漢	新	仏化蛇江						スクラップブック04	
330	1	4	漢	印	香港仏教連合会歓迎虚雲老和尚紀事及開示受三飯五戒理由摘録			1934	9	2	スクラップブック04	
331	1	4	漢	新	閩遊記略（六）		子培				スクラップブック04	『仏学半月刊』第117期所収
332	1	4	漢	新	虚雲来港前之盛挙南華寺宏開居士戒						スクラップブック04	
333	1	4	漢	新	寺廟薬籤　府通令収燬						スクラップブック04	

通番	親番号	枝番号	言語	分類	表題	号数	作成者	年	月	日	簿冊／出版社	備考
334	1	4	漢	手	〔メモ〕						スクラップブック04	
335	1	4	漢	手	〔メモ〕						スクラップブック04	
336	1	4	漢	手	〔メモ〕						スクラップブック04	
337	1	4	漢	手	〔メモ〕						スクラップブック04	
338	1	4	漢	手	〔メモ〕						スクラップブック04	
339	1	4	漢	手	〔書簡〕		芝峯				スクラップブック04	神田恵雲、藤井草宣宛
340	1	4	日	印	天理教本部に検察のメス						スクラップブック04	
341	1	4	漢	手	〔メモ〕						スクラップブック04	
342	1	4	漢	印	〔執照〕						スクラップブック04	
343	1	4	漢	印	〔広告〕						スクラップブック04	
344	1	4	漢	手	〔メモ〕						スクラップブック04	
345	1	4	日	手	〔領収書〕		旅館大和館				スクラップブック04	
346	1	4	日	手	〔書簡〕		藤井草宣	1935	12	29	スクラップブック04	木下監督宛
347	1	4	漢	手	〔書簡〕		窺諦和南		12	15	スクラップブック04	藤井草宣宛
348	1	4	漢	手	〔書簡〕		窺諦和南				スクラップブック04	藤井草宣宛
349	1	4	漢	手	〔書簡〕		藤井草宣				スクラップブック04	窺諦和南宛
350	1	4	漢	手	〔書簡〕		漢口同仁医院　藤田敏郎				スクラップブック04	藤井草宣宛
351	1	4	漢	印	〔広告〕		江蘇淮陰覚津寺				スクラップブック04	
352	1	4	日	印	〔賀状〕		藤井草宣	1936	1		スクラップブック04	
353	1	4	漢	手	〔書簡〕		大醒				スクラップブック04	藤井草宣宛
354	1	4	日	手	〔書簡〕		福田宏一		12	15	スクラップブック04	藤井草宣宛
355	1	4	日	手	〔書簡〕		福田宏一		12	20	スクラップブック04	藤井草宣宛
356	1	4	日	新	転換期に臨める　台湾仏教の現状〈三〉		藤井草宣		11	28	スクラップブック04	
357	1	4	漢	手	〔書簡〕		談玄				スクラップブック04	藤井草宣宛
358	1	4	漢	手	〔書簡〕		高観如				スクラップブック04	藤井草宣宛
359	1	4	英	印	〔封筒〕						スクラップブック04	
360	1	4	日	手	〔メモ〕			1936	1	11	スクラップブック04	
361	1	4	日	手	〔賀状〕		藤井徳子	1936	1	1	スクラップブック04	藤井草宣宛
362	1	4	日	手	〔領収書〕		在厦門日本領事館	1935	11	26	スクラップブック04	藤井靜宣宛
363	1	5	日	印	〔挿絵〕						スクラップブック05	仏教絵画
364	1	5	日	新	"満洲国代表と席を同じうするな"支那の頑冥派参加に反対　進歩的僧侶は個人の資格で来朝						スクラップブック05	
365	1	5	日	新	汎太平洋仏教大会に支那は不参加　満洲国と同列が不服						スクラップブック05	
366	1	5	日	新	宗教欄　汎太平洋仏教　青年会を迎ふ　今十七日の歓迎会に臨みて				7	17	スクラップブック05	『読売新聞』記事
367	1	5	日	新	あす仏教大会　集ふ六百の代表　けふ日比谷で歓迎のつどい				7	17	スクラップブック05	『東京日日新聞』記事
368	1	5	日	新	代表変り種　愛妻は日本人　仏徒一英人　この機に東京永住				7	18	スクラップブック05	『東京朝日新聞』記事

通番	親番号	枝番号	言語	分類	表題	号数	作成者	年	月	日	簿冊／出版社	備考
369	1	5	日	新	聯盟旗捧げて仏前へ 賛歌に伽藍揺らぐ 入場式には軽快な行進曲 太平洋仏青大会開く			1934	7	19	スクラップブック05	『報知新聞夕刊』記事
370	1	5	日	新	聖歌も高らかに 御仏の慈悲賛仰 仏青大会愈々開かる				7	19	スクラップブック05	『東京朝日新聞』記事
371	1	5	日	新	汎太平洋仏青大会に希望す				7	18	スクラップブック05	『帝都日日新聞』記事
372	1	5	日	新	蔣介石も折れて 仏教代表送る けふ哲音法師が参加				7	21	スクラップブック05	
373	1	5	日	新	満場興奮のうちに 聖地奪還の討議 中華から若い法師また一人 興趣と熱の仏教大会			1934	7	21	スクラップブック05	『東京日日新聞』記事
374	1	5	日	新	第二回汎太平洋仏青大会 禅仏教界注目裡に国際的大会開かる 築地本願寺の新殿堂を埋めた			1934	7	19	スクラップブック05	『仏教時報』記事
375	1	5	日	新	開会之辞 第二回汎太仏青大会 総裁 大谷尊由						スクラップブック05	
376	1	5	日	新	ナゼ支那代表が仏青大会に不参加か 支那仏教の無理解と準備の不行届 個人的引率者藤井靜宣氏語る		藤井靜宣	1934	7	21	スクラップブック05	『文化時報』記事
377	1	5	漢	新	〔経文〕						スクラップブック05	
378	1	5	日	新	汎太平洋仏青大会 国際日和に恵まれ 前日に優る盛会 議案審議に入った第二日			1934	7	21	スクラップブック05	『文化時報』記事
379	1	5	日	新	支那民衆の姿 西進策〔元豊橋市長河合陸郎〕				7		スクラップブック05	
380	1	5	日	新	支那大陸横断の大鉄道完成						スクラップブック05	
381	1	5	日	新	天声人語						スクラップブック05	藤井靜宣について
382	1	5	日	手	〔書簡〕		大林功	1935	2	19	スクラップブック05	
383	1	5	日	手	〔葉書〕			1935	2	21	スクラップブック05	藤井草宣宛
384	1	5	日	新	仏教的日支提携（一） 藤井草宣						スクラップブック05	
385	1	5	日	新	仏教的日支提携（二） 藤井草宣						スクラップブック05	
386	1	5	日	新	仏教的日支提携（三） 藤井草宣						スクラップブック05	
387	1	5	日	新	仏教的日支提携（四） 藤井草宣						スクラップブック05	
388	1	5	日	新	仏教的日支提携（五） 藤井草宣						スクラップブック05	
389	1	5	日	新	仏教的日支提携（六） 藤井草宣						スクラップブック05	
390	1	5	日	新	仏教的日支提携（七） 藤井草宣						スクラップブック05	
391	1	5	漢	新	中日宗教提携開端 好村来遹使命 籌備組織中日仏教学会 願撥経費十万以利進行			1935	3	16	スクラップブック05	『江南正報』記事
392	1	5	日	新	青年仏徒が目ざす 聖なる日支の握手 日華仏教学会を中心にして 新運動愈よ具体化す			1935	2	22	スクラップブック05	『大阪毎日新聞』記事
393	1	5	漢	新	中国現代仏教界之情勢（一） 日本藤井草宣述 潮州 窺諦訳		藤井草宣	1935	4		スクラップブック05	『江南正報』記事
394	1	5	漢	新	中国現代仏教界之情勢（二） 日本藤井草宣述 潮州 窺諦訳		藤井草宣				スクラップブック05	
395	1	5	漢	新	中国現代仏教界之情勢（三） 日本藤井草宣述 潮州 窺諦訳		藤井草宣				スクラップブック05	
396	1	5	漢	新	中国現代仏教界之情勢（四） 日本藤井草宣述 潮州 窺諦訳		藤井草宣				スクラップブック05	

通番	親番号	枝番号	言語	分類	表題	号数	作成者	年	月	日	簿冊／出版社	備考
397	1	5	漢	新	中国現代仏教界之情勢（五）　日本藤井草宣述　潮州　窺諦訳		藤井草宣				スクラップブック05	
398	1	5	漢	新	中国現代仏教界之情勢（六）　日本藤井草宣述　潮州　窺諦訳		藤井草宣				スクラップブック05	
399	1	5	漢	新	中国現代仏教界之情勢（七）　日本藤井草宣述　潮州　窺諦訳		藤井草宣				スクラップブック05	
400	1	5	漢	新	中国現代仏教界之情勢（八）　日本藤井草宣述　潮州　窺諦訳		藤井草宣				スクラップブック05	
401	1	5	漢	新	中国現代仏教界之情勢（九）　日本藤井草宣述　潮州　窺諦訳		藤井草宣				スクラップブック05	
402	1	5	日	新	仏陀の円光の下に　日支提携の道あり　両国五十万の僧侶、手をつなげ　愈よ今夏諸師が渡支						スクラップブック05	同じ記事が2枚
403	1	5	日	新	王寵恵氏を招待　民間有力者が帝国ホテルに				3		スクラップブック05	
404	1	5	日	新	高榊氏を見直す　その近著「弘法」を読んで		藤井草宣	1935	3	24	スクラップブック05	『中外日報』記事
405	1	5	日	新	神田署御自慢　ボタン一つの警報器の初手柄　兇賊もつひに逃げきれず捕手大勢の中で降参			1935	2	15	スクラップブック05	『時事新報』記事
406	1	5	日	新	三署の警官出動で強盗忽ち袋の鼠　神田の仏教済世軍本部と医院荒し深夜の屋上で捕まる						スクラップブック05	
407	1	5	漢	印	書簡		海潮音社	1934	11	30	スクラップブック05	
408	1	5	漢	雑	『海潮音』	第16巻第1号					スクラップブック05	
409	1	5	日	新	日華仏教の連絡に会心の二機関　日華仏教学会発起人の一人		藤井草宣	1935	1	22	スクラップブック05	
410	1	5	日	新	日華仏教学会及藤井草宣師の日支提携意見						スクラップブック05	『漢口日日新聞』記事
411	1	5	日	新	四行詩			1935	4	5	スクラップブック05	『霊潮』記事
412	1	5	日	新	中国仏教管見（上）　一記者			1935	4	15	スクラップブック05	『教学』記事
413	1	5	日	新	中国仏教管見（下）　一記者						スクラップブック05	
414	1	5	日	新	昭和十年訪華団批判（上）　禿氏・林・大西諸羅漢に呈す		藤井草宣				スクラップブック05	
415	1	5	日	新	昭和十年訪華団批判（下）　禿氏・林・大西諸羅漢に呈す		藤井草宣				スクラップブック05	
416	1	5	日	新	大乗境裏のこころ　藤井草宣詩集に酬ゆ		山上上泉				スクラップブック05	
417	1	5	日	新	支那仏教余聞			1935	8	29	スクラップブック05	
418	1	5	日	印	〔名刺〕						スクラップブック05	全日本仏教青年会連盟　理事　第二回汎太平洋仏青大会準備会中華班長　藤井靜宣草宣
419	1	5	日	新	支那仏教界の危機来る（上）　大醒法師蹶起す		藤井草宣	1935			スクラップブック05	
420	1	5	日	新	支那仏教界の危機来る（下）　大醒法師蹶起す		藤井草宣				スクラップブック05	
421	1	5	日	新	日華仏教関係に政治的背景なし（上）　日華仏教学会常務現事		藤井草宣				スクラップブック05	
422	1	5	日	新	日華仏教関係に政治的背景なし（中）　日華仏教学会常務現事		藤井草宣				スクラップブック05	

通番	親番号	枝番号	言語	分類	表題	号数	作成者	年	月	日	簿冊／出版社	備考
423	1	5	日	新	日華仏教関係に政治的背景なし（下）日華仏教学会常務現事		藤井草宣				スクラップブック05	
424	1	5	日	新	宗教　支那仏教徒の対　態度　上　日華仏教学会常務理事		藤井草宣				スクラップブック05	
425	1	5	日	新	宗教　支那仏教徒の対　態度　中　日華仏教学会常務理事		藤井草宣				スクラップブック05	
426	1	5	日	新	随筆　秋思　一		藤井草宣	1935	9	4	スクラップブック05	『豊橋大衆新聞』記事
427	1	5	日	新	随筆　秋思　二		藤井草宣				スクラップブック05	
428	1	5	日	新	随筆　秋思　三		藤井草宣				スクラップブック05	
429	1	5	日	新	揚子江の潮上の途上		藤井草宣	1935	8		スクラップブック05	
430	1	5	日	新	心性の純真		藤井草宣	1935	5	20	スクラップブック05	『霊潮』記事
431	1	5	日	新	随筆　秋の手記（一）		高崎信吉	1935	10	27	スクラップブック05	『豊橋大衆新聞』記事
432	1	5	日	新	談詩府						スクラップブック05	
433	1	5	日	雑	『新仏教徒』	第3巻11号		1935	10	25	スクラップブック05	藤井草宣の投稿論文あり
434	1	5	日	印	履歴書草案　草宣生手記		藤井草宣	1935	10		スクラップブック05	研究題目「清代より現代に及ぶ支那仏教事情
435	1	5	日	印	願書　全日本仏教青年会連盟理事　日華仏教学会理事　藤井靜宣		藤井草宣	1935	10	4	スクラップブック05	
436	1	5	日	手	履歴書		藤井靜宣	1936	3	21	スクラップブック05	草宣の大まかな来歴がまとめられている。
437	1	5	日	新	谷大学長には寧ろ山辺習学師を推せ		藤井靜宣		7	15	スクラップブック05	
438	1	5	日	新	満洲に活躍せる半谷範成兄に答ふ（上）		藤井靜宣	1936	8	19	スクラップブック05	『教学新聞』記事
439	1	5	日	新	満洲に活躍せる半谷範成兄に答ふ（下）		藤井靜宣				スクラップブック05	
440	1	5	日	新	談詩府			1936	12	27	スクラップブック05	『大衆』記事
441	1	5	日	新	釈迦の大雄猛心を以つてする一太刀		藤井草宣	1936	9	7	スクラップブック05	
442	1	5	日	雑	『青年仏徒』	第1巻第3号	全日本仏教青年会聯盟	1936	9		スクラップブック05	草宣投稿論文掲載
443	1	5	日	新	南京景物詩其他（短歌）		藤井草宣				スクラップブック05	
444	1	5	日	新	支那に開教六十年　秘史の大稿成る　光暢法主参列、明春の上海別院大法要記念に綴る　明治の傑僧の苦心			1937	12	8	スクラップブック05	『読売新聞』
445	1	5	日	雑	文化　第八号　深秋随筆号		豊橋文化協会	1935	11	5	スクラップブック05	草宣投稿論文掲載
446	1	5	日	印	武昌仏学院教授　大醒法師　日本仏教視察日程摘要						スクラップブック05	
447	1	5	漢	印	〔挿絵〕						スクラップブック05	
448	1	5	日	印	日華仏教学舎経常費予算（案）（昭和拾年度）						スクラップブック05	
449	1	5	日	印	日華仏教学会に関し太虚法師との打ち合せ事項						スクラップブック05	
450	1	5	漢	印	西方仏国玉仏像出世		慈航画報館　劉霊華君				スクラップブック05	
451	1	5	日	印	自昭和九年十月至昭和十年六月日華仏教学会決算書						スクラップブック05	
452	1	5	日	印	〔電報〕			1935	7	9	スクラップブック05	

通番	親番号	枝番号	言語	分類	表題	号数	作成者	年	月	日	簿冊／出版社	備考
453	1	5	日	印	自昭和九年十月至昭和十年六月日華仏教学会決算書						スクラップブック05	
454	1	5	日	新	大法輪　臨時増刊特集号						スクラップブック05	『大法輪新聞』記事
455	1	5	日	新	大法輪新聞　仏教大衆運動に門出せる　大法輪の使命と其の組織			1935	7	15	スクラップブック05	『大法輪新聞』記事
456	1	5	日	手	昭和十一年　夏の遺忘綴		藤井草宣				スクラップブック05	
457	1	5	日	印	〔書簡〕		野依秀市	1936	8	10	スクラップブック05	「昭和十一年夏の遺忘綴」内に挿入
458	1	5	日	印	執筆諸家への希望		仏教思想真宗の世界編集局				スクラップブック05	「昭和十一年夏の遺忘綴」内に挿入
459	1	5	日	手	苦闘の現代支那仏教						スクラップブック05	「昭和十一年夏の遺忘綴」内に挿入
460	1	5	日	手	〔書簡〕		仏教年鑑社　新興出版社				スクラップブック05	「昭和十一年夏の遺忘綴」内に挿入
461	1	5	日	手	〔書簡〕		仏教年鑑社				スクラップブック05	「昭和十一年夏の遺忘綴」内に挿入
462	1	5	日	手	支那仏教の現代		藤井草宣		9	17	スクラップブック05	「昭和十一年夏の遺忘綴」内に挿入
463	1	5	日	手	〔草稿〕						スクラップブック05	「昭和十一年夏の遺忘綴」内に挿入
464	1	5	日	手	支那僧と戒律						スクラップブック05	「昭和十一年夏の遺忘綴」内に挿入
465	1	5	日	手	〔書簡〕		大日本真宗宣伝協会	1936	8	11	スクラップブック05	「昭和十一年夏の遺忘綴」内に挿入
466	1	5	日	手	〔書簡〕		桜部文鏡	1936	9	10	スクラップブック05	「昭和十一年夏の遺忘綴」内に挿入
467	1	5	日	手	〔書簡〕		桜部文鏡	1936	9	12	スクラップブック05	「昭和十一年夏の遺忘綴」内に挿入
468	1	5	日	手	〔書簡〕		桜部文鏡	1936	9	21	スクラップブック05	「昭和十一年夏の遺忘綴」内に挿入
469	1	5	日	手	日支問題と仏教徒						スクラップブック05	「昭和十一年夏の遺忘綴」内に挿入
470	1	5	日	印	特別講演会の御案内		神宮仏教青年会会長宮部正	1936	3	12	スクラップブック05	「昭和十一年夏の遺忘綴」内に挿入
471	1	5	日	手	現代支那仏教を観る						スクラップブック05	「昭和十一年夏の遺忘綴」内に挿入
472	1	5	日	手	邪教在るの理由						スクラップブック05	「昭和十一年夏の遺忘綴」内に挿入
473	1	5	日	手	〔書簡〕		名古屋新聞社	1936	10	11	スクラップブック05	「昭和十一年夏の遺忘綴」内に挿入
474	1	5	漢	手	〔挿絵〕						スクラップブック05	「昭和十一年夏の遺忘綴」内に挿入
475	1	6	日	新	歓迎の歌		藤井草宣				スクラップブック06	写真一枚添付

通番	親番号	枝番号	言語	分類	表題	号数	作成者	年	月	日	簿冊／出版社	備考
476	1	6	日	新	⊕勢ぞろいした世界仏教会議の各国代表⊕は会議に参列の前列⊕から三笠宮、マーフィー米大使、チェトゥール・インド大使						スクラップブック06	写真三枚
477	1	6	日	印	〔書簡〕		長井真琴	1952	1	28	スクラップブック06	第二回世界仏教徒会議委員への委嘱状
478	1	6	日	印	世界仏教徒会議日程						スクラップブック06	
479	1	6	日	印	第二回世界仏教徒会議順序(第一日)						スクラップブック06	
480	1	6	日	印	第二回世界仏教徒会議				9	26	スクラップブック06	
481	1	6	日	印	第二回世界仏教徒会議顧問						スクラップブック06	
482	1	6	日	印	(築地本願寺内部見取図二階) 二十五日―三十日 部屋使用割一覧表						スクラップブック06	
483	1	6	日	印	(築地本願寺内部見取図階下) 二十五日―三十日 部屋使用割一覧表						スクラップブック06	
484	1	6	日	新	第二世界仏教徒会議に寄せられたる海外からのメッセーヂ及び報告書						スクラップブック06	
485	1	6	日	新	時論 セイロンの指導者マララ博士―世界仏教会議の花形―		藤井草宣	1948	9	25	スクラップブック06	
486	1	6	日	印	第二回世界仏教徒会議海外代表者氏名		日本仏教徒会議事務局				スクラップブック06	
487	1	6	日	手	〔書簡〕		日本仏教徒会議事務局		8	6	スクラップブック06	
488	1	6	日	印	各国代表接待心得						スクラップブック06	
489	1	6	日	手	〔メモ〕						スクラップブック06	
490	1	6	日	印	第二回世界仏教徒会議・地方大会旅程						スクラップブック06	
491	1	6	日	印	第二回世界仏教徒会議代表推薦に関する件		長井真琴 朝倉暁瑞	1952	9	19	スクラップブック06	
492	1	6	日	印	オブザーバー決定の件		長井真琴 朝倉暁瑞	1952	9	16	スクラップブック06	
493	1	6	日	印	第二回世界仏教徒会議役員						スクラップブック06	
494	1	6	日	印	〔書簡〕		椎尾弁匡 大渓賓雄 工藤昭史郎 中山太一	1952	8		スクラップブック06	
495	1	6	日	手	〔委嘱状〕		大渓賓雄	1952	8	11	スクラップブック06	
496	1	6	日	手	〔委嘱状〕		大渓賓雄	1952	8	11	スクラップブック06	
497	1	6	日	印	第二回世界仏教徒会議趣意書		第二回世界仏教徒会議中央事務局	1952	1		スクラップブック06	
498	1	6	日	新	中共の仏教		花園童子		9	28	スクラップブック06	「豊橋文化、及び9月17日執筆」との記載有
499	1	6	日	新	仏舎利みやげに 各国仏教徒代表ご入来		横浜亮		9	23	スクラップブック06	『朝日新聞』記事
500	1	6	日	新	セイロンから日本へ寄贈 仏舎利の由来						スクラップブック06	『仏教タイムス』記事
501	1	6	日	新	口々に日本を礼讃 各国から来日の仏教徒			1952	9	24	スクラップブック06	『朝日新聞』記事
502	1	6	日	新	来日するプリーストリ氏に会う 田舎を見たい 真の日本の姿を		椎野特派員				スクラップブック06	
503	1	6	日	新	口々に日本を讃える 仏教代表、続々と到着			1952	9	24	スクラップブック06	『朝日新聞』記事

通番	親番号	枝番号	言語	分類	表題	号数	作成者	年	月	日	簿冊／出版社	備考
504	1	6	日	新	世界危機と現代の仏教　本社主催座談会			1952	9	24	スクラップブック06	『毎日新聞』記事
505	1	6	日	新	あす世界仏教徒会議開く						スクラップブック06	
506	1	6	日	新	西堀氏に合掌のあいさつ　ネパール代表らも昨夕羽田へ						スクラップブック06	
507	1	6	日	新	法の燈も聖歌に輝く　世界仏教徒会議開く				9	25	スクラップブック06	『中日新聞』記事
508	1	6	日	新	仏教徒代表顔合わせ				9	25	スクラップブック06	『朝日新聞』記事
509	1	6	日	新	経済、文化合作を進む　着任の董中国大使語る						スクラップブック06	
510	1	6	日	新	各国から珍しい贈物　仏教徒会議午後は記念講演会				9	28	スクラップブック06	『朝日新聞』記事
511	1	6	日	新	セイロン代表の贈物　ボダイ樹に物言い　横浜防疫所　土を落とし許可		横浜亮		9	25	スクラップブック06	『朝日新聞』記事
512	1	6	日	新	董大使着任				9	25	スクラップブック06	『朝日新聞』記事
513	1	6	日	新	二つなき日の下に　第二回世界部協会議開く				9	25	スクラップブック06	『東京日日新聞』記事
514	1	6	日	新	社説　仏教徒会議に際して				9	25	スクラップブック06	『毎日新聞』記事
515	1	6	日	新	世界仏教徒会議開く　築地本願寺に各国の服装で　仏舎利、内陣へ安置　全員、巴利語で唱え合掌						スクラップブック06	
516	1	6	日	新	"世界同和"を彩る　六根色の仏旗と聖歌				9	26	スクラップブック06	
517	1	6	日	新	親善に"仏像"や"律蔵"　仏教会議で贈物の授与式				9	26	スクラップブック06	『朝日新聞夕刊』記事
518	1	6	日	新	象牙の仏像や般若経　世界仏教徒会議　第二日は贈物に始る				9	26	スクラップブック06	『毎日新聞夕刊』記事
519	1	6	日	新	極東裁判のインド代表判事　パル博士来日取止め　選挙にさしさわり？不可解な招待者の態度		竹節	1952	9	25	スクラップブック06	『毎日新聞夕刊』記事
520	1	6	日	印	第二回世界仏教徒会議　議題		第二回世界仏教徒会議事務局				スクラップブック06	
521	1	6	日	新	仏教国日本に期待するもの　マララセケーラ博士手記				9	26	スクラップブック06	『毎日新聞』記事
522	1	6	日	新	朝鮮戦争の中止を　世界仏教会議で提案				9	27	スクラップブック06	『朝日新聞』記事
523	1	6	日	新	世界仏教徒会議代表に問う　口をそろえ世界平和　日本の仏教に大きな期待			1952	9	27	スクラップブック06	
524	1	6	日	新	国境を越えて祈り　厳かに世界戦没者法要				9	27	スクラップブック06	
525	1	6	日	新	料理食べぬ比丘ら　お茶の会の仏教徒代表				9	28	スクラップブック06	『朝日新聞』記事
526	1	6	日	新	永遠の世界平和　世界仏教徒会議で宣言				10	1	スクラップブック06	『朝日新聞』記事
527	1	6	英	新	Hundreds of Delegates Join in Opening of World Buddhist Conference Here			1952	9	26	スクラップブック06	『Nippon Times』記事
528	1	6	英	新	Delegates From Many Nations Here for Parley						スクラップブック06	
529	1	6	日漢	印	〔名刺〕						スクラップブック06	33枚

通番	親番号	枝番号	言語	分類	表題	号数	作成者	年	月	日	簿冊／出版社	備考
530	1	6	英	印	JUNKO SASE CHAIRMAN RECEPTON SEbtioN SECOND WORLD BUDDHIST CONFERENCE						スクラップブック06	
531	1	6	日	印	〔書簡〕			1952	9	29	スクラップブック06	
532	1	6	日	印	〔徽章〕						スクラップブック06	
533	1	6	日	印	〔徽章〕						スクラップブック06	
534	1	6	英	印	Prospectus on Building of Kannon Temple in Higashiyama Hwiwa Park						スクラップブック06	
535	1	6	日	印	（案）東山公園観音堂建設趣意書						スクラップブック06	
536	1	6	日	手	〔メモ〕						スクラップブック06	
537	1	6	日	印	協賛茶会御招待状		大谷實雄	1952	9		スクラップブック06	
538	1	6	日	印	平和公園設計図						スクラップブック06	青地の紙
539	1	6	日	書	『釈迦の聖語』		長井真琴				スクラップブック06	
540	1	6	英	書	『CATAROG OF SANITARY WARES』		TOYOHASHI TOKI CO., LTD,				スクラップブック06	
541	1	6	日	手	〔書簡〕		松浦哉綾		10	5	スクラップブック06	裏面に記載、シンガポール代表 T．M．ジャヤパーラ様 セイロン代表 ドクター・サイモン・シルバ様
542	1	6	日	手	〔封筒〕						スクラップブック06	裏表にメモ有、セイロン僧の発言について
543	1	6	日	印	〔封筒〕			1952	9		スクラップブック06	第二回世界仏教徒会議 於東京築地本願寺
544	1	6	日	新	国際親善大会準備号			1952	9	10	スクラップブック06	『フロンティア』記事
545	1	6	日	新	仏教思想の要訣		増永霊風	1952	10	2	スクラップブック06	『中外日報』記事
546	1	6	日	新	御室の紛争とその観方		表福七	1953	5	23	スクラップブック06	『中外日報』記事
547	1	6	日	新	何故私は再び郷里を去るか		小川勇	1953	6	6	スクラップブック06	『中外日報』記事
548	1	6	日	新	社説 世界仏教徒会議を迎う		本庄可宗				スクラップブック06	『中外日報』記事
549	1	6	日	新	出迎えの象に大喜び 世界仏教徒会議中部大会開く						スクラップブック06	
550	1	6	日	新	きょう中部大会 賑やかに昨夜十ヶ国代表来名						スクラップブック06	
551	1	6	日	新	仏教徒代表団名古屋入り きょう中部大会開かる						スクラップブック06	
552	1	6	日	新	平和公園に驚きの声 仏教団名古屋を見物				10	3	スクラップブック06	『朝日新聞』記事
553	1	6	日	新	中京に仏徒の集い 世界会議の前奏曲開く				10		スクラップブック06	『中日新聞』記事
554	1	6	日	新	パール博士再び来日か 鹿島のアジヤ会議出席に				10	9	スクラップブック06	『毎日新聞』記事
555	1	6	日	新	仏陀正法を世界に宣揚 世界仏教徒会議開幕				10	6	スクラップブック06	
556	1	6	日	新	"大仏"を背に御満悦 仏教団、京都で撮影所見学				10	7	スクラップブック06	『朝日新聞』記事
557	1	6	日	印	豊橋輸出業者名簿						スクラップブック06	
558	1	6	日	書	ほとけの言葉		長井真琴				スクラップブック06	

通番	親番号	枝番号	言語	分類	表題	号数	作成者	年	月	日	簿冊／出版社	備考
559	1	6	日	手	第二回世界仏教徒会議　参加記録　代表委員　藤井草宣		藤井草宣				スクラップブック06	
560	1	7	日	手	〔メモ〕						スクラップブック07	内容に関する年月日記載
561	1	7	日	手	〔書簡〕		藤井				スクラップブック07	
562	1	7	日	新	南米開教監督に藤井晋氏が就任　中共の仏教事情			1961	8	10	スクラップブック07	『真宗タイムス』記事
563	1	7	日	新	大派南米開教監督　藤井晋氏 6 日に赴任			1961	12	3	スクラップブック07	『中外日報』記事
564	1	7	日	写	〔写真〕		藤井宣丸		11	3	スクラップブック07	豊橋駅にて　列車に乗車した男女を撮影　藤井宣丸撮影
565	1	7	日	新	浄圓寺の藤井晋師　が南米開教監督に			1961	11	26	スクラップブック07	『不二タイムス』記事
566	1	7	日	新	東本願寺南米監督　藤井晋氏			1961	12	15	スクラップブック07	『仏教タイムス』記事
567	1	7	日	手	〔書簡〕		仏教タイムス　谷善之亟、常光浩然	1961	3	15	スクラップブック07	
568	1	7	日	手	〔書簡〕		浅草本願寺輪番　末広愛邦		12	14	スクラップブック07	
569	1	7	日	手	〔書簡〕		常光浩然		12	13	スクラップブック07	写真 2 枚添付、封筒の差出人部分を切抜き貼付、〔藤井晋君歓送会出席者〕表付
570	1	7	英	手	〔国際郵便〕			1962	1	12	スクラップブック07	南米開教監督部日本愛知県豊橋市花園町二八　藤井宣丸様
571	1	7	英	手	〔国際郵便〕						スクラップブック07	S.fujii NAMBEI KAIKYOUHOMBU A/C BRASVIA RUA TABATINGUERA 68 S/4 SAN PAULO BRASIL TOYOHASHI JAPAO 愛知県豊橋市神野新田町円龍寺　宮部正様
572	1	7	日	雑	ブラジルと水野弁護士からの二通信　南米（ブラジル）本願寺から		藤井晋	1962	2	25	スクラップブック07	『悲願』第37号所収
573	1	7	日	新	ブラジルの近況　藤井晋氏から本社に通信			1962	5	15	スクラップブック07	『仏教タイムス』記事
574	1	7	日	雑	水害と幼児　災害地急援保育所設立にあたり		藤井晋	1961	9	15	スクラップブック07	『真宗』602号所収
575	1	7	日	手	〔書簡〕		藤井晋				スクラップブック07	
576	1	7	日	書	仏教青年会の手引		東本願寺				スクラップブック07	
577	1	7	日	雑	『同朋』	第162号		1964	7	20	スクラップブック07	藤井晋「ブラジルの旅」上下、と記載有、裏表紙にも記載有
578	1	7	日	手	〔メモ〕						スクラップブック07	
579	1	7	日	新	松風吹きわたる山　"忘れては夢かとぞ思う"			1964	9	25	スクラップブック07	『中外日報』記事
580	1	7	日	手	〔メモ〕						スクラップブック07	

通番	親番号	枝番号	言語	分類	表題	号数	作成者	年	月	日	簿冊／出版社	備考
581	1	7	日	手	〔書簡〕		岡田義一				スクラップブック07	渥美町文化協会より
582	1	7	日	印	万葉麻続王歌碑		渥美町文化協会	1961	11	19	スクラップブック07	
583	1	7	日	印	椰子の実		渥美町文化協会				スクラップブック07	
584	1	7	日	印	杜国屋敷趾		岡田義一、鈴木権六	1960			スクラップブック07	
585	1	7	日	印	渥美建碑委員会						スクラップブック07	名簿リスト
586	1	7	日	手	島崎藤村　椰子の実拓影　渥美町観光協会						スクラップブック07	拓本、写真2枚添付
587	1	7	日	手	〔書簡〕		久曽神				スクラップブック07	
588	1	7	日	新	万葉歌碑と藤村詩碑建つ　伊良湖畔に二つ						スクラップブック07	書き込み有
589	1	7	日	新	三河版東　麻続王の墳墓か　久曽神愛大教授が公表　福江保美の上円下方墳						スクラップブック07	『中日新聞』記事
590	1	7	日	手	〔書簡〕		川■■■郎	1961	11	30	スクラップブック07	
591	1	7	日	新	三河版東　麻続王の墳墓か　久曽神愛大教授が公表　福江保美の上円下方墳						スクラップブック07	『中日新聞』記事
592	1	7	日	印	渥美フラワーセンター　豊橋鉄道		豊橋鉄道				スクラップブック07	
593	1	8	漢	手	小栗栖香頂口述　白話真宗十講　行願居士書		小栗栖香頂					「為清国兵説教」として明治28年に小栗栖香頂が浅草本願寺で行った説教を昭和11年に藤井草宣が筆写
594	1	8	漢	手	宗教維新				11	30		
595	1	8	漢	印	従世界危機説到仏教救済		太虚法師		5			「太虚が世界第二次大戦を予言したるもの」とのメモが表紙にあり
596	1	8	日	手	〔書簡〕		藤井草宣		7	18		
597	1	8	漢	印	仏教聯合進行之意見書							
598	1	8	漢	印	世界仏教聯合会通知全世界仏教徒書							
599	1	8	日	印	自明治元年至明治廿二年　大谷派本願寺 教化年表		教化研究所編		6	1		
600	1	8	日	手	〔書簡〕		谷内正顕		5			
601	1	8	漢	印	資料研究専輯　共匪迫害宗教参考資料		中国宗教徒聯誼会		4			「参考『大陸仏教的現状』(大勇)(「人生」誌四ノ九)」という手書きメモ表紙にあり
602	1	8	漢	印	祝第二世界仏教徒大会中国仏教徒護教反共運動中国仏教団体過去与現在之概況		中国仏教会		9			
603	1	8	日	印	自由中国仏教徒の護教反共運動　中国仏教団体の過去と現在の概況		中国仏教会		9			
604	1	8	日	手	上海別院年史（稿）		藤井草宣					
605	1	8	日	手	趙樸初居士歓迎始末		藤井草宣	1955	8	17		
606	1	8	日	手	現代支那仏教の研究（予定）		藤井草宣	1937				

通番	親番号	枝番号	言語	分類	表題	号数	作成者	年	月	日	簿冊／出版社	備考
607	2	1	漢	手	支那教派大意		小栗栖香頂					「明治八年三月三日於合議所開席」とあり。『日記　一九三六年』（建設社）に筆記
608	2	2	日	手	〔草稿〕						スクラップブック08	葱嶺道人原稿用紙を使用
609	2	2	日	手	〔草稿〕						スクラップブック08	同名草稿とは原稿の種類と添削の箇所が違う
610	2	2	日	手	〔草稿〕						スクラップブック08	葱嶺道人原稿用紙を使用
611	2	2	日	手	〔メモ〕						スクラップブック08	
612	2	2	日	手	〔草稿〕						スクラップブック08	
613	2	2	日	手	支那拓本目録		葱嶺道人				スクラップブック08	
614	2	2	漢	印	告全国僧衆		正憧				スクラップブック08	右欄外に「望月常盤　批評研究上」、左欄外に「対辞　事安■仇■」とあり
615	2	2	日	印	〔メモ〕						スクラップブック08	
616	2	2	日	印	〔草稿〕						スクラップブック08	
617	2	2	日	印	〔草稿〕						スクラップブック08	印刷物「武昌仏学院教授大醒法師　日本仏教視察日程摘要　藤井草宣謹訂」が添付
618	2	2	日	印	〔草稿〕						スクラップブック08	
619	2	2	日	印	中華民国に於ける中日仏教学会賛助芳名		藤井草宣				スクラップブック08	
620	2	2	日	手	〔メモ〕						スクラップブック08	
621	2	2	日	手	〔メモ〕						スクラップブック08	
622	2	2	日	手	〔草稿〕						スクラップブック08	
623	2	2	日	手	〔草稿〕						スクラップブック08	
624	2	2	日	手	〔草稿〕						スクラップブック08	
625	2	2	日	印	六朝造像写生集		葱嶺道人				スクラップブック08	
626	2	2	日	印	寧楽の観音研究		赤堀又次郎				スクラップブック08	
627	2	2	日	印	六朝仏に就いて		藤井草宣				スクラップブック08	『宗教と芸術』第一号所収
628	2	2	日	印	六朝仏之記		藤井草宣				スクラップブック08	
629	2	2	日	印	古き国際文化としての仏教		藤井草宣				スクラップブック08	『朋人』第42号所収
630	2	2	日	手	〔書簡〕		藤井草宣				スクラップブック08	大正大学教授本会幹事　清水谷恭順「浅草観世音縁起」、『大無畏』第六巻第五十四号、出版社、出版年不明
631	2	2	漢	手	観音尊像家庭奉安						スクラップブック08	
632	2	2	日	印	浅草観音物語		大森亮順				スクラップブック08	大森は浅草寺住職
633	2	2	日	手	〔草稿〕		藤井草宣				スクラップブック08	表題と作成者に黒線で消去
634	2	2	日	手	舎利の研究		藤井草宣	1946			スクラップブック08	島根報知新聞一部同封

通番	親番号	枝番号	言語	分類	表題	号数	作成者	年	月	日	簿冊／出版社	備考
635	2	2	日	印	大正新修大蔵経全壱百巻達成の辞						スクラップブック08	
636	2	2	日	印	日華仏教研究会趣意書						スクラップブック08	
637	2	2	日	手	〔メモ〕						スクラップブック08	旅程か
638	2	2	日	手	〔草稿〕						スクラップブック08	
639	2	2	日	印	大東亜仏教青年大会趣旨						スクラップブック08	
640	2	2	漢	手	〔書簡〕		大醒				スクラップブック08	
641	2	2	漢	手	〔封筒〕						スクラップブック08	
642	2	2	日	手	〔書簡〕		相川宗正				スクラップブック08	
643	2	2	日	手	〔草稿〕						スクラップブック08	
644	2	2	日	手	〔草稿〕						スクラップブック08	
645	2	2	日	新	修養　罪深き人程救わる		藤井草宣				スクラップブック08	新聞名不詳
646	2	2	日	手	句集　雪解		藤井草宣				スクラップブック08	
647	2	2	日	手	〔封筒〕		大悟法利		9	11	スクラップブック08	
648	2	2	日	手	〔書簡〕		橋本太良				スクラップブック08	
649	2	2	日	手	〔書簡〕		土井初枝				スクラップブック08	
650	2	2	日	手	〔書簡〕		松平■鳥				スクラップブック08	
651	2	2	日	手	〔書簡〕						スクラップブック08	ハガキが裁断されている
652	2	2	日	手	〔書簡〕		大悟法利				スクラップブック08	「新道社」の判が押されている
653	2	2	日	手	〔書簡〕		大悟法利				スクラップブック08	「九月三日歌」とある
654	2	2	日	手	〔書簡〕		藤井■静				スクラップブック08	
655	2	2	日	手	〔書簡〕		向野道幸				スクラップブック08	
656	2	2	日	手	〔書簡〕		橋本太良				スクラップブック08	
657	2	2	日	手	〔書簡〕		大悟法利				スクラップブック08	「新道社」の判が押されている
658	2	2	日	手	〔書簡〕		大悟法利				スクラップブック08	「新道社」の判が押されている
659	2	2	日	手	〔書簡〕		橋本太良				スクラップブック08	
660	2	2	日	手	〔書簡〕		神魚克重				スクラップブック08	
661	2	2	日	手	〔草稿〕						スクラップブック08	
662	2	2	日	新	支那の古硯とその文芸（二十二）		板東貫山				スクラップブック08	
663	2	2	日	新	支那の古硯とその文芸（二十三）		板東貫山				スクラップブック08	
664	2	2	日	新	支那の古硯とその文芸（二十四）		板東貫山				スクラップブック08	
665	2	2	日	新	支那の古硯とその文芸（二十五）		板東貫山				スクラップブック08	
666	2	2	日	新	支那の古硯とその文芸（二十七）		板東貫山				スクラップブック08	
667	2	2	日	新	支那の古硯とその文芸（二十八）		板東貫山				スクラップブック08	
668	2	2	日	新	支那の古硯とその文芸（二十九）		板東貫山				スクラップブック08	
669	2	2	日	新	支那の古硯とその文芸（三十一）		板東貫山				スクラップブック08	
670	2	2	日	新	支那の古硯とその文芸　蕉葉白の品位（三十二）		板東貫山				スクラップブック08	
671	2	2	日	新	支那の古硯とその文芸　雨過天青の色（三十三）		板東貫山				スクラップブック08	
672	2	2	日	新	支那の古硯と其文芸　氷紋と火捺（三十四）		板東貫山				スクラップブック08	

通番	親番号	枝番号	言語	分類	表題	号数	作成者	年	月	日	簿冊／出版社	備考
673	2	2	日	新	支那の古硯と其文芸　石疵(三十五)		板東貫山				スクラップブック08	
674	2	2	日	新	支那の古硯と其文芸　石疵(三十六)		板東貫山				スクラップブック08	
675	2	2	日	新	支那の古硯と其文芸　石疵(三十七)		板東貫山				スクラップブック08	
676	2	2	日	新	支那の古硯と其文芸　貢硯(三十九)		板東貫山				スクラップブック08	
677	2	2	日	新	支那の古硯と其文芸　羅紋坑（続）(四十三)		板東貫山				スクラップブック08	
678	2	2	日	新	支那の古硯と其文芸　辨偽(四十五)		板東貫山				スクラップブック08	
679	2	2	日	新	支那の古硯と其文芸　「前漢元康元年研」(四十六)		板東貫山				スクラップブック08	
680	2	2	日	新	支那の古硯と其文芸　洮河緑石（四十七）		板東貫山				スクラップブック08	
681	2	2	日	新	支那の古硯と其文芸　紅絲石硯（四十八）		板東貫山				スクラップブック08	
682	2	2	日	新	支那の古硯と其文芸　澄泥硯（四十九）		板東貫山				スクラップブック08	
683	2	2	日	新	支那の古硯と其文芸　玉硯(五十一)		板東貫山				スクラップブック08	
684	2	2	日	新	支那の古硯と其文芸　緑石硯（五十二）		板東貫山				スクラップブック08	
685	2	2	日	新	支那の古硯と其文芸　窯■硯（五十二）		板東貫山				スクラップブック08	
686	2	2	日	新	支那の古硯と其文芸　硯形(五十四)		板東貫山				スクラップブック08	
687	2	2	日	新	支那の古硯と其文芸　端石の作硯（五十四）		板東貫山				スクラップブック08	
688	2	2	日	新	支那の古硯と其文芸　伝来(五十五)		板東貫山				スクラップブック08	
689	2	2	日	新	支那の古硯と其文芸　逸事(五十八)		板東貫山				スクラップブック08	
690	2	2	日	新	支那の古硯と其文芸　沈氏研林（五十九）		板東貫山				スクラップブック08	
691	2	2	日	新	支那の古硯と其文芸　沈氏研林(続)（六十）		板東貫山				スクラップブック08	
692	2	2	日	新	支那の古硯と其文芸　硯の蓋子（六十一）		板東貫山				スクラップブック08	
693	2	2	日	新	支那の古硯と其文芸　硯銘（完結）		板東貫山				スクラップブック08	
694	2	2	日	手	急旋廻		藤井草宣				スクラップブック08	
695	2	2	日	手	〔草稿〕						スクラップブック08	
696	2	2	漢	印	寂園講本　八大人覚経						スクラップブック08	陝西仏教会歴史画報社印
697	2	3	日	手	一、順法の禅僧召遇―清廷と仏教殊に臨済宗（一）―						スクラップブック08	
698	2	3	日	手	廟産の実勢						スクラップブック08	
699	2	3	日	手	三武一宋の厄						スクラップブック08	
700	2	3	日	手	（一九一二)民国元年より（一九三七）廿六年迄　廟産を廻る闘争と新仏教の方向						スクラップブック08	
701	2	3	日	印	現下の支那仏教界の情勢		藤井草宣				スクラップブック08	
702	2	3	日	印	日支問題解決の鍵		吉井清春				スクラップブック08	
703	2	3	日	手	序言						スクラップブック08	
704	2	3	日	手	清廷と仏教・殊に臨済宗						スクラップブック08	
705	2	3	日	手	事変直前ノ支那仏教の動向						スクラップブック08	

通番	親番号	枝番号	言語	分類	表題	号数	作成者	年	月	日	簿冊／出版社	備考
706	2	3	日	手	中共の仏教						スクラップブック08	
707	2	3	日	手	支那仏教見学旅行団		藤井草宣				スクラップブック08	
708	2	4	日	手	自省記						スクラップブック08	
709	2	4	日	手	二、事変前　履歴書		藤井草宣				スクラップブック08	「自省記」資料か
710	2	4	日	印	日華仏教教学会々則		日華仏教教学会				スクラップブック08	「自省記」資料か。「二、事変前履歴書」に添付
711	2	4	日	手	履歴書		藤井草宣				スクラップブック08	「自省記」資料か
712	2	4	日	手	〔一、中日仏教学会〕						スクラップブック08	「自省記」資料か
713	2	4	日	手	東本願寺トノ関係						スクラップブック08	「自省記」資料か
714	2	4	日	手	〔資料ヲ得タルヲ以テ〕						スクラップブック08	「自省記」資料か
715	2	4	日	手	事変後に於ける予の支那開教概要						スクラップブック08	「自省記」資料か。ノートに筆記
716	2	4	日	手	昭和十七年一月　決裁ノ私録　序文		藤井監督				スクラップブック08	
717	2	4	日	新	『教学新聞』						スクラップブック08	
718	2	4	日	新	『教学新聞』						スクラップブック08	
719	2	5	日	手	上海別院六十年紀念　支那開教資料　谷了然日記抄		藤井草宣					
720	2	6	日	手	団匪事件に際したる清国開教本部並三学堂（■監督心得の上申書集）		藤井静宣					上海　芝峰師校序
721	2	7	日	手	小栗栖香頂述　清国俘虜説教		小栗栖香頂					
722	2	8	漢	印	中華仏教聯合会籌備処簡章　世界仏教聯合会第四次開中華仏教聯席会議決案十四条　中華仏教聯合会大綱							
723	2	8	日	書	『支那の秘密結社と慈善結社』		末光高義	1932	5	30	満洲評論社	
724	2	8	漢	印	中華仏教総会　第一期文牘			1913	3			
725	2	8	漢	書	『中華民国視察録』		来馬琢道	1931	7	18	仏教社	
726	2	8	漢	雑	『上海週報』	第849号						
727	3	1	日	新	台湾仏教徒大会　附議協議事項三件							『台湾日日新聞』記事
728	3	1	日	新	ヒンド・マハサバと仏教							『中外日報』記事
729	3	1	日	印	特別委員会決議事項通報				7	29		
730	3	1	日	印	特別委員会議状況通報				8	7		
731	3	1	日	印	日華仏教字会趣意書			1934	7			
732	3	1	日	雑	『ひかり』	31号		1935	11	3		
733	3	1	日	手	〔墨書〕		葱嶺道人					
734	3	1	日	手	〔墨書〕		葱嶺道人					
735	3	1	日	新	班禪大師離杭州							
736	3	1	日	草稿	〔草稿〕		藤井靜宣	1939	8	4		南京にて執筆
737	3	1	日	手	〔草稿〕				8	10		光山義山宛
738	3	1	日	手	〔メモ〕				5	10		
739	3	1	日	手	〔書簡〕		芝峯和南					藤井草宣宛
740	3	1	日	手	〔書簡〕							
741	3	1	日	印	宣言		台湾仏教徒大会	1935	11	3		

通番	親番号	枝番号	言語	分類	表題	号数	作成者	年	月	日	簿冊／出版社	備考
742	3	1	日	手	〔メモ〕							
743	3	1	日	手	〔草稿〕							
744	3	1	日	新	荒鷲再び印度空襲			1942	10			『大陸新報』記事
745	3	1	日	印	結成四十周年記念　台湾博覧会会場案内							
746	3	1	日	印	龍山寺案内						台湾社寺宗教刊行会	
747	3	1	日	印	台湾仏教徒大会会員証			1933	7	4		
748	3	1	日	手	〔書簡〕				9	21		藤井草宣宛
749	3	1	日	手	〔メモ〕							
750	3	2	日	手	現代支那仏教の展望		藤井草宣	1933				
751	3	2	日	手	南方宗教工作私見		神田恵雲					
752	3	2	日	印	金陵行			1937	10			
753	3	2	日	手	中日仏教学会支款統計報告単							
754	3	2	日	手	東本願寺派の無企画性		藤井草宣					南京にて執筆
755	3	2	日	新	大々的な対華人工作							『上海毎日新聞』記事
756	3	2	日	新	租界経済人歴訪記			1942	10	6		
757	3	2	日	新	抗日支那の宗教（上）―蒋と基督教		藤井靜宣					
758	3	2	日	新	抗日支那の宗教（下）―日本仏教徒と北支の文化工作		藤井靜宣					
759	3	2	日	新	誤失腑							
760	3	2	日	雑	清延と仏教・殊に臨済宗		藤井草宣					『大谷学報』第16巻第3号別刷所収
761	3	2	日	手	仏教的日支提携							
762	3	2	日	雑	全支那に漲る密教重興の徴		藤井草宣					
763	3	2	日	手	清延と仏教・殊に臨済宗		藤井草宣					
764	3	2	日	手	最近日支仏教の交渉（五〇頁）		藤井草宣					
765	3	2	日	書	『最近日支仏教の交渉』		藤井草宣	1933	12	5	東方書院	『日支仏教復交史』所収
766	3	2	日	手	〔草稿〕							黒で斜めに斜線あり
767	3	2	日	手	〔メモ〕							
768	3	2	日	雑	中国仏教の寺田喪失―解放までの経緯―		藤井草宣					
769	3	2	日	書	『支那最近之宗教迫害事情』		藤井靜宣				淨圓寺	
770	3	2	日	雑	現下の支那仏教界の情勢		藤井草宣	1934	9	17	国際仏教協会	『海外仏教事情』9月号所収
771	3	2	日	雑	『東亜宗教事情』	第17号		1941	9	15		
772	3	2	日	手	便箋複写簿		藤井草宣					便箋帳のなかに草稿あり
773	3	2	漢	印	北平各寺廟設立小学校診察所趣意書		藤井草宣					
774	3	2	漢	印	六校董							成績表
775	3	3	日	手	南京の五月							
776	3	3	日	手	〔草稿〕							
777	3	3	日	手	ツーシュー							
778	3	3	日	手	〔メモ〕							

通番	親番号	枝番号	言語	分類	表題	号数	作成者	年	月	日	簿冊／出版社	備考
779	3	3	日	手	寺廟・叢林・和尚							
780	3	3	日	雑	『禅の生活』	第12巻第11号		1933	1	1	青山書院	
781	3	3	日	雑	『海外仏教事情』	11月号					国際仏教協会	
782	3	3	日	手	〔草稿〕							
783	3	3	日	手	〔封筒〕							宛先は「豊橋市花園町」
784	3	3	日	新	同朋生活運動参考資料							
785	3	3	日	印	朝天下名山路引							
786	3	3	日	雑	『現代仏教』	第20巻第11月号		1935	11	1	現代仏教社	
787	3	3	日	雑	『日華仏教』	第1巻第1号		1936	1	5	日華仏教学会	
788	3	3	日	手	組織中国仏教会之貢献							
789	3	3	日	手	対於中日仏教聯合会之希望		大醒					高郵にて執筆
790	3	3	日	雑	「東本願寺の現地開教を観る」		藤井草宣	1940	10	22	大日本真宗宣伝協会	『戦時生活と真宗信仰』所収
791	3	3	日	手	〔書簡〕							
792	3	3	日	手	〔書簡〕							
793	3	3	日	手	死亡通知状							
794	3	3	日	印	太陽陰星君真経							
795	3	3	日	手	〔書簡〕							
796	3	3	日	印	念仏証							
797	3	3	日	印	〔書簡〕		朱石僧					
798	3	3	日	印	東本願寺現勢一覧							
799	3	3	日	手	〔書簡〕							
800	3	3	日	手	〔書簡〕							
801	3	3	日	手	〔封筒〕		高郵善因寺					藤井草宣宛
802	3	3	日	手	釈尊院■■んちなみて		藤井静宣					
803	3	3	日	手	〔草稿〕							「中華民国新民会中央指導部」の便箋
804	3	3	日	手	路地■調							
805	3	3	日	写	〔写真〕		善因寺					
806	3	3	日	写	〔写真〕							
807	3	3	日	手	〔草稿〕							草稿
808	3	3	日	雑	「荒墟春草の支那」	第91号	藤井草宣	1932	4	1	大雄閣	『現代仏教』所収
809	3	3	日	雑	『現代仏教』	第117号		1934	8	1	現代仏教社	
810	3	3	日	雑	「北京に中国仏教協会成立」	第236号	藤井草宣	1953	9	1	世界仏教協会	『世界仏教』所収
811	3	3	日	雑	「中支下の支那仏教」	第221号	藤井草宣	1952	6	1	世界仏教協会	『世界仏教』所収
812	3	3	日	手	〔メモ〕							
813	3	3	日	写	華厳経疏論纂要							
814	3	3	日	新	珍しい古書を日本各地へ寄附							新聞切り抜き
815	3	3	日	雑	「現代支那の民情漫語」	第12巻第10号	藤井草宣	1933	10	1	青山書院	『禅の生活』所収

通番	親番号	枝番号	言語	分類	表題	号数	作成者	年	月	日	簿冊／出版社	備考
816	3	3	日	手	「現代仏教」誌応援のために執筆							
817	3	3	日	手	〔草稿〕							
818	3	3	日	手	〔メモ〕							
819	3	3	日	手	〔草稿〕							
820	3	4	日	手	「支那仏教山名寺名集」							
821	3	4	日	手	日華仏教学会　釈談玄　河南省寺観集							表紙に「民国廿四年昭和十年一月二十日廿一日」とあり
822	3	4	日	手	〔メモ〕							
823	3	4	日	手	〔メモ〕							
824	3	4	日	手	日華仏教三十会研究叢書							
825	3	4	日	手	日華仏教学会　市石洪山　四川省寺観							表紙に「民国廿四年昭和十年一月十九日廿一日筆写」とあり
826	3	4	日	手	日華仏教学会　釈談玄　江南寺観集							表紙に「民国廿四年昭和十年一月十七日十八日筆写」とあり
827	3	4	日	手	日華仏教学会　市石洪山　江南寺観集							表紙に「民国廿四年昭和十年一月十七日十八日筆写」とあり
828	3	4	日	手	〔草稿〕							
829	3	4	日	手	日華仏教学会　釈談玄　貴州省寺観集		釈談玄					表紙に「民国廿四年昭和十年一月十九」とあり
830	3	4	日	手	日華仏教学会　市石洪山　雲南省寺観集		市石洪山					表紙に「民国廿四年昭和十年一月廿日筆写」とあり
831	3	4	日	手	〔草稿〕							
832	3	4	日	手	〔草稿〕							
833	3	4	日	手	〔草稿〕							
834	3	4	日	手	〔草稿〕							
835	3	4	日	手	浙江通志							
836	3	4	日	手	江蘇全省興図							
837	3	4	日	手	支那仏教山名寺名編纂方針							
838	3	4	日	手	日華仏教学会　釈談玄　浙江省行政地名「浙江統省地興」							
839	3	4	日	手	市名氏東上ノ要件一四個							
840	3	4	日	手	日華仏教学会編　支那仏教寺名山名索引　第一号							ア行
841	3	4	日	手	日華仏教学会編　支那仏教寺名山名索引　第二号							カ行・サ行
842	3	4	日	手	日華仏教学会編　支那仏教寺名山名索引　第三号							タ行
843	3	4	日	手	日華仏教学会編　支那仏教寺名山名索引　第四号							ナ行・ハ行
844	3	4	日	手	日華仏教学会編　支那仏教寺名山名索引　第五号							ラ行
845	3	5	日	手	〔草稿〕							

通番	親番号	枝番号	言語	分類	表題	号数	作成者	年	月	日	簿冊／出版社	備考
846	3	5	日	手	唐代律峯叢系統							
847	3	5	日	手	〔草稿〕							
848	3	5	日	手	〔草稿〕							
849	3	5	日	手	〔草稿〕							
850	3	5	日	手	〔草稿〕							
851	3	5	日	手	〔葉書〕							約2000枚

執筆者紹介

《監修》

三好　章　Miyoshi Akira

1952年生。愛知大学現代中国学部教授、愛知大学東亜同文書院大学記念センター長、一橋大学大学院博士後期課程満期退学、博士（社会学）。
主要論著：『摩擦と合作　新四軍1937〜1941』（創土社、2003）、『根岸佶著作集』全5巻（編集解説）（不二出版、2015〜2017）。

《執筆者》

槻木瑞生　Tsukinoki Mizuo

1940年生。同朋大学名誉教授、アジア教育史学会会長。
主要論著：『アジアにおける日本の軍・学校・宗教関係資料』（第一期〜第五期、龍渓書舎、2011〜2015）。

大東　仁　Daito Satoshi

1965年生。大阪経済法科大学アジア研究所客員研究員、奈良大学文学部史学科卒業。
主要論著：「南京攻略戦と中国寺院」（『「南京大屠殺与日本戦争犯罪」国際学術研討会論文集』2017）、「初期朝鮮国釜山開教」（『日本仏教史研究』第9号、2017年）、『大逆の僧　髙木顕明の真実——真宗僧侶と大逆事件』（風媒社、2011）。

石田卓生　Ishida Takuo

1973年生。愛知大学東亜同文書院大学記念センター研究員、愛知大学大学院中国研究科博士課程修了、博士（中国研究）。
主要論著：「『華語萃編』初集にみる東亜同文書院中国語教育の変遷」（『中国研究月報』Vol. 72 No. 2、2018）、「戦前日本の中国語教育と東亜同文書院大学」『歴史と記憶』（あるむ、2017）、「大内隆雄和東亜同文書院」『偽満洲国文学大系』（北方文芸出版社、2017）、「日清貿易研究所の教育」（『現代中国』第90号、2016）。

新野和暢　Niino Kazunobu

1976年生。名古屋大谷高等学校教諭、同朋大学仏教文化研究所客員研究員、東京大学大学院総合文化研究科博士後期課程修了、博士（学術）。
主要論著：『皇道仏教と大陸布教——十五年戦争期の宗教と国家』（社会評論社、2014）。

坂井田夕起子　Sakaida Yukiko

愛知大学国際問題研究所客員研究員。広島大学大学院文学研究科博士後期課程単位取得退学。
主要論著：『誰も知らない『西遊記』——玄奘三蔵の遺骨をめぐる東アジア戦後史』（龍渓書舎、2013）、「戦時上海の『仏教復興』試論——真宗本願寺派や中支宗教大同連盟との関係を中心に」（『近代仏教』第24号、2017）。

広中一成　Hironaka Issei

1978年生。愛知大学非常勤講師、愛知大学大学院中国研究科博士後期課程修了、博士（中国研究）。
主要論著：『冀東政権と日中関係』（汲古書院、2018）、『通州事件——日中戦争泥沼化への道』（星海社、2017）。

長谷川怜　Hasegawa Rei

1986年生。愛知大学国際問題研究所・愛知大学東亜同文書院大学記念センター客員研究員、学習院大学大学院博士後期課程単位取得、修士。
主要論著：三好章監修、広中一成・長谷川怜編『方鏡山淨圓寺所蔵　藤井靜宣写真集——近代日中仏教提携の実像』（社会評論社、2017）、朴美貞・長谷川怜編『日本帝国の表象：生成・記憶・継承』（えにし書房、2016）、「満洲国期における学生の満洲派遣——満洲産業建設学徒研究団を中心に」（『東アジア近代史』20号、2016）。

《愛知大学東亜同文書院大学記念センターシリーズ》
真宗大谷派淨圓寺所蔵 藤井靜宣関連資料 目録と解説

2018年3月30日　第1刷発行

監　修　　三好　章
編　集　　愛知大学東亜同文書院大学記念センター
　　　　　東アジア仏教運動史研究会
発　行　　株式会社あるむ
　　　　　〒460-0012　名古屋市中区千代田3-1-12
　　　　　TEL (052)332-0861　FAX (052)332-0862
　　　　　http://www.arm-p.co.jp　E-mail: arm@a.email.ne.jp
　　　　　印刷・製本／昌映印刷

ISBN 978-4-86333-143-3　C3030

ISBN978-4-86333-143-3
C3030 ¥2000E
定価（本体2,000円＋税）

真宗大谷派淨圓寺所蔵
藤井靜宣関連資料
【目録と解説】